JN072701

コ・メディカルのための
医事法学概論
［第2版］

野﨑和義 著

ミネルヴァ書房

第2版　はしがき

　本書を公刊してから既に8年余りが経過した。これまでも増刷の折に増補や訂正を加えてきたが，本格的な改訂には至らなかった。しかし，その後も歯科衛生士法の一部改正（2014年），個人情報保護法の一部改正（2015年），そして民法（債権法）の改正（2017年）など重要な法の改正が相次いで行なわれた。そこで，これを機会に旧版に補訂を施すとともに新たな解説を加えて第2版を刊行することとした。

　2020年2月

野﨑和義

初版　はしがき

多様な職種

　本書はコ・メディカル（医師と連携する専門職）と法とのかかわりを論じたものである。取り上げた職種は下図のように広範囲に及び，看護師はもとより歯科衛生士さらには法制上の医業類似行為者（あん摩マッサージ指圧師，はり師，きゅう師等）についても独立した章を設けその権限と責務を明らかにしている。

コ・メディカルと法

　医療は人の生命・身体・健康に直接かかわるものであり，その安全な実施のためには医学上の専門的な知識や技術を欠かすことができない。コ・メディカルが一定の資格要件を課され，あるいは診療の補助業務にあたって医師の指示を要求されるなど，さまざまな法規制を受けるのもそのためにほかならない。

　また，今日のチーム医療のもとでは，ひとたび医療過誤が生じると，チームを統括する医師だけでなく，これを構成するコ・メディカルも民事・刑事等の責任を追及されうる。国民の健康と安全を守るためには，コ・メディカル自身もまた，業務分担に関する法規制のあり方とその限界を把握し，今後どのよう

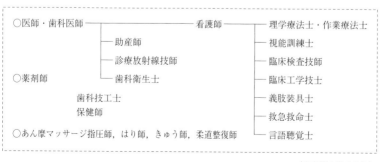

〈本書第6章6より〉

な連携と協力が望ましいかを考えていくことが必要であろう。

法が取り組むのは，こうした医療の安全に向けた方策だけではない。どのような医療を受けるかは患者のライフスタイルに直結する事柄であるが，一方，医療という性格上，その選択肢は限られており，また，医療専門職の裁量に委ねざるをえない場面も少なくない。それゆえ，医療の各段階で患者の自己決定の及ぶ範囲を見きわめ，何が本人にとって望ましい医療なのか，その検討を支援することも法に期待される役割ではなかろうか。

医事法

「医事法」といっても，そうした名称をもつ法典があるわけではない。医療専門職と患者との関係を規律する規範の総体が医事法であり，医師法・保健師助産師看護師法といった医療関係法規だけでなく，民法・刑法などの基本的な法律もここにかかわってくる。また，日本国憲法が患者の人権という視点を医事法に提供していることも言うまでもなかろう。

法を学ぶ

こうした複合的な性格をもつ法領域を論じるにあたって，本書は医療行為（医行為）を中核に据え，以下の3部構成をとることで理論と実践の架橋を目指した。第Ⅰ部「医事法の基礎理論」（1-4章）では，医療行為の概念内容を明らかにするとともに，治療行為とその正当化要件，特に患者の同意をめぐる諸問題を検討した。第Ⅱ部「コ・メディカルの職務」（5-8章）では，医療行為を基軸として多様なコ・メディカル職種を整理し，その固有の職務領域と限界を明らかにした。そして，第Ⅲ部「医療と人権」（9-12章）では，医療過誤，身体拘束など患者の人権に直接かかわる問題を取り上げ，コ・メディカル職種が遵守すべき行為準則を提示した。

また，本書はコ・メディカルに向けたものであることから，特に以下の点に留意した。

❶臨床現場で起きた実際の裁判例を数多く取り上げた。法の仕組みを理解す

るためには，各医療専門職がみずからの業務と照らし合わせながら学んでいくことが効果的と考えたからである。

　❷法の専門的な知識をもたなくても学べるよう工夫した。各種の法制度や法学特有の専門用語も出てくるが，これについてはコラムや図表を設けて解説を補った。さらに，本文中の関連箇所はクロスレファレンス方式で取り結んだ。これをたどることで各職種の関連や医事法の全体像について理解を深めることができよう。

　❸重要な条文は本文中に収めた。また，巻末には各資格職の法を全文掲載して読者の便宜を図った。

　本書の出版にあたっては，ミネルヴァ書房社長杉田啓三氏に一方ならぬ御配慮を賜った。また，同社編集部の梶谷修氏には企画の段階から終始変わらぬ御尽力をいただき，索引作りなど細かな作業もお手伝いいただいた。ここに記して両氏に心より感謝を申し上げる。法によって病気やケガを治せるわけではない。しかし，患者や医療専門職を法が支援することはできる。本書がその一助ともなれば，これにまさる喜びはない。

　2011年7月

雲仙岳を望んで

野﨑和義

凡　例

1　文　献
- 括弧内に［著者名（または編者名）出版年：頁］の順に記し，その詳細は各章末の参考文献欄に掲げた。

2　法　令
- 条文中の数字は算用数字を用いることを原則とした。
- 拗音の「や・ゆ・よ」，促音の「つ」については，その表記を小書きに統一した。

3　判　例
- 判例については，以下のような略記法および出典の略称を用いた。

《略記法》

最判昭和 30・5・24 刑集 9 巻 7 号1093頁

⇨最高裁判所昭和30年 5 月24日判決，最高裁判所刑事判例集 9 巻 7 号1093頁

大判（決）	大審院判決（決定）
最判（決）	最高裁判所判決（決定）
最大判（決）	最高裁判所大法廷判決（決定）
高判（決）	高等裁判所判決（決定）
地判（決）	地方裁判所判決（決定）
支	支部
簡	簡易裁判所

《判例集の略称》

刑集	大審院，最高裁判所刑事判例集
民集	大審院，最高裁判所民事判例集
高刑集	高等裁判所刑事判例集
下民集	下級裁判所民事裁判例集

なお，『判例時報』（判例時報社），『判例タイムズ』（判例タイムズ社）など，出典をそのまま記載したものもある。

コ・メディカルのための

医事法学概論 [第2版]

目　次

第Ⅰ部　医事法の基礎理論

第Ⅲ部　医療と人権

第 I 部

医事法の基礎理論

第1章 医療行為

1 医業の独占

1 医療行為の規制

Case

大学生Xは，友人Aから耳たぶにピアスのための穴をあけてほしいと頼まれた。
Xは医師免許をもっているわけではないが，この依頼に応じたとしても問題はない
だろうか。

●医療行為（医行為）

医師法17条

医師でなければ，医業*をなしてはならない。

*本条にいう「医業」とは「医療行為（医行為）」を「業」とすることと一般に理解され
ている。

医師法17条は，医師でない者が「医療行為（医行為）」を「業」として行なう
ことを禁止しており，この規定に違反すると，無免許医業罪として3年以下の
懲役または100万円以下の罰金（あるいは両者を併せた刑）に処せられる（同法31
条1項1号）。もともと医療行為は人の生命・身体を対象とするものであり，こ
れを安全に実施するためには医学上の専門的な判断や技術を欠かすことができ
ない。医業が一定の資格をもつ者にのみ許されているのは（業務独占），そのた

3

めにほかならない（⇨ コラム 1：業務独占と免許制度）。

　今日の判例・通説は，「医師が行うのでなければ保健衛生上危害を生ずるお

コラム 1

業務独占と免許制度

〈資格の取得〉

　医療従事者は，国家試験に合格したからといって直ちに職務を行なうことができるわけではない。例えば，医師法は「医師になろうとする者は，医師国家試験に合格し，厚生労働大臣の免許を受けなければならない」（2 条）と規定し，医師の資格を得るためには，国家試験に合格し，さらに厚生労働大臣から免許を受けることを要求している。

〈免許の法的性格〉

　この「免許」という用語は学問上の分類で用いられることはないが，法令上は見かけることも少なくない。例えば，自動車を運転するには，各都道府県の公安委員会の「運転免許」を受けなければならない（道路交通法84条 1 項）とされている。もともと人は移動の自由をもっており（憲法22条 1 項），これを実現する手段として，自動車の運転行為も本来は自由なはずである。しかし，運転行為を放任することは，一般公衆に大きな危険をもたらす。そこで法は，自動車の運転をあらかじめ一般的に禁止しておき，運転免許試験に合格した者についてのみ運転を許すという仕組みを用意した。一般的な禁止を特定の場合に解除するのであり，このような行政行為を学問上の用語としては「許可」という。道路交通法では「免許」という文言が使用されているが，移動の自由に対する一般的な禁止を個別に解除するという仕組みからみれば，運転免許の法的性格は許可にほかならない。

〈国民の保健衛生上の危害防止〉

　医師や看護師の「免許」も（医師法 2 条，保健師助産師看護師法 7 条 3 項），申請者からみると，本来もっていた自由の回復であり，許可としての性格をもっている。医師等を職業とすることは職業選択の自由（憲法22条 1 項）として憲法で保障されているが，一方，国民の保健衛生上の危害を防止するためには，それにふさわしい知識や技能が必要とされる。そのため法は，医師等の業務を一般的に禁止し，法律が定める要件を充たす場合にのみ，その業務を許容する。業務の独占が免許という仕組みを通じて実現されているのである。

それのある行為」を医療行為と定義し（リーディングケースとして，最判昭和30・5・24刑集9巻7号1093頁参照），その要件として治療目的を必ずしも必要とはしていない。上述のように，法が無免許医業を禁止・処罰するのは国民の生命や健康に対する危険を防止するためであり，それゆえ医療行為の概念も，こうした規制の趣旨から理解されているのである。

●医学的な判断と技術

Case を検討してみてみよう。医療行為といっても，病気やケガの治療だけを指すわけではない。医学的な判断や技術がなければ危険な行為が医療行為なのであり，こうした観点からすれば，ピアスを付けるため耳たぶに穴をあける行為も医療行為に当たることになろう。また，行政解釈上，美容師が器具を用いて「客の耳に穴をあけイヤリングを装着させる行為」が，衛生上の危険性を理由に医療行為とされていることも（昭和47年10月3日医事第123号厚生省医務局医事課長回答），ここで参考になろう。

2 「業」

●行為態様の規制

もっとも，医師法17条は医療行為（医行為）それ自体を無資格者に対して禁じているわけではない。患者の自己医療にみられるように，医療行為それ自体は禁止することができないし，また禁止するべきことでもなかろう。それゆえ同条は，「業」という行為態様を規制するにとどまるのである。

●反復継続の意思

「業」といっても職業や事業として行なうことは必要ない。反復継続して行なう意思があれば足り，この意思をもってなされる限り，有償・無償を問わず，また1回の医療行為であっても「医業」に当たる。国民の生命・健康に対する危険を未然に防止するために，広く無免許者の行為が規制されているのである。

Case に立ち戻ろう。Xは友人Aの求めに応じて医療行為を行なっているが，

同様の依頼を友人Ｂ・Ｃ……から受けた場合，どのように対応するであろうか。その場合も耳たぶに穴を開けるかもしれないと認識していれば，Ｘには反復継続の意思が認められる。それゆえＸは，生涯で初めて友人の耳たぶに穴を開けたのだとしても，無免許医業の罪に問われないとも限らない。

2　無資格者による医業

1　医療行為の拡散

　上述のように，医師法17条は医師が医業を独占することを認めているが，そこに問題はないだろうか。かつて医療行為といえば，病院内で医師の管理下になされることが通常であった。しかし今日，医療行為は在宅や施設でも行なわれ，そこでは家族や介護職などの医学的素人もこれに携わることを余儀なくされている。現行の医師法が制定された当時（1948年）には想定されていなかった事態といえよう。

　こうした医療行為の拡散ともいうべき状況を前にして，目下，大別して二つの考え方が主張されている。一つは，家族による行為についてはこれを医事法規の対象外であるとして許容する一方，介護職等による行為については厳しい制約を課す見解である。それに対して，家族に委ねられている行為であれば，これを他の医学的素人に禁止する理由はないという見解も有力に説かれている。在宅や施設に医師法の規制はどのように及ぶのか。在宅等における無資格者の業務の在り方を以下に検討してみよう［野﨑 2010：143 以下］。

2　家族行為放任説

▶**Question**
　家族が医療行為を行なっても無免許医業（医師法17条違反）とされないのは，なぜだろうか。

6

①本人の手足論

●意　義

　もっぱら家族にのみ医療行為を許容する見解は，家族による行為を医事法規の規制外にある放任行為とみる点に特徴がある（家族行為放任説）。その論拠として，かつては家族を患者本人の手足とみる見解（本人の手足論）も主張されていた。家族は患者の手足として行為しているにすぎず，患者みずからによる自己医療が放任行為として法の規制外とされるのと同様，家族による医療行為も禁止の対象とはならないというのである［高田 1994：71］。

●問題点

　この見解は「わが国における家族一体観念」を前提として説かれたものであるが［高田 1994：76］，その点はともかくとしても，患者本人の手足というのであれば，これを家族に限定する理由はなかろう。また論者は，「患者本人の最大利益」への配慮を家族に求めるのであるが［高田 1994：71］，しかし，その行為を本人の行為と評価するのであれば，利益性を問題にすることも首尾一貫性を欠くと思われる。

②社会性否定論

●対象の限定

　そこで今日では，医師法の規制対象を当初から限定することで，家族による医療行為を許容する考え方が有力に主張されている。医師法17条が規制するのは不特定または多数の者に対して行なわれる「偽医者」の行為であるが，患者やその家族による医療行為は，こうした社会的な広がりをもたないことから，放任行為として同法による規制の範囲外にあるとされるのである［平林 2004：601-602］。

　すでにみたように（⇨本章1②），反復継続の意思をもってなされる限り，1回の医療行為であっても「医業」に当たる。それゆえ，この点からすれば，家族による医療行為を「業」から除外することは困難なようにもみえる。しかし

論者は，「業」の解釈として，さらにその対象の社会性を要求することで，家族による医療行為を医師法の規制外とする帰結を導くのである。

3　患者の安全

●医事法規の性格

家族は本来的にその構成員の健康の保持・回復を志向する集団であり，今日，医療的機能が外部化されたとはいえ，医療とのかかわりをやめることはない。それゆえ，家族による医療行為を「業」として位置づけ，これを無免許医業の規制対象とすることに躊躇を覚えたとしても，それは無理からぬことともいいうる。

しかし，医師法をはじめとする行政上の医療関係法規は，取締法規としての性格をもつにとどまらない。医療者との連携など患者の安全確保に向けた行政的な施策を推進していく根拠ともされるべきものであり［野口2007：49］，この患者の安全という観点からみたとき，家族行為放任説には，なお以下のような疑問が生じる。

●行為の範囲

第1に，家族による医療行為は，それが医師法の規制外とされる以上，無限定なものとならざるをえない。家族には，例えば盲腸の手術まで許容されることにもなろう。これを避けるために，論者は，家族による行為を医師がコントロールするよう求めるが［平林2004：602］，その根拠とされる療養指導義務(医師法23条)は，医師の責務にとどまり，家族を義務づけるようなものではないのである［樋口2004：226］。

●家族の範囲

第2に，家族の範囲が不明確なだけでなく，そのなかから医療行為の担い手を選ぶことも容易ではない。例えば，配偶者であれば，同居・別居を問わず，医療行為の担い手たりうるのであろうか。あるいは，内縁関係にある者はどう

か。さらに，家族が推定相続人として利益相反的地位に立ちうることに配慮は必要ないのであろうか。家族間の医療行為については，法律上の身分関係によって形式的な枠づけがなされているわけではない。また，そのような枠づけが，医療行為という本来的に危険な行為にとってふさわしいとも思われない。

4 医学的素人の活用

●家族という属性

たしかに，医療行為が家族に許容される場面は少なくない。例えば，糖尿病患者によるインシュリンの自己注射について，旧厚生省は，患者およびその家族によるのであれば医師法17条違反にはならないとするが（昭和56年 5 月21日医事第38号厚生省医務局医事課長通知），ほかに，痰吸引の実施についても同様に理解するのが一般である。しかし，それは婚姻届や血縁関係の有無を理由としてのものであろうか。

家族は，その構成員である特定の患者にのみかかわるのであり，行なう処置の内容も限定されている。また，一定の医療処置を繰り返すことで行為にも習熟する。さらに家族は，その豊富な情報量を背景として患者の特性把握にも優れている。医学的な素人である家族が，医療者の指導を受けることで安全に処置をなしうるのは，こうした事情によるものといえよう［藤村 2001：35］。家族という属性それ自体によって行為の安全性が担保されているわけではないのである（⇨ *Question*）。

●医療的ケア

それゆえ，個別の患者について，その状態に応じた指導を受けるのであれば，当該医行為にあたる者を家族に限定する必要はない。近時，患者本人やその家族が担う医療行為を「医療的ケア」として位置づけ，これに新たな規制の枠組みを設定する試みがみられる。医療者との連携や教育・訓練プログラムの受講など一定の要件を充たすのであれば，家族以外の者であっても，この医療的ケアに携わってよいというのである［樋口 2007：14-15］。それは，患者の安全を

確保しつつ広く医学的素人の活用を図る方策であり，本書の立場からも基本的に支持することができよう。

　■　■　■

●参考文献───────

高田利廣『看護業務における責任論』医学通信社，1994年。

野口　尚「『医行為』概念の解釈運用について」樋口範雄＝岩田　太編『生命倫理と法Ⅱ』弘文堂，2007年，35-54頁。

野﨑和義「無資格者による医療・看護行為と刑事規制」椎橋隆幸＝川端　博＝甲斐克則編『立石二六先生古稀祝賀論文集』成文堂，2010年，143-163頁。

樋口範雄「救命促進と法のあり方」樋口範雄編著『ケース・スタディ　生命倫理と法』有斐閣，2004年，220-228頁。

樋口範雄「『医行為』概念の再検討」樋口範雄＝岩田　太編『生命倫理と法Ⅱ』弘文堂，2007年，1-15頁。

平林勝政「医行為をめぐる業務の分担」湯沢雍彦＝宇都木　伸編『人の法と医の倫理』信山社，2004年，573-619頁。

藤村淳子「看護と介護の境界──その責任と課題」『月刊総合ケア』11巻3号（2001年）32-36頁。

第2章　治療行為

1　医療行為と治療行為

Case 1

　Yは医師の免許をもたないにもかかわらず，患者の求めに応じて盲腸摘出の開腹手術を行なった。

●健康の維持・回復

　医療行為と治療行為は必ずしも同じではない。治療行為は患者の生命や健康の維持・回復を図る措置であり，疾病・創傷の存在を前提としている。これに対して，医療行為（医行為）は，疾病等の治療に役立つ行為に限定されるわけではない。例えば，健康診断のための血液採取，純粋な美容のための整形手術，さらには処方箋の発行なども医療行為に含まれるとされている。医療行為のうち，直接的に健康状態の維持・改善を図る措置が治療行為であり，それゆえ，前者は後者を包含する関係にあるといってよい（⇨ 図2-1）。

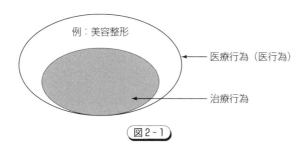

例：美容整形

医療行為（医行為）

治療行為

図2-1

●治療行為と侵襲(しんしゅう)

> **刑法204条**
>
> 人の身体を傷害した者は，15年以下の懲役又は50万円以下の罰金に処する。

> **刑法208条**
>
> 暴行を加えた者が人を傷害するに至らなかったときは，2年以下の懲役若しくは30万円以下の罰金又は拘留若しくは科料に処する。

> **刑法35条**
>
> 法令又は正当な業務による行為は，罰しない。

　治療行為には，外科手術，薬剤投与，放射線照射などがあるが，いずれも身体への干渉を内容とする**侵襲行為**にほかならない。それゆえ，これらの行為は，外形的にみるならば，暴行罪（刑法208条）あるいは傷害罪（刑法204条）に該当する行為とも考えうる。しかし，それが治療行為としての実質を備えている限り，以下にみるように，刑法上は**正当業務行為**（刑法35条）として適法なものとされる。

●患者の自己決定権

　治療行為は，患者の健康という身体的利益の回復を目指して患者の身体に直接働きかける行為である。治療行為によって保全される利益も侵害される利益も，もっぱら患者自身に帰属するものであり，治療の結果は，それがどのようなものであれ患者みずから引き受けるほかない。そのような場合，何を利益とみるかは患者本人の**自己決定**に委ねるべきであり，たとえ当該治療行為が患者の健康回復にとって必要不可欠だとしても，本人がこれを望まない限り，行なうことは許されない。個人の尊厳を基調とする日本国憲法のもとでは，生命・身体という人間にとって最も重要な利益については，本人の意思が最大限に尊重されるのである。

●医師免許の要否

このように治療行為は，患者の生命や健康の維持・回復を図るという積極的な利益をもつだけでなく，それを患者自身の意思に基づいて実現するという点に特徴をもつ。患者の身体に対する干渉を必然的に伴う行為であるにもかかわらず治療行為が正当化されるのはそのためであり，行為者が医師の資格をもつかどうかは問題ではない。

Case 1 をみてみよう。Ｙは開腹手術を行なっているが，医師の資格はもっていない。医師の免許を受けないで医業に従事しているのであり，その行為は無免許医業罪（医師法17条，31条1項1号）の成立を免れない。もっとも，同罪は医療の質を一定水準に保ち，国民の健康と安全を図ることを目的とするものである。一方，刑法上の傷害罪は個別の患者の身体的利益を保護し，これに対するいわれのない侵害行為を処罰の対象としている。両者は法の目的が異なるのであり，それゆえ，たとえ「偽医者」による行為であったとしても，Ｙの行為が，以下にみるような治療行為としての要件を充たしていれば，刑法上はこれを違法視するには及ばないといえよう。

2　治療行為の要件

治療行為が適法であるためには，❶医学的適応性，❷医術的正当性，❸患者の同意という要件を充たさなければならない。また，この3要件は，医師のほかに，看護師，診療放射線技師，あん摩マッサージ指圧師，はり師，きゅう師，柔道整復師などの行為についても妥当する。これらの職種は，各法律の定める範囲内で治療行為を許されているが，その際にも同様の要件を充たすことが要求されるのである。

① 医学的適応性

まず，治療行為は，患者の生命や健康の維持・回復のために必要なものでなければならない（医学的適応性）。美容整形手術など「疾患」を前提としないも

のは，この医学的適応性が否定されるため，治療行為とはされない（⇨ コラム 2 ：美容整形が傷害罪とされない理由）。

コラム 2

美容整形が傷害罪とされない理由

〈被害者の同意〉

　上述のように，美容整形は治療行為とはいえない。美容整形の多くは人体への侵襲を伴うが，それにもかかわらず傷害罪とされないのは被害者の同意という考え方による。

　例えば，医師が患者の「壊疽になった指を切断する」行為とヤクザの親分が子分の「指を詰める」行為とを比べてみよう。どちらも傷害罪にはならないとしても，その意味は全く異なる［町野 1986：173］。前者は傷病の治癒を目指した行為であり，治療行為として傷害罪の成立が否定される。これに対して，後者では治療的効果といった積極的な利益の実現が目指されているわけではない。子分は少なくとも身体的には不利益をこうむるだけであり，それにもかかわらず，「指詰め」が傷害罪とされないのは，子分がそれに同意を与えたからにほかならない（被害者の同意）。このようなケースでは，本人みずからが身体的利益を放棄している以上，その意思に反してまで利益を保護する必要は認められないのである。

〈治療行為との異同〉

　美容のための傷害（美容整形）も，こうした「被害者の同意」の一場面として解決される。美容整形は，「より美しくありたい」という本人の主観的願望のみを根拠に実施されるものであり，治療行為と異なり，患者の生命や健康の維持・回復にとって客観的な必要性があるわけではない。それゆえ，傷害罪の成立を否定するとしても，その要件は治療行為の場合と比べて厳格なものとならざるをえない。具体的には，「医学的適応性」を補うに足る十分な説明と被術者の積極的な同意とが求められることになろう。

2　医術的正当性

> **Case 2**
>
> 歯科医師 Z は，幼児 A（5歳）の歯の治療に際して，恐がって口を開けない A の頬を平手で 2 回殴打し，治療 5 日を要する顔面打撲傷を負わせた（大阪高判昭和 52・12・23 判例時報897号124頁）。

　治療行為は，その方法が今日の医療水準（⇨第9章3③）に合致したものでなければならない（医術的正当性）。それゆえ，いまだ確立していない実験段階の方法を用いることは，治療行為としては許容されない。

　また，医術的正当性というときは，治療のための手段も相当でなければならない。*Case 2* は歯科医師が傷害罪に問われた事案であるが，裁判所は，以下のように判示して 1 審の有罪判断を維持している。たしかに，開口を拒否する幼児の口を開けさせるために実力を行使したとしても，「治療行為に付随する正当な業務行為」とされる場合もないわけではない。しかし，そのためには「当該実力の行使が単に治療目的のためというだけでは足りず，その態様程度において社会的相当性の枠内にとどまるものであることをも必要とする」。ところが，Z は「かたくなに開口を拒否する A の態度への立腹の情も加わり（……略……）軽度の実力行使を試みることなく，また付き添いの母親の承諾も得ないまま」いきなり A を強打しているのであり，その行為は「歯科治療のため必要な開口の手段として行われたものであることを考慮しても」社会的相当性の枠内にあるとはいえないとされるのである。

3　患者の同意

●専断的治療行為

　以上にみた二つの要件は，当該治療行為が客観的にみて患者の積極的利益に資することを担保するためのものであるが，一方，患者の同意という要件は，その自己決定権を直接の根拠としている。患者は，治療を受けるかどうか，ま

た，どのような治療を受けるかをみずから決定することができるのであり，その権利を損なう治療行為に正当性は認められない（⇨ コラム 3：インフォームド・コンセント）。それゆえ，患者の同意を欠く**専断的治療行為**は違法であり，場合によっては傷害罪の成立も否定しえない＊。

＊　また，民法上は，不法行為（民法709条）による損害賠償責任（⇨ 第 9 章 2 ②）が生じることになろう。

コラム 3

インフォームド・コンセント

　患者の同意は形式的に存在していれば足りるというわけではない。患者の自己決定権を保障するためには，患者みずからが決定しうるだけの判断資料を必要としよう。それゆえ，「医師としては，患者が自らの判断で医療行為の諾否を決定することができるよう，病状，実施予定の医療行為とその内容，予想される危険性，代替可能な他の治療方法等を患者に説明する義務があり，右説明義務に反してなされた承諾は，適法な承諾とはいえない」（広島地判平成元・5・29 判例時報1343号89頁）。患者に十分な情報を提供したうえで同意を得るのでなければ適法な治療行為とは認められないのである。

　こうした考え方をインフォームド・コンセント（説明を受けたうえでの同意）といい，この法理は，今日の判例・実務上すでに確立している（例：最判平成12・2・29民集54巻 2 号582頁——「東大医科研病院事件」）。また，医療法 1 条の4 第 2 項は，「医師，歯科医師，薬剤師，看護師その他の医療の担い手は，医療を提供するに当たり，適切な説明を行い，医療を受ける者の理解を得るよう努めなければならない」と定めているが，この規定も，インフォームド・コンセントを明記したものと一般に理解されている。

●緊急治療行為

　もっとも，医療の現場では，意識不明の患者の生命を救うために緊急手術を行なわざるをえないこともある。このように本人の現実的同意が得られない状況下で緊急に治療行為を行なう場合は，**推定的同意**の問題として処理する見解が有力である。「患者が事情を知っていたならば同意を与えたに違いない」と

考えて行為した場合，その行為が患者の意思と合致していると合理的に判断される限り，現実に同意が与えられた場合と同様に扱おうというのである。

　例えば，隣人の不在中，水道管が破裂し水が流出しているとしよう。これを止めるため無断で隣人宅に立ち入る行為などが，推定的同意によるものとされる。この例では住居侵入罪（刑法130条）が成立しないとされるのが一般であるが，ただし，推定的同意を現実の同意の延長上に位置するものと考える限り，その隣人が自宅への他人の立ち入りを極度に嫌っていたような場合にまで犯罪の成立を否定することは困難であろう。これに対して，上述の緊急手術のケースでは，こうした厳格な扱いまでは必要とされない。患者の生命・健康の維持に向けられた治療行為であることから，その推定的意思は，一般の推定的同意の場合と比べて緩やかに認めてよいと考えうるのである。

●参考文献

町野　朔『患者の自己決定権と法』東京大学出版会，1986年。

第**3**章 治療行為と同意（1）：未成年者

1　同意能力

　前章でみたように，治療行為にあたっては患者から同意を得る必要がある。しかし，患者のなかには，幼少の未成年者や認知症の進んだ高齢者のように，医師の説明を十分に理解できない者もいる。そのような場合，誰が治療行為に同意を与えるのであろうか。

　患者が治療行為について同意を与えるには，その前提として一定の理解力と判断力を備えていなければならない。個々の治療行為について，その必要性や内容・結果等を理解し，これを受け入れるかどうかを判断しうる能力が要求されるのである。これを一般に**同意能力**（承諾能力）というが，患者本人にこの能力が認められないのであれば，治療決定に関与する者を他に求めざるをえない。患者が未成年者であったり，成年者であっても正常な判断能力を欠く場合，誰から同意を得ればよいのか。本章では，まず患者が未成年者の場合を検討してみよう。

2　未成年者と判断能力

1　行為能力の制限と治療行為

　我が国では満20歳で成年と定められており（民法4条）*，これに達しない未成年者が契約などの**法律行為**（⇨ コラム4：法律行為と事実行為）をするには法定代理人（通常は親権者である父母）から同意を得なければならない（民法5条1項）。

> **民法5条**
>
> **1項**　未成年者が法律行為をするには，その法定代理人の同意を得なければならない。ただし，単に権利を得，又は義務を免れる法律行為については，この限りでない。
>
> **2項**　前項の規定に反する法律行為は，取り消すことができる。
>
> **3項**　〈略〉

取り引きの際には契約を結ぶのが通常であるが，未成年である間はこれを単独の判断で行なうことはできないとされているのである（**行為能力の制限**）。

＊　もっとも，18歳をもって成年とする改正民法が2018（平成30）年6月に成立したことから，2022（令和4）年4月1日より民法の成年年齢は20歳から18歳へと引き下げられる。

コラム4

法律行為と事実行為

　例えば，タバコの購入は**法律行為**であるが，それを吸う行為は**事実行為**である。タバコの売り買いを約束すると（売買契約），売主にはタバコの引き渡し義務，買主には代金の支払い義務が発生する。このように法的効果（権利義務の変動）を直接の目的とする行為が法律行為にほかならない。

　これに対して，タバコを吸うという行為は，法的効果の発生を目的としているわけではない。この行為の法的効果は当事者の意思と無関係であり，法がそれをどう評価するかによって決まる。こうした行為は事実行為と呼ばれる。

　問題は治療行為の場合であるが，こうした個人の生命・身体に直接かかわる事柄も，一般の取り引き行為と同じ規制に服するのであろうか。未成年者であっても，ある程度の年齢に達すると，医師の説明を理解し治療を受け入れるかどうかの判断はなしうると思われる。しかし，そのような場合であっても，未成年者である以上，法定代理人の同意を得なければならないのか。治療行為と取り引き行為との異同が問われることとなる。

2　未成年者の取り引き

●未成年者と契約の取り消し

民法121条

　取り消された行為は，初めから無効であったものとみなす。ただし，制限行為能力者（未成年者，成年被後見人，被保佐人，〔被補助人〕——筆者注）は，その行為によって現に利益を受けている限度において，返還の義務を負う。

　例えば19歳のＡが，勤務先からのボーナスで自動車を購入したとしよう。Ａが必要な同意を得ていなかった場合，その契約は，理由のいかんを問わず後から取り消すことができる（民法 5 条 2 項）。契約が取り消されると，それは当初から効力がなかったことになる（民法121条本文）。Ａは代金は支払わなくてよいし，すでに支払っていたのであれば，その全額が返却される。もちろん車は戻さなければならないが，ただしＡは未成年者（制限行為能力者）であることから，その使用料や損害賠償などを請求されることもない（民法121条ただし書）。一般に未成年者は社会的経験に乏しいことから，取り引きによって不当な損害をこうむるおそれも大きい。そのため法は，まずもって未成年者の保護を図り，それに伴うリスクは取り引きの相手方が負担するよう求めているのである。

●取り引きの相手方保護

　もっとも，Ａはすでに社会人として働き収入も得ているのであるから，単独で契約することを認めて差し支えないようにもみえる。しかし，保護の要否を決めるにあたって，Ａの社会的経験や理解力を個別に判定することは煩瑣であるばかりか現実的でもない。この点，未成年者かどうかであれば，運転免許証など年齢を証明する文書によって確認することが容易であり，相手方に注意を促すこともたやすい。その者の行為を取り消しうるものとしても，相手方に不測の損害をもたらすおそれは少ないであろう。個人差を問題とせず20歳未満の者の行為能力を一律に制限することは，取り引きの相手方のリスクを軽減する

という役割も果たしているのである*。

> ＊　ほかにも民法は相手方保護の規定を用意している。例えば，未成年者であるにもかかわ
> らず，大人であるとウソをつき，これを相手方に信じ込ませたような場合，取消権そのも
> のが発生しない（民法21条）。

③　治療行為の特徴

　以上にみた財産取り引きと比較したとき，治療行為は二つの点に特徴をもつ。
第1に，治療行為の決定は本人のみがなしうる。財産取り引きで求められている
のは合理的な利害の判断であり，これについては法定代理人等の第三者も関与し
うる。これに対して，治療行為の同意は，身体の苦痛や危険を引き受けるかどう
かの決定であり，しかも，そこには多分に非合理的・情緒的な判断も加味される
ことから，本人以外の者がその是非を決定することは難しいといえよう。

　第2に，治療行為では相手方保護が問題ではない。医的侵襲は，これに同意
した患者本人が引き受けざるをえず，同意の相手方である医師に身体的苦痛や危
険が伴うわけではない。また，事後的に取り消したからといって原状回復される
ようなものでもない。それゆえ，ここではもっぱら患者本人の保護が図られなけ
ればならず，医師の保護を問題とするには及ばないのである [広瀬 1993：629]。

④　患者の同意能力と年齢

　このように，治療行為は経済的な利害得失を問題とする取り引き行為とは本
質を異にしており，患者の同意能力についても，契約など法律行為を行なう能
力とは区別して考えなければならない。治療行為にあたっては，その意味を理
解し判断する能力があれば足り，能力の基準を一律に20歳と定める必要はない。

　それゆえ，患者の同意能力は本人の成熟の度合いに応じて個別に判定される
ことになると思われるが，ただし，一応の目安が考えられないわけでもない。
例えば15歳になれば，自由に遺言をすることができるし（民法961条），みずか
ら養子となる契約を結ぶこともできる（民法797条）。こうした一身上の判断に
ついては本人の意思が最大限に尊重されるべきであるが，法は，その意思形成

が可能となる年齢を15歳とみているのである。また，原付自転車の免許取得（道路交通法88条１項）や女性の婚姻（民法731条）がいずれも16歳からとされていること，さらには義務教育の最終年限なども勘案すれば，未成年者の同意能力の有無については，概ね15〜16歳程度を目安にしながらも，治療内容など個別の事情を踏まえた取り扱いをすることになろう。

3　乳幼児

1　親権者の監護権

　一方，患者が新生児や乳幼児（児童福祉法４条１項参照）の場合，患者本人は治療行為について理解することも判断することも困難であろう。それゆえ，このような場合は，本人の同意能力が特に問題とされることはなく，一般に，親権を行使する父母が第１の同意権者になると考えられている。子どもの身体の保護育成を図るために，親権者には監護（監督・保護）に関する権利義務が与えられており（民法820条），治療行為への同意は，この監護権に基づくものとして［寺沢2002：126］，本人自身が与えた同意と同一の効果をもつとされるのである。

2　医療ネグレクト

●親権の濫用

　親権は父母が共同して行使するのが原則であり（民法818条３項本文），それゆえ，子どもの治療行為への同意も父母双方から得なければならない。

●親権の濫用，児童虐待

　問題は，父母の双方または一方が同意を与えない場合であるが，それが明らかに子どもの利益に反するのであれば**親権の濫用**であり，また**児童虐待**（医療ネグレクト──児童虐待の防止等に関する法律〔以下，「児童虐待防止法」と略記〕2条3号）にも当たる。

　例えば，医療機関からの相談・通告[*1]を受けた児童相談所が，当該児童を一

時保護*2したとしよう。その後の対応方法としては，事態の緊急性の程度に応じて，現行法上，以下の三つのものがある*3。

*1　医師は児童虐待の早期発見に努め（児童虐待防止法5条1項），虐待を受けたと思われる児童を発見したときは，児童相談所等に通告する義務を負っている（同法6条1項）。
*2　一時保護：児童の生命・身体の安全を確保するため緊急に児童を保護者から分離する必要がある場合に行なわれる（児童福祉法33条1項，児童虐待防止法8条2項）。保護者の同意や裁判所の決定を必要とせず，行政機関である児童相談所長の判断で一方的になしうる行政処分である。この一時保護は，児童相談所に併設されている一時保護所で行なわれるが，ほかに児童養護施設や医療機関等に保護が委託されることもある。
*3　平成24年3月9日雇児総発0309第2号厚生労働省雇用均等・児童家庭局総務課長通知「医療ネグレクトにより児童の生命・身体に重大な影響がある場合の対応について」。

●医療ネグレクトへの対応1・親権停止の審判
　まず，親権停止の審判により対応することが考えられる。児童相談所長が家庭裁判所に親権停止の審判を請求し（児童福祉法33条の7），その審判が確定すると，医療機関は，未成年後見人または親権代行者（⇨ コラム5：「親権を行う者」がいないとき）の同意を得て，必要な医療を行なうのである。

●医療ネグレクトへの対応2・親権停止の審判前の保全処分
　もっとも，家庭裁判所が親権停止の審判を行なうためには一定の期間を必要とする。それゆえ，緊急の対応を要する場合は，保全処分*により親権を制限した後，職務代行者あるいは児童相談所長の同意によって治療を実施するという方法もある。

*　家庭裁判所は，親権停止の審判の確定までの間，子の利益のため必要があるときは，親権者の職務の執行を停止し，職務代行者（例：医師，弁護士）を選任することができる（家事事件手続法174条1項）。審判前の保全処分として暫定的な措置を定めたものであるが，その際，子どもを一時保護中であれば，職務代行者を選任するまでもなく，児童相談所長が親権を代行することもできる。保全処分により親権者の職務執行を停止すれば「親権を行う者」はいなくなるからである。

●医療ネグレクトへの対応3・児童相談所長による措置
　さらに，緊急性が極めて高く時間的余裕のない場合は，家庭裁判所での手続

きを経ることなく，児童相談所長が医療行為に同意を与えることもできる。「児童の生命又は身体の安全を確保するため緊急の必要があると認めるとき」，児童相談所長は，親権者等の「意に反しても」必要な監護措置をとりうるのである（児童福祉法33条の2第4項）。

コラム5

「親権を行う者」がいないとき

〈未成年後見〉

　未成年者の保護は第一次的には親権者である父母の責務であるが，その死亡などで「親権を行う者」（民法838条1号）がいなくなると，親権者に代わって未成年者の保護にあたる者が必要となる。これを未成年後見人といい，子どもの監護などについて親権者と同一の権利義務を与えられる（民法857条）。この未成年後見は，親権を行使していた父母双方が死亡した場合だけでなく，一方が生存はしているものの親権を行使できない場合（例：親権喪失〔民法834条〕，親権停止〔民法834条の2〕*）にも開始される（民法838条1号）。

　＊　親権を停止された父または母は，その停止期間中，「親権を行う者」ではないと解される。

〈施設長・児童相談所長による親権代行〉

　もっとも，この未成年後見人については，実際上その引き受け手の確保に困難を来すことも少なくない。そこで法は，一時保護や施設入所等の措置がとられた児童について，親権者も未成年後見人もいない場合，暫定的に児童相談所長や児童福祉施設の長がその児童の親権を行なうと定めている（児童福祉法33条の2第1項，47条1項・2項）。

●参考文献

寺沢知子「『承諾能力』のない人への治療行為の決定と承諾」潮見佳男編集代表『民法学の軌跡と展望：國井和郎先生還暦記念論文集』日本評論社，2002年，113-134頁。

広瀬美佳「医療上の代諾と保護義務者制度に関する法的考察」『精神神経学雑誌』95巻8号（1993年）622-632頁。

第4章 治療行為と同意（2）：成年者

1 家族による同意

1 家族の同意権

　患者が成年者であるが，例えば重度の認知症のため治療の必要性等について合理的な判断が困難な場合もある。そのような場合も，誰が同意するのかという問題が生じる。

　成年の患者本人に判断能力がないため同意ができないとき，医療の現場では，家族の同意を得て治療を行なうという慣行がみられる。しかし，家族が同意権をもつことに直接的な法文上の根拠があるわけではない。また実際にも，同意権をもつ家族の範囲やその権限を行使する順位など，曖昧な点は少なくない［上山 2002：133-134］。例えば，配偶者であれば，長期にわたって別居していても同意権をもつのであろうか。あるいは，治療内容等をめぐって推定相続人である家族間に意見の対立がみられるときは，いずれの意見を優先させるべきなのか。さらに，患者に配偶者や子どもなどがいない場合，治療にあたっては遠縁の親戚から同意を得ることで足りるのであろうか。この点，同居あるいは生計を一にする家族という指標もみられるが，そうした実質的な判断を医療機関に求めることが現実的であるとも思われない。

2 推定的同意の判断資料

　たしかに，生活をともにする家族は，本人の日頃の言動等から，その意思を

最もよく知る立場にあるとも言いうる。それゆえ，家族の意思表示から本人の意思を推定しうる場合もあろう。そのような場合，家族の同意は本人の推定的同意（⇨第2章2③）を認める重要な根拠となりうる。しかし一方，患者と家族は必ずしも一体ではない。両者の利益が相反する可能性も否定しえないのであり，家族の同意が常に推定的同意の判断資料となりうるわけでもないと思われる。

2　成年後見人と治療行為の同意

1　後見類型

　成年者であっても加齢や障害のため判断能力が低下し，一定の支援を必要とする場合は少なくない。この成年者に対する支援の制度は未成年後見（⇨第3章3②コラム5：「親権を行う者」がいないとき）との対比で「成年後見」と呼ばれるが（⇨コラム6：成年後見制度），この制度を治療行為の同意についても活用しうるかが問題とされている。

　民法が規定する法定後見には後見・保佐・補助という三つの類型があるが，治療行為に同意する能力のない者は，その多くが後見類型に該当することになろう*。これらの者に成年後見が開始された場合，その者に付された成年後見人は治療行為に同意を与えることができないのであろうか。この点，民法等に具体的な規定が用意されているわけではない。治療行為の同意の問題は，例えば交通事故で一時的に意識不明になった場合などにも生じることであり，成年後見制度の枠内でのみ解決しうるものではないとして，将来の検討課題とされているのである［小林＝原2002：268］。

　＊　以下では後見類型を直接の対象として考察を進めるが，保佐・補助の類型さらには任意後見についても別途より詳細な検討が必要になると思われる。たしかに，保佐・補助のケースでは，治療行為への同意能力を本人が全く失っているとはいえまい。しかし，本人の同意能力が完全なわけでもない。また，任意後見に至っては，そもそも委託された「事務」の内容が本人の意思（自己決定）に基づいてあらかじめ定められており，法定後見とは異なる事情がそこには見受けられるのである［須永2003：33-34］。

コラム❻

成年後見制度

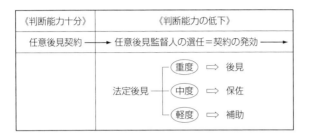

〈保護の必要な大人〉

　民法上，20歳以上の人は一律に成年者とされ（民法4条），その者が結んだ契約は，未成年者による場合（⇨ 第3章2①，②）と異なり，原則として有効なものとされている。高齢であるとか精神上の障害があるといった理由だけで，取り引きについて特有の保護が与えられることはない。とはいえ，成年者であっても加齢や障害のため判断能力が低下し，一定の支援（後見）を必要とする場合は少なくない。この成年者に対する支援の制度が，未成年後見（⇨ 第3章3②　コラム5：「親権を行う者」がいないとき）との対比で「成年後見」と呼ばれる*。

　＊　ただし，未成年者が成年後見制度を利用できないというわけではない。例えば，知的障害者・精神障害者等の「親亡き後」（親の老後・死後）問題を考えてみよう。たしかに，本人が未成年のうちは，その判断能力に問題があったとしても，親権者あるいは未成年後見人が包括的な法定代理権をもっているため（民法824条，859条1項），特に他の援助者を必要としないかもしれない。しかし，この法定代理権は，子ども本人が成年に達することで自動的に消滅する。それゆえ，親権者に代わる保護機関が必要とされるが，両者間の移行をスムーズに行なうためには，親権終了前に成年後見の手続きを行なうことが望まれるのである。

〈法定後見〉

　成年後見制度は，大別して二つの制度からなっている。すでに本人の判断能力が十分でないときは，家庭裁判所によって保護機関が選任される。これを法定後見といい，その判断能力の低下の程度（重度：判断能力を欠く常況，中度：判断能力が著しく不十分，軽度：判断能力が不十分）に応じて後見・保佐・補助の3類型に分けられる*。

　この各類型によって保護機関のもつ権限は異なる。本人に判断能力がほとんど

ないというのであれば，契約などの法律行為（⇨ 第3章2①コラム4：法律行為と事実行為）も自分ではできない。それゆえ，法定代理人を選任し，本人の財産に関する法律行為はこの代理人に包括的に委ねざるをえない（後見類型）。しかし，そうでない限り，本人がみずから法律行為をするのが原則であり，保護機関は，その足りないところを補えば足りる（保佐・補助類型）。後見の類型では代理権が大きな位置を占めるが（民法859条），保佐・補助の類型では代理権は特定の事項に限定され（民法876条の4，876条の9），支援はむしろ同意権および取消権（民法13条，17条）へと重点を移すのである。

> ＊　「成年後見」という言葉はいささか紛らわしい。法定後見と任意後見を併せた制度全体を示すときは「成年後見制度」と表現される。一方，保佐・補助と並ぶ法定後見の一類型として「後見」が指し示されることもあり，この後見類型において選任される保護機関は「成年後見人」，保護を受ける本人は「成年被後見人」といわれる。また，保佐を必要とする人には「保佐人」，補助を必要とする人には「補助人」という保護機関が選任されるが，この場合，保護を受ける本人は，それぞれ「被保佐人」・「被補助人」と呼ばれる。

〈任意後見〉

　一方，成年後見制度には，契約に基づく後見の仕組みもある。任意後見がそれであり，あらかじめ本人が，その判断能力に問題のない時点で能力低下後の後見を特定の者（任意後見人）に委任し，契約（任意後見契約）を結ぶ＊。もっぱら本人の意思で，「生活，療養看護に関する事務」（例：介護サービス利用契約の締結）や「財産の管理に関する事務」を後見人に委託し，その事務処理に必要となる代理権を与えるのである（任意後見契約に関する法律2条1号）。この任意後見による支援は，代理権を用いて本人のために必要な手配をすることを内容とする点に特色がある。

> ＊　ただし，本人の判断能力が不十分になったからといって，直ちに任意後見が開始されるわけではない。任意後見人が実際に業務を開始するのは，家庭裁判所が，任意後見人を監督する機関（任意後見監督人）を選任した時点からである。判断能力の衰えた本人に代わる監督機関が用意されて初めて契約の効力を生じさせることで，制度の安全性を担保しているものといえよう。

② 成年後見人の職務

　成年後見人の職務は，被後見人（本人）の「生活，療養看護」に関する事項と「財産の管理」に関する事項とに大別される（民法858条）。この両者は密接

民法858条

> 成年後見人は，成年被後見人の生活，療養看護及び財産の管理に関する事務を行うに当たっては，成年被後見人の意思を尊重し，かつ，その心身の状態及び生活の状況に配慮しなければならない。

にかかわる場面も少なくないが，ただし成年後見人は，いずれの事項についても，その「事務」（契約を中心とする法律行為）を行なうにとどまる。例えば，被後見人が介護や医療を必要としているとしよう。そのような場合，成年後見人は，本人の生活や健康を維持するために，介護サービスの手配（「生活」に関する事務）や医療の手配（「療養看護」に関する事務）を行ない，あるいは，それに伴う支出をまかなうために本人の財産を代理して処分する（「財産管理」に関する事務）ことをその職務とするのである。

③　見解の対立

●治療同意権否定説

このように，本人の健康状態に配慮して適切な医療契約を結ぶことも成年後見人の重要な職務に属するが，一方，この契約の履行として行なわれる個別具体的な医的侵襲（例：注射，手術）については，成年後見人の権限がこれに及ぶかどうかをめぐって見解の対立がみられる。現行の成年後見制度を立案した担当者は，治療への同意が身体に対する強制を伴う事項であることから，これを成年後見人の権限外であるとし［小林＝原 2002：261］，また学説の多くも，この治療同意権否定説に立っている。治療行為の同意は，患者自身が身体の苦痛や危険を引き受けるかどうかの決定であり，一身専属性が極めて強いだけでなく，医療契約の申込みといった法律行為とも性格を異にするというのである。

●治療同意権肯定説

しかし，この否定説に対しては，その結論が医療関係者に少なからず混乱を招くのではないかと懸念されている。例えば，患者に身寄りがなく，第三者で

ある成年後見人が診療契約を結んだとしよう。この正式な法定代理人である成年後見人が，具体的な医的侵襲については法的権限をもたず治療行為に同意を与えることもできないということは，医療現場の現実的な感覚に必ずしも沿うものではないとされるのである［上山 2002：120］。

　こうした事情も踏まえて，近年は成年後見人に治療同意権を認める立場がむしろ有力であるが*，この肯定説の代表的な見解は，その理論的な論拠を医療契約の特質に求めている。医療契約の内容を具体的に確定するためには触診など一定の医的侵襲を欠かせないこと，また，軽微な侵襲については医療契約の申し込みにあたって黙示的に同意が与えられるのが通常であることからすれば，「病的症状の医学的解明に必要な最小限の医的侵襲行為」（例：触診，レントゲン検査，血液検査等）および「当該医療契約から当然予想される危険性の少ない軽微な身体的侵襲」（例：熱冷ましの注射，一般的な投薬，骨折の治療，傷の縫合等）の範囲に限ってではあるが，成年後見人に治療同意権を認めてよいとされるのである［上山 2002：129］。

　治療同意権を付与された成年後見人は，治療が不適切と思われる場合，これを拒否する権限も与えられる。それゆえ，成年後見人に治療行為同意権を認めることは，医師による専断的判断の抑止，家族・知人等による不当な干渉の排除など，患者本人の権利擁護を実践していく上でも大きな意義をもつことになろう［上山 2002：130，同 2004：1179］。

　　＊　もっとも，この肯定説のうちにも様々な主張がみられる。学説を詳細に分析するものとして，新井誠編『成年後見と医療行為』（日本評論社，2007年），「特集・医療行為と成年後見」『実践成年後見』16号（2006年）がある。

④ 立法による解決

　もっとも，この見解によったとしても，すべてを解決しうるわけではない。同意する者がいないため治療を行なうことができないという事態は，侵襲の大きな治療行為においてこそ深刻なものとなることが指摘されているが［赤沼 2005：79］，先の所説は，軽微とはいえない一般の治療行為についてまで成年後

見人の同意をもって正当化するわけではないからである。とはいえ，成年後見人の同意権に限定を設けず，重大な治療行為についてもこれを許容することは，後見人の恣意的判断を防止するための方策（例：家庭裁判所の許可）を欠く現状では，なお躊躇せざるをえないであろう［上山 2004：1182］。

　それゆえ，第三者による治療同意という問題を解釈論による対応に任せることには限界があると言わざるをえない。この問題を抜本的に解決するためには法の整備を図るほかないのであり，そうした立法のない現状では，同意権者のいないまま医師がやむをえず行なった治療行為については，本人の同意を推定しあるいは民法の事務管理（⇨ コラム 7：事務管理）の規定を援用するなどして正当化を図るほかないといえよう。

コラム 7

事務管理

〈**不法行為責任の否定**〉

　例えば，隣人宅の窓ガラスを勝手に取り替えようものなら，通常は不法行為（民法709条 ⇨ 第 9 章 2 ②）となろう。他人の財産に勝手に干渉しているからである。しかし，その隣人宅の窓ガラスが台風で破損し，しかも隣人は長期の海外旅行中であったという場合はどうか。そのような場合にも不法行為として扱われるとなると，この社会から相互扶助の精神は失われてしまうことにもなろう。そこで法は，たとえ義務がなくても他人のために事務（仕事）を管理（処理）して差し支えないことを認める。これが事務管理の制度であり（民法697条以下），管理者は，一定の要件を充たす場合，不法行為責任を免れ，また，管理に要した費用も回収することができるとされている。

〈「**事務**」の対象〉

　「事務」は財産的なものに限られない。人命救助や病気治療など，人の生命や健康にかかわる行為も事務管理となる。緊急性があれば緊急事務管理となり，「悪意（本人を害する意図）又は重大な過失」で行なったのでない限り，たとえ本人に損害が生じたとしてもこれを賠償する責任は負わない（民法698条）。成年被後見人が治療行為に同意する能力をもっていない場合，その同意なしに行われた行為は，こうした事務管理の規定によって正当化することもできよう。

●参考文献—————————

赤沼康弘「成年後見と医療行為の同意」『実践成年後見』12号（2005年）75-83頁。

上山　泰「患者の同意に関する法的問題点」新井　誠＝西山　詮編『成年後見と意思
　　　能力』日本評論社，2002年，114-135頁。

上山　泰「成年後見と医療行為」『臨床精神医学』33巻9号（2004年）1177-1183頁。

小林昭彦＝原　司『平成11年民法一部改正法等の解説』法曹会，2002年。

須永　醇「成年後見制度について」『法と精神医療』17号（2003年）5-35頁。

第**Ⅱ**部

コ・メディカルの職務

第5章 看護師とその業務

1 業務独占

●趣　旨

保助看法5条

> この法律において「看護師」とは，厚生労働大臣の免許を受けて，傷病者若しくはじょく婦に対する療養上の世話又は診療の補助を行うことを業とする者をいう。

保助看法31条1項

> 看護師でない者は，第5条に規定する業をしてはならない。ただし，医師法又は歯科医師法（……略……）の規定に基づいて行う場合は，この限りでない。

保健師助産師看護師法（以下，「保助看法」と略記）は，看護師の業務を「療養上の世話」と「診療の補助」に大別して規定し（同法5条），そのいずれについても看護師が業務を独占することを認めている（同法31条1項）*。その趣旨については医師法17条（⇨第1章1①）と同様に解することができる。看護師の業務内容には危険性を伴うものも少なくない。そのため，有資格者にのみこれを許容することで，患者の生命・身体の安全確保を図っているである。

　* なお，准看護師の業務も看護師のそれと同じであるが，ただし，准看護師は「医師，歯科医師又は看護師」の指示がなければ，その業務をなしえない点に違いがある（保助看法6条，32条）。

●対象者

業務の対象者は，法文上，「傷病者若しくはじょく婦*」とされているが，必ずしもそれに限られるわけではない。看護師の医学的・看護学的な知識・技能が必要とされる以上，妊婦や新生児はもとより健常者（例：予防接種の場合）をも含めたすべての人に対して看護サービスは保障されるべきであろう［高田1994：28，平林2002：208］。

* じょく婦：分娩終了後，母体が正常に回復するまでの期間（およそ6週間）における婦人をいう（昭和24年6月9日医収第669号厚生省医務局長通知）。

2 「療養上の世話」業務

1 業務の主体性

●意　義

「療養上の世話」とは何かについて保助看法に定義規定があるわけではない。もっとも，その業務が，❶患者への良質な医療提供を目指したものであること，❷患者の「身の回りの世話」を中心としてその療養生活全般に及ぶこと，❸医学的素人によるそれとは異なり，専門的知識・技能に基づいて行なわれる看護職独自の業務であることについては，今日ほぼ異論のないところであろう。

●特　徴

この業務の特徴としては，以下の3点を指摘することができる。

a. 非医行為性

医行為という性格をもつ行為は，現行法上，「療養上の世話」業務としては想定されていないと考えるべきであろう*［平林2002：205-206］。医師法17条は医師以外の者が医行為を業とすることを禁止しており（⇨第1章1），看護師は，医師の指示がある場合，例外的に「診療の補助」として医行為をなしうるにとどまるのである（保助看法5条，37条⇨本章3①）。

＊　もっとも，医行為のなかには「療養上の世話」に属するものもあるという見解もみられる［高田 1994：28］。

b. 医師の指示の要否

「療養上の世話」業務を行なうにあたって，医師の指示は必ずしも必要とはされない。医行為の場合と異なり，専門的な知識・技能をもつ看護師が行なうのであれば，医師の指示を受けなくても「衛生上危害を生ずるおそれ」（保助看法37条）はないとされるのである＊。もっとも，医師の指示の要否を基準として「療養上の世話」と「診療の補助」とが截然と区別されるわけではない。例えば，入浴介助は「療養上の世話」の典型とされる行為であるが，患者の健康状態によっては，その可否について医師の医学的判断が必要とされることもあろう［高田 1982：35］。

＊　それゆえ，「療養上の世話」業務に関していえば，保助看法 5 条に「医師の指示」という文言が規定されていないことはさほど問題とはされず，むしろその業務内容と整合的ともいいうる。

c. 観察と判断

医師による医学的判断の要否を含め，患者の状態を観察し固有の専門的判断を下す点に看護の専門性を見出すことができる［平林 1997a：141］。上述のように，看護師による「療養上の世話」業務は看護学の専門的知識・技能に基づくものであり，この点に医学的素人によるたんなる身の回りの世話との違いがある。例えば，褥瘡（俗にいう「床ずれ」）予防のための体位交換や清拭は「療養上の世話」業務に属するが，その行為自体は，看護師であると否とを問わず習得しうるものであろう。しかし，看護師であれば，こうした措置の過程で，その専門的な観察と判断に基づいて別個の措置を講じ，あるいは医行為が必要と考えれば医師の指示を求めることもなしうるのである。

●今日的役割

保助看法の制定（1948年）以降，「診療の補助」業務については，看護師による業務独占を部分的に解除された様々な医療関係職が登場している（⇨ 第 6 章）。

それまで看護師の担っていた行為は，例えば歯科診療については歯科衛生士（歯科衛生士法2条2項 ⇨ 第7章1②），リハビリテーションについては理学療法士・作業療法士（理学療法士及び作業療法士法15条1項 ⇨ 第6章2②）へと分配され，これらの医療従事者が，限られた範囲とはいえ「診療の補助」業務を看護師と共有しているのである。

　これに対して，「療養上の世話」は依然として看護師にのみ認められた業務であり，他の医療従事者がこれを行なうことは許されていない。この看護師独自の業務は，高齢社会が現実のものとなり，また疾病構造も大きく変化した今日，従来にも増してその意義が強調されるべきであろう。❶療養生活の質の向上，❷患者の自立的な健康回復への支援，❸チーム医療における専門的役割（患者の苦痛・不安の軽減，危険防止），❹在宅医療における他職種との連携など，「療養上の世話」にかかわるいずれの局面においても［土井2003：66］，看護師にはその専門的知識に基づく主体的な取り組みが求められているのである。

② 看護（療養上の世話）と介護

●医学的管理の要否

　入浴・排せつ・食事の世話など「療養上の世話」に当たる行為を個別にみた場合，そのサービス内容については介護福祉士やホームヘルパー等による「介護」と外形的には重複する部分がみられる。そこで，両者の区別が問題となるが，看護職による業務独占の趣旨が国民の生命・健康に対する危険防止にあることからすれば（⇨本章1），医学的管理の要否を基準とし，これを必要とする領域は基本的に看護（療養上の世話）に属すると考えるべきであろう。入浴介助を例にとれば，たしかに，その行為自体は技術的にみて介護職に委ねて差し支えないともいいうる。しかし，対象者に医学的管理が必要な場合，入浴そのものの可否について医学・看護学の知見に基づく専門的な判断がなければ，対象者の安全は確保されないのである［平林2002：208-209］。

　これに対して，対象者によって看護と介護とを区別する見解もみられる。看護の対象が傷病者であるのに対して，介護は「傷病者でない状態で，心身

の障害のために日常生活に支障をきたしている」(社会福祉士及び介護福祉士法 2 条 2 項参照) 人を対象とするというのである [辻 = 季羽 1987：33〔辻　哲夫〕]。しかし，重度の要介護高齢者のように，「傷病」状態と「障害」状態を頻繁に行き来する例もあり，両者を截然と区別できるわけではなかろう [菊池 1993：124]。

● 無資格者による療養上の世話

それゆえ，「介護」の名のもとに無資格者が医学的管理の必要な行為に及んだ場合は，保助看法31条 (看護師業の制限) 違反あるいは同法32条 (准看護師業の制限) 違反の問題が生じる。もっとも現実には，この介護のケースをはじめ多数の無資格者が看護業務に従事しているのであるが，しかし，それが許容されるのは看護学的判断を必要としない領域，あるいは医師・看護師の指示に基づく機械的行為に限られよう。医師は，看護業務も行ないうることから (保助看法31条 1 項ただし書)，その手足として無資格者を使用することができる [野田 1984：55]。また看護師も，「療養上の世話」業務に関しては，みずからの責任と判断でなしうることから同様に解されている [高田 1982：26]。保助看法 6 条は，看護師が准看護師に対してその業務に関する指示を出すことを認めている。少なくとも「療養上の世話」に関して看護師が主体的に判断しうることは，この規定からも明らかであろう [田村 2008：53]。

3　診療の補助

1　医師の指示

● 意義および種類

看護師は，医師が患者を診察・治療 (＝「診療」) する際，これを補助する役割も担っている。この「診療の補助」(保助看法 5 条) は，メスの手交や注射の準備など，医師の手足として行なわれる「単純な (あるいは機械的な) 診療の補

助」と，医師に代わって一定範囲の医行為を行なう「医行為的な診療の補助」
（例：与薬，注射）とに分類される［平林 2002：206］。

●医行為的な診療の補助と医師の指示

> **保助看法37条**
>
> 保健師，助産師，看護師又は准看護師は，主治の医師又は歯科医師の指示があっ
> た場合を除くほか，診療機械を使用し，医薬品を授与し，医薬品について指示を
> しその他医師又は歯科医師が行うのでなければ衛生上危害を生ずるおそれのある
> 行為をしてはならない。ただし，臨時応急の手当（……略……）をする場合は，
> この限りでない。

　すでにみたように（⇨第1章1），医師の資格をもたない者は，たとえ医療専
門職であっても医行為を業とすることが許されない（医師法17条）。この医師法
の規定に対応して，保助看法37条も，「医師又は歯科医師が行うのでなければ
衛生上危害を生ずるおそれのある行為」（＝医行為）を看護師が独自の判断で行
なうことを禁止している。もっとも，これには重大な例外があり，「主治の医
師又は歯科医師の指示があった場合」，看護師はその指示された医行為を行な
うことができるとされている。こうした行為は保助看法5条にいう「診療の補
助」業務として位置づけられることとなるが，その枠内にとどまるとはいえ，
医師の業務独占する医行為が同法37条に基づき看護師にも許容されるのである。
看護師は相応の医学的知識と技術を有していることから，当該医行為を医師の
指示監督のもとで行なうのであれば，「衛生上危害を生ずるおそれ」は未然に
防止しうると考えられているものといえよう。

●単純な診療の補助と医師の指示

　この医師の指示は，医行為的な診療の補助だけでなく，およそ看護師の行な
う「診療の補助」業務について必要とされよう［平林 2002：206-207］。たしか
に，保助看法5条は「診療の補助」業務に際して医師の指示を受けることを要
件としてはいない。また，指示を受けなかったことそれ自体に対する処罰も予

定しておらず，この点，医行為的な診療の補助の場合（保助看法37条，44条の3
第2号）とは異なる。しかし，同条に「医師の指示」に関する明文の規定がな
いのは，「補助」という業務の性格上も，また文言上も指示を受けることが当
然と考えられたからであろう。それゆえ，単純な「診療の補助」業務にあたっ
ても医師の指示は必要とされるべきであり＊，これを受けることを怠った看護
師は，処罰はされないものの，「業務に関し（……略……）不正の行為」（保助看
法9条2号）があったとして，戒告・業務停止・免許取り消しといった行政処
分（保助看法14条1項 ⇨ 第9章1②）の対象とはなりうるであろう［小沼 2007：
203 参照］。

> ＊　もっとも，医師の指示の在り方については，診療の補助業務の内容によって差異が生じ
> ることも考えうる［野﨑 2010：148 参照］。

②　絶対的医行為と相対的医行為

●診療の補助の限界

看護師による「診療の補助」業務は医行為それ自体にも及ぶが，ただし，そ
の範囲は看護師の知識・技術でなしうるもの（＝相対的医行為）に限定され［高
田 1982：29］，医師のみが専権的になすべき医行為（＝絶対的医行為）は除外さ
れる。医師の指示があれば，看護師はどのような医行為をもなしうるというわ
けではないのである。例えば，放射線の人体照射（診療放射線技師法24条），眼
圧計による眼圧測定，眼球注射などが絶対的医行為とされており，こうした行
為を看護師が行なえば，たとえそれが医師の指示に基づくものであったとして
も，医師法17条違反として処罰の対象になると理解されている［野田 1984：
81-82］。そのような行為は，無資格者による行為と類型的に差異を認めること
が困難だからである［野﨑 2010：155］。

●静脈注射

問題は，どの範囲の医行為を「診療の補助」業務としてなしうるかであるが，
これについては，当該行為の危険性と看護師のもつ知識・能力の程度などを勘

案して相対的に決定するほかなかろう。例えば，静脈注射は保助看法37条にいう「診療機械の使用」あるいは「医薬品の授与」として医行為に含まれるとされるが，これを看護師が実施することについて，かつて厚生省は，保助看法5条に規定するその業務の範囲を超える（絶対的医行為）という行政解釈を示していた（「保健婦助産婦看護婦法第37条の解釈の照会について」昭和26年9月15日医収第517号厚生省医務局長通知)[＊]。しかし，今日では静脈注射は保助看法5条に規定する診療の補助行為に属する事項である（相対的医行為）とする新たな解釈がなされている（「看護師等による静脈注射の実施について」平成14年9月30日医政発第0930002号厚生労働省医政局長通知）。静脈注射は看護師が適法になしうる行為とされているのであるが，ただし，これを過度に一般化すべきではあるまい。重要なのは注射法の種類（皮下注射，筋肉注射，皮内注射，静脈注射など）ではなく，患者の安全をいかに確保するかであり，看護師による静脈注射についても，注入される薬液，患者の状態，看護師の能力，医師の指示監督の程度などを勘案して，その可否を個別に論じることが必要と思われる［野田 1984：82，平林2004：589］。

＊　なお，判例には「看護婦が医師の指示により静脈注射を為すことは当然その業務上の行為である」と判示したものがある（名古屋高裁金沢支判昭和27・6・13高刑集5巻9号1432頁，最判昭和28・12・22刑集7巻13号2608頁により肯認）。しかし，これは業務上過失致死傷罪（刑法211条1項前段 ⇒ 第10章1）の成立要件である「業務」について説かれたものであり，保助看法5条にいう看護師の業務に静脈注射が入るか否かを論じているわけではない。業務上過失致死傷罪は，一定の危険な行為を行なううえで不注意があり，それに基づいて人を死傷させた場合に成立する犯罪であり，そこにいう「業務」が適法なものであることを必要としない。例えば，無免許運転や無免許医業など違法な行為であっても業務性が否定されることはないのである。

　それゆえ，先の判示をもって看護師の静脈注射の適法性が認められたと速断することはできない。また，判決文と厚生省の行政解釈にはいずれも「業務」という文言がみられるものの，その意味内容は全く異なって使用されているのであり，両者を対立したものとみることも適切とは言い難いであろう。

3　無資格者による診療の補助

●医師の指示による場合

「診療の補助」として行なう医行為（医行為的な診療の補助）は看護師にのみ許容されているとみることができるが[*1]，ただし，一般の無資格者（例：看護助手）も診療の補助行為をできないというわけではない。医師も看護業務を行ないうることから（保助看法31条1項ただし書），その手足となって無資格者が診療補助業務に従事することもありうる。もっとも，その範囲は機械的な作業にとどまり（例：検温，注射器の取り揃え）[*2]，それを超えて看護師がみずからしなくてはならない行為に従事すれば保助看法32条（准看護師業の制限）違反[*3]，さらに医師にしか認められない行為に及べば医師法17条違反の罪に問われることになろう[野崎 2010：153]。

>*1　もっとも，次章以下でみるように，例外的に他の医療関係職種が，各根拠法に基づき個別に特定された医行為を行なうことも認められている。
>
>*2　東京高判平成元・2・23判例タイムズ691号152頁は，医師が無資格者を診療の補助業務に従事させる場合，その範囲は「おのずから狭く限定されざるをえず，いわば医師の手足としてその監督監視の下に，医師の目が現実に届く限度の場所で，患者に危害の及ぶことがなく，かつ判断作用を加える余地に乏しい機械的な作業を行わせる程度にとどめられるべきもの」としている。
>
>*3　これに対して，保助看法31条（看護師業の制限）違反とする見解もある。しかし，法は無資格看護師業の罪と無資格准看護師業の罪とを別個に規定しているのであり，「医師（……略……）の指示を受けて」（保助看法6条）診療の補助に従事した場合は，准看護師の業を行なったものと解さざるをえないであろう[小倉 1996：89]。

●医師の指示がない場合

問題は，一般人が医師の指示を受けることなく医行為的な診療の補助を行なった場合であるが，その場合は，端的に無免許医業として医師法17条違反の罪を認めるべきであろう。たしかに，無資格准看護師業の罪との対比からすれば，医師の指示がないときは，無資格看護師業として保助看法31条違反の罪が成立するようにみえなくもない。しかし，そのように解すると，無資格者の行為は，それが医師の監督下にあろうとなかろうと同じ法定刑の枠内で処理され

（保助看法43条1項1号），法が「医師の指示」を要求した趣旨は没却されてしまうことになろう。上述のように（⇨本節❶），医師以外の医療従事者にも一部とはいえ医行為が許容されるのは，その者がもつ知識・技術と医師の指示・監督とが相まって当該医行為のもつ危険性が未然に防止されうるからであり，なかでも医師の指示は，当該医行為のもつ危険性をコントロールし患者の安全を確保するうえで決定的な意味を有するものといえよう。客観的には「診療の補助」の枠内にとどまる行為であったとしても，医師の関与いかんによって行為の危険性には差異が認められるのであり，刑の軽重はこれを反映させたものでなければならないと思われる［野﨑 2010：154］。

●看護師独自の指示による場合

なお，「診療の補助」業務について，看護師が独自の判断に基づき指示を出すことは許されないと考えるべきであろう。たしかに，保助看法6条は，この業務についても「看護師の指示」で行ないうると規定している。しかし，診療の補助業務は，それが医行為であろうとなかろうと，そもそも看護師自身が「医師の指示」のもとで許容されるにすぎないのである。それゆえ，無資格者が看護師の指示を受けて診療の補助に当たる行為に従事したとしても，保助看法32条の問題ではない。そのような場合は，「医師の指示」を受けることなく診療の補助業務を行なったものと考えるべきであり，医師法17条違反（医行為的な診療の補助を行なったとき）あるいは保助看法31条違反（無資格看護師業——単純な診療の補助を行なったとき）の罪に問われることになろう［野﨑 2010：146］。

4　臨時応急の手当て

●医師の指示の要否

看護師は，「臨時応急の手当」の範囲内であれば，医師の指示がなくても医行為を行なうことができる（保助看法37条ただし書）。患者の容態が急変し，医師の指示を得るいとまもないような場合，患者の安全を確保するために，看護師にはこうした独自の業務が認められているのである。

●限　界

　もっとも，「診療の補助」に該当するすべての行為が「臨時応急の手当」と
して看護師に許容されるわけではなかろう。「臨時応急の手当」はあくまで緊
急の一時的なものであることから，その処置は必要最小限度のものに限られ，
それ以上に進んだ治療行為は認められないと一般に理解されている［野田
1984：80］。

4　名称独占

●保助看法の改正

保助看法42条の 3 第 3 項

　看護師でない者は，看護師又はこれに紛らわしい名称を使用してはならない。

　看護師でもないのに看護師と名乗ったり，あるいは看護「士」といった紛ら
わしい名称を使用することは許されない（保助看法42条の 3 第 3 項，45条の 2 ［30
万円以下の罰金］）。これを**名称独占**というが，保助看法の制定当時，こうした
規定は存在していなかった。名称を使用する行為それ自体を禁止することとし
たのは2006（平成18）年の同法改正からであり（2007年 4 月 1 日施行）*1，それま
では，業務独占の規定（保助看法31条）に違反した者が，同時に看護師または
「これに類似した名称」を用いた場合，刑を加重する旨の規定（保助看法43条 2
項［2 年以下の懲役若しくは100万円以下の罰金，またはその併科］）が置かれていた
にとどまる。
　医療関係の職種には名称独占の規定をもつものが少なくない（例：医師法18
条）。名称の使用を一定の知識と技術をもつ者に制限することで，当該医療関
係者に誇りと責任を促す一方［野田 1984：107］，その者の能力に対する国民の
信頼を保護することなどが規定の趣旨とされている［平林 1997b：202 参照］*2。
ただし，看護業務・助産業務については，上述のように，保助看法の制定当初
から名称独占は認められてこなかった。その理由として，これらの職種には名

称の悪用が過去になかったことなどが指摘されているが［富田1998：7］，しか
し，名称使用の規制がないことは，医療の質・安全を確保するうえで問題があ
るだけではない。適切な医療情報を提供し医療に対する患者の信頼を確保する
うえでも，大きな妨げとなろう。また，他の医療関係職種（例：理学療法士 ⇨
第6章2②）や福祉関係職種（例：社会福祉士，介護福祉士）の多くが名称独占と
されていることとも整合的でない。さらに，守秘義務（⇨ 第12章4③）のある
資格でありながら（保助看法42条の2），名称の独占が保障されていないことは，
資格としての信用力に欠けるおそれも否定できない［厚生労働省2005］。看護師
の名称独占規定が導入された背景には，以上のような事情をうかがうことがで
きよう。

　＊1　助産師および准看護師の名称独占についても同様である（保助看法42条の3第2項，
　　　第4項）。一方，保健師は，2006年の改正前から保健指導業務については名称独占が認め
　　　られていたが（保助看法29条），改正後は業務を限定せず名称を使用する行為それ自体を
　　　禁止することとしている（保助看法42条の3第1項）。
　＊2　ほかに，無資格者が名称を使用することから生じる種々の弊害（例：社会的信用の悪
　　　用による事故や犯罪）を防止することも，名称を独占させる目的として挙げられている
　　　［野田1984：107］。

●軽犯罪法1条15号違反との関係
　この名称独占規定に違反する行為は，軽犯罪法1条15号の罪の特別罪に当た
る。同号は「法令により定められた称号（……略……）を詐称」することを禁
止しており，例えば，あん摩マッサージ指圧師，はり師，きゅう師，あるいは
柔道整復師の免許をもたないにもかかわらず，そうした名称を使用した場合が
処罰の対象とされる（拘留または科料）。一方，「看護師又はこれに紛らわしい
名称を使用」することも名称詐称の一つであるが，これについては保助看法に
特別の処罰規定が設けられているため（保助看法42条の3第3項，45条の2），軽
犯罪法が適用されることはなく，保助看法違反の罪のみが成立する。

■　　■　　■

●参考文献──────────

小倉哲浩「医師法と保健婦助産婦看護婦法の関係」『研修』580号（1996年）83-94頁。

菊池馨美「『看護』業務の法的位置づけ」『看護』45巻9号（1993年）117-131頁。

厚生労働省「医療安全の確保に向けた保健師助産師看護師法等のあり方に関する検討
　　会」中間まとめ，2005年（http:// www. mhlw. go. jp/ shingi/ 2005/ 06/ s0629-6.
　　html）。

小沼　敦「看護師の業務範囲についての一考察──静脈注射と産婦に対する内診を例
　　に」『レファレンス』680号（2007年）195-212頁。

高田利廣『看護の安全性と法的責任　第4集』日本看護協会出版会，1982年。

高田利廣『看護業務における責任論』医学通信社，1994年。

田村やよひ『私たちの拠りどころ　保健師助産師看護師法』日本看護協会出版会，
　　2008年。

辻　哲夫＝季羽倭文子「新職種と看護職との協力関係」『看護』39巻9号（1987年）
　　32-50頁。

土井英子「『療養上の世話』中心の看護業務概念に関する一試論」『Quality Nursing』
　　9巻2号（2003年）63-74頁。

富田功一『コ・メディカルの医療行為と法律（第2版）』南山堂，1998年。

野﨑和義「無資格者による医療・看護行為と刑事規制」椎橋隆幸＝川端　博＝甲斐克
　　則編『立石二六先生古稀祝賀論文集』成文堂，2010年，143-163頁。

野田　寛『医事法（上巻）』青林書院，1984年。

平林勝政「在宅医療」宇都木　伸＝平林勝政編『フォーラム医事法学〔追補版〕』尚
　　学社，1997年，121-156頁（＝平林1997a）。

平林勝政「医療スタッフに対する法的規制」宇都木　伸＝平林勝政編『フォーラム医
　　事法学〔追補版〕』尚学社，1997年，200-250頁（＝平林1997b）。

平林勝政「看護と法──保健師助産師看護師法の今日的課題」山崎美貴子＝瀧澤利行
　　編『看護のための最新医学講座　第35巻　医療と社会』中山書店，2002年，
　　202-214頁。

平林勝政「医行為をめぐる業務の分担」湯沢雍彦＝宇都木　伸編『人の法と医の倫
　　理』信山社，2004年，573-619頁。

第6章 コ・メディカル職種の拡大

1 医療従事者の多様性

　今日の医療は，その中心的な業務を医師が独占する一方（医師法17条），他の様々な医療専門職の協力を得て提供されている（**チーム医療**）。医師と連携する専門職は**コ・メディカル**ともいわれるが［中川 = 黒田編著 2010：131〔黒田浩一郎〕］，それとの協業なくして医療提供はもはや不可能といってよい。

　かつて医療従事者といえば，基本的に医師・看護師と薬剤師から構成されていた。しかし今日では，看護師が包括的に業務独占してきた「診療の補助」業務のうち，その一部を解除された多様な職種が生まれている（⇨ 本章 2, 3）。また，必ずしも医療専門職とはいえない領域から参入して「診療の補助」業務に従事する職種もある（⇨ 本章 4）。さらに，医療行為それ自体の一部を医師から限定的に移譲された職種もみられる（⇨ 本章 5）。この章では，医療行為（および診療の補助行為）に焦点をあて，こうした様々な医療従事者の職務を概観してみよう。

2 「診療の補助」行為の部分的解除

1 資格の法制化

●診療補助職の分化
1948（昭和23）年に制定された保健師助産師看護師法（以下，「保助看法」と略

48

記）は，「診療の補助」を看護師および准看護師（以下，「看護師等」と略記）の独占業務としている（保助看法31条1項，32条）。しかし，同法の制定後，様々な診療補助職が看護師等から分化し，これらの者が診療の補助を業として行なう領域も拡大している。それは，医療システム内外の変化によるところが大きい。

　一方で，医療技術の複雑化・高度化（医療システム内部の変化）に対応して科学技術系スタッフの出現がみられる［中島 1995：104］。検査技術の進展に伴い検査を専門とする職種（例：臨床検査技師）が必要とされ，治療技術の発達によって治療装置等の維持管理を専門とする職種（例：臨床工学技士）が誕生したことなどが［中川＝黒田編著 2010：131〔黒田浩一郎〕］，ここでは想起されよう。

　また他方では，人口の高齢化・疾病構造の変化（医療システムの環境における変化）に伴い対人サービス系スタッフ（例：理学療法士，視能訓練士）の登場も促される［中島 1995：104］。近年の医療は，病気の治療だけでなく，その予防や病後の社会復帰・機能回復をも強調するが，こうした医療領域の拡大とも相まってリハビリテーション業務の重要性がとみに高まりをみせるのである。

●法律に基づく資格制度

　もっとも，医療行為は，医師のほかには看護師等が「診療の補助」業務としてなしうるにとどまる。これが原則であり，それゆえ上述した新たな職種が医療行為を業としうるためには，看護師等による業務独占を部分的とはいえ解除しなければならない。法律に基づく資格制度を新たに設け，その資質を担保するとともに，資格を得た者については「診療の補助」として特定分野の医療行為を許容するのである。

　こうして創設された職種は，それぞれの法律のなかに保助看法の適用を除外する規定をもつ。「○○は，保健師助産師看護師法第31条第1項及び第32条の規定にかかわらず，診療の補助として○○を行うことを業とすることができる」という特例がそれである。以下では，こうした規定を備える固有の資格法と「診療の補助」の関係を具体的に整理していこう。

2　理学療法士と「診療の補助」

理学療法は誰が行なってもよいのだろうか。

●名称独占

医師や看護師等がその業務と名称を独占するのに対して，理学療法士は形式的にみるとその名称を独占するにとどまる*。たしかに，免許取得者でなければ理学療法士という名称を使用することは許されない（理学療法士及び作業療法士法〔以下，「療法士法」と略記〕17条1項）。しかし，理学療法士でなければその業務を行なってはならないという規定は見当たらない。法は，理学療法として行為の内容を定義するにとどまり（療法士法2条1項），これを実施する者について特に限定を設けてはいないのである。

もともと理学療法は業務の性格上かなり幅の広いものであり，そのすべてが患者の生命・身体にとって危険なものというわけではない。無資格者が実施したとしてもさほど危険の認められない業務もあり（例：病状安定期の治療体操），その全部を理学療法士の独占とすることは法律上も実際上も無理があると判断されたものと思われる［饗庭＝紺矢 1980：37］。

＊　以下では主に理学療法士を取り上げるが，作業療法士についても業務の種類が異なる点を除けば，ほぼ同様のことがいえよう。

●医行為に属する理学療法

理学療法士及び作業療法士法15条1項

理学療法士又は作業療法士は，保健師助産師看護師法（……略……）第31条第1項及び第32条の規定にかかわらず，診療の補助として理学療法又は作業療法を行なうことを業とすることができる。

もっとも，理学療法のうちには，理学療法士の資格を有する者にのみ許容さ

れるものもある。医行為に属する業務[*1]がそれであり，無資格者と異なり，理学療法士はその業務の範囲に属するものであれば，これを行なったとしても違法とはされないのである[*2]。

　医行為に属する理学療法は，それが医師の指示を受けて実施される場合，「診療の補助」としての性格をもつ。しかし，もともと診療の補助業務は看護師等の独占業務であり（保助看法31条 1 項，32条），これを理学療法士に認めるとなると保助看法の規定と抵触することになろう。この問題を回避するために，療法士法には保助看法の適用を除外する規定が設けられている。「理学療法士（……略……）は，保健師助産師看護師法第31条第 1 項及び第32条の規定にかかわらず，診療の補助として理学療法（……略……）を行なうことを業とすることができる」として（療法士法15条 1 項），「診療の補助」に関する看護師等の業務独占を部分的に解除するのである。

> ＊1　例えば，a）障害の回復初期の段階で病状が十分に安定していない時期に行なわれる療法，b）電気刺激，温熱，光線等を用いる療法などが，医行為に属するとされている［厚生省医務局医事課編 1965：88］。
>
> ＊2　ただし，理学療法の範囲に属するものであれ，医師の指示を受けることなく医行為を業とした場合は，理学療法士の資格の有無を問わず，医師法17条違反の罪（無免許医業罪）が成立すると解されている［厚生省医務局医事課編 1965：88］。また，こうした解釈は，診療の補助の一部を業とする他の診療補助職についても一貫して示されている（例：厚生省健康政策局医事課編 1988：151-152〔臨床工学技士〕，244-245〔義肢装具士〕，厚生省健康政策局指導課編 1992：151〔救急救命士〕）。

●間接的業務独占

　こうして理学療法士も診療の補助業務を看護師等と共有することになるが，ただし，その範囲は理学療法の領域に限定される。看護師等と異なり「診療の補助」一般を業としうるわけではないのであり，たとえ医師の指示があったとしても，注射・薬剤の授与・一般診療機械の使用などの行為を業とすることは許されない［厚生省医務局医事課編 1965：89］。そのような行為に及ぶと，理学療法士とはいえ保助看法32条違反の罪に問われることになろう［野﨑 2010：153］。

　以上のように，理学療法の範囲内であれば，理学療法士は，診療の補助とし

て医行為に該当する業務に携わったとしても保助看法違反とされることはない。一方，無資格者が診療の補助として理学療法を行なった場合は，保助看法上の業務独占規定に違反するものして処罰を免れない（⇨ *Question*）。

　たしかに，理学療法士について業務独占を認める明文の規定はない。しかし理学療法士は，診療の補助行為の一部を業とする権能を付与されたことで，間接的とはいえその業務を独占し，その専門領域について医業の一部を担うことが期待されているのである。

3　医師の具体的指示

1　視能訓練士

●特定行為の制限

視能訓練士法18条

> 視能訓練士は，医師の具体的な指示を受けなければ，厚生労働省令で定める矯正訓練又は検査を行なってはならない。

　視能訓練士も，一定の範囲で診療の補助を業とすることが認められている。視能訓練士は，眼科医療の一環として「医師の指示の下に，（……略……）両眼視機能の回復のための矯正訓練及びこれに必要な検査」を行なうが（視能訓練士法2条），その業務が診療の補助に属するものであったとしても*，保助看法の業務独占規定に違反することはない旨が定められているのである（視能訓練士法17条2項）。

　この点は理学療法士の場合と同様であるが，視能訓練士は，さらに特定行為について制限が設けられている。眼底写真撮影など「厚生労働省令で定める矯正訓練又は検査」を行なうには「医師の具体的な指示」を受けなければならないとされるのである（視能訓練士法18条）。診療の補助行為のうち特に危険度の高いものについて，その個々の行為にあたって医師の指示が求められているも

のといえよう [田中 1971：20]。

* 　視能訓練士の業務のなかには，ピンポンを行なわせたり，ビーズ玉を通す作業を行なわ
せるなど，医療行為といえないようなものもある。こうした簡単な訓練業務については，
「診療の補助」という独占業務にするまでもないといえよう [田中 1971：22]。

② 臨床検査技師

①業務範囲

●三種の業務

臨床検査技師等に関する法律2条

この法律で「臨床検査技師」とは，厚生労働大臣の免許を受けて，臨床検査技師
の名称を用いて，医師又は歯科医師の指示の下に，微生物学的検査，血清学的検
査，血液学的検査，病理学的検査，寄生虫学的検査，生化学的検査及び厚生労働
省令で定める生理学的検査を行うことを業とする者をいう。

臨床検査技師等に関する法律20条の2第1項

臨床検査技師は，保健師助産師看護師法（……略……）第31条第1項及び第32条
の規定にかかわらず，診療の補助として採血（医師又は歯科医師の具体的な指示
を受けて行うものに限る。）及び第2条の厚生労働省令で定める生理学的検査を
行うことを業とすることができる。

　科学技術系スタッフからも取り上げてみよう。臨床検査技師は，医療面にお
ける検査業務を担当する技術者であり，その業務範囲は，検体検査，生理学的
検査（臨床検査技師等に関する法律〔以下，「臨技法」と略記〕2条），および採血行
為（臨技法20条の2第1項）である。いずれも医師の指示（採血行為については具
体的指示）が必要とされる（⇨ 図6-1）。

●検体検査

　検体検査には6種目があるが（微生物学的検査，血清学的検査，血液学的検査，
病理学的検査，寄生虫学的検査，生化学的検査——臨技法2条），これらは人体から

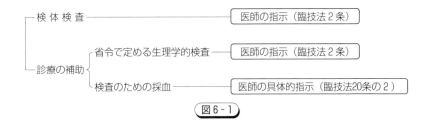

図6−1

採取または排出された検体について行なう検査であり，医行為には属しないとされている。いずれの検査も人体を直接の検査対象とするわけではなく，必要な知識・技能をもたない者がこれを行なったとしても，直接人に危害を及ぼすおそれはないからである［竹内 1971：31］。

●省令で定める生理学的検査

　これに対して，生理学的検査は医行為にほかならない。臨床検査技師は，脳波検査・心電図検査など厚生労働省令で定める16種目の生理学的検査を行ないうるが，これらの業務は人体それ自体を検体としており，一定の知識・技能をもつ者が行なうのでなければ，人体に危害を及ぼすおそれを否定できないのである［竹内 1971：31］。

●検査のための採血

臨床検査技師等に関する法律11条

> 試験は，第2条に規定する検査に必要な知識及び技能（同条に規定する検査のための血液を採取する行為で政令で定めるもの（以下「採血」という。）に必要な知識及び技能を含む。以下同じ。）について行う。

　さらに，臨床検査技師は，検査のため必要なときは人体から直接採血をすることもできる。もっとも，この採血行為は本来の検査業務ではなく，特例的に認められたものにすぎない。「血液検査を検体とする検査において特に高い精度と迅速な処理が要求されるため臨床検査技師が採血及び検査を一貫して行な

う必要がある場合に備えた」にとどまり（昭和45年12月3日医事第201号厚生省医務局医事課長通知），そのため，採血行為それ自体は臨床検査技師の定義規定（臨技法2条）にも明示されてはいない。また，許容される行為は臨床検査のための採血のみであり（臨技法11条かっこ書），輸血その他の目的での採血までなしうるわけではない。なお，この採血行為が人体それ自体を対象とするものであり，医行為に属することもいうまでもなかろう。

②診療の補助としての検査業務

●保助看法31条1項および32条の適用除外

生理学的検査および採血行為はいずれも医行為であり，これを業として行なうことは医業に当たる。それゆえ，これをなしうるのは医師のみであり（医師法17条），例外的に看護師等が「診療の補助」として許容されているにとどまる（保助看法31条，32条）。臨床検査技師が生理学的検査および採血行為を業として行なうためには法制上特別の措置が必要とされるのであり，法がこれらの行為について保助看法の適用除外規定（臨技法20条の2第1項）を設けたのはそのためにほかならない。

●医師の（具体的）指示

このように，臨床検査技師は生理学的検査および採血行為を「診療の補助」という枠内でのみ許容されており，それゆえ，いずれの業務を行なうにあたっても医師の指示を受けなければならない。なかでも採血行為は，人体に危害を及ぼすおそれが高いことから，医師の具体的指示が求められている（臨技法20条の2第1項）。臨床検査技師に採血を行なうよう指示するときは，「採血の方法，部位，採血量その他について」医師が個別・具体的に指示することが必要とされるのである[*]（昭和45年12月3日医発第1416号厚生省医務局長通知）。

　[*]　「医師の具体的な指示」を特定行為について要求する規定は，以上にみた視能訓練士・臨床検査技師のほか，他の診療補助職についてもみられる。臨床工学技士（臨床工学技士法38条），義肢装具士（義肢装具士法38条），救急救命士（救急救命士法44条1項），さらに

には診療放射線技師（診療放射線技師法26条１項）の資格がそれである。一方，理学療法士についても指示の具体性を必要とする規定があるが（療法士法15条２項），その性格は他の診療補助職の場合とは異なる。この規定は「あん摩マッサージ指圧師，はり師，きゅう師等に関する法律」１条との調整を図るために設けられたものであり，特に危険度の高い医行為について「医師の具体的な指示」を要求しているわけではないのである（⇨第８章２②）。

4　定義規定と個別規定

●定義規定

言語聴覚士法２条

> この法律で「言語聴覚士」とは，厚生労働大臣の免許を受けて，言語聴覚士の名称を用いて，音声機能，言語機能又は聴覚に障害のある者についてその機能の維持向上を図るため，言語訓練その他の訓練，これに必要な検査及び助言，指導その他の援助を行うことを業とする者をいう。

　以上にみたように，看護師の業務独占とされる「診療の補助」を一部解除することで，様々な診療補助職が生み出されている。もっとも，医療関係職種のなかには，こうした枠組みに収まりきらない職種もある。診療補助職として法制化された資格は「医師の指示の下に」業務を行なうことが要件とされるが，言語聴覚士の定義規定（言語聴覚士法２条）にそうした要件は見あたらない。その業務は「訓練」・「検査」・「助言，指導その他の援助」に大別されるが，このうち検査や指導方法のほとんどは言語学・音声学・心理学に基づいたものであり，基本的に医療行為とはいえない［玉井2009：49］からであろう。

●診療の補助行為

　もっとも，言語聴覚士の業務には嚥下訓練・人工内耳の調整（いずれも訓練業務）など対象者の身体に危害を及ぼすおそれをもつ行為も含まれており［石田1998：50］，これらの医療行為は，特例がない限り，医師・歯科医師がみず

> **言語聴覚士法42条1項**
>
> 言語聴覚士は，保健師助産師看護師法（……略……）第31条第1項及び第32条の規定にかかわらず，診療の補助として，医師又は歯科医師の指示の下に，嚥下訓練，人工内耳の調整その他厚生労働省令で定める行為を行うことを業とすることができる。

から行なうか看護師等が「診療の補助」として行なうほかない。そこで，こうした業務については，定義規定とは別個に「医師又は歯科医師の指示」を要件とする規定が設けられている（言語聴覚士法42条1項）。嚥下訓練など個別の行為を特定し，これを「診療の補助」として構成することで，看護師等による業務独占を部分的に解除するのである。

5　独自の業務独占

1　助産師

●診療行為それ自体の分担

「診療の補助」としてではなく，医師がなすべき診療行為それ自体を分担する資格として助産師がある。「助産」は医行為の一つであるが，助産師は，妊婦等に異常があると認めた場合を除いて（保助看法38条），医師の指示がなくても単独でこれを行なうことを許容されているのである。また，その業務を独占しており，看護師というだけでは助産など保助看法3条に規定する行為を業とすることはできない*（保助看法3条，30条）。

　＊　一方，助産師が看護師の業務（医師の診療の補助，療養上の世話）を行なうことは差し支えない（保助看法31条2項）。

> **保助看法３条**
>
> この法律において「助産師」とは，厚生労働大臣の免許を受けて，助産又は妊婦，じょく婦若しくは新生児の保健指導を行うことを業とする女子をいう。

> **保助看法30条**
>
> 助産師でない者は，第３条に規定する業をしてはならない。ただし，医師法（……略……）の規定に基づいて行う場合は，この限りではない。

> **保助看法38条**
>
> 助産師は，妊婦，産婦，じょく婦，胎児又は新生児に異常があると認めたときは，医師の診療を求めさせることを要し，自らこれらの者に対して処置をしてはならない。ただし，臨時応急の手当については，この限りでない。

2　診療放射線技師

●「診療」それ自体の分担と「診療の補助」

　診療放射線技師も，看護業務とは無関係に，医師の診療行為を独自に分担している。「医師又は歯科医師の指示」を必要とするとはいえ，その業務のうち人体に対する放射線の照射は，医師・歯科医師を除けば診療放射線技師にのみ認められており[*1]（業務独占——診療放射線技師法２条２項，24条），看護師であってもこれを行なうことは許されない。診療放射線にかかわる業務は，被爆により人体に障害をもたらす危険をもつからにほかならない［西 2004：558-559］。

　もっとも，こうした特殊な危険をもつ業務のほかに，診療放射線技師は，「診療の補助」として，MRI など画像診断装置を用いた検査業務を行なうこともできる（診療放射線技師法24条の２）。診療放射線技師は，診療行為それ自体を独占的に分担するだけでなく，診療補助職としての側面をも併せもつのである。このような二面的性格をもつ資格の例はほかに歯科衛生士にもみられるが[*2]，その業務範囲については次章で改めて考察してみたい。

　　＊1　ただし，医師・歯科医師の「具体的な指示」を受けなければならない（診療放射線技

診療放射線技師法 2 条 2 項

この法律で「診療放射線技師」とは，厚生労働大臣の免許を受けて，医師又は歯科医師の指示の下に，放射線を人体に対して照射（撮影を含み，照射機器又は放射性同位元素（その化合物及び放射性同位元素又はその化合物の含有物を含む。）を人体内にそう入して行なうものを除く。以下同じ。）することを業とする者をいう。

診療放射線技師法24条

医師，歯科医師又は診療放射線技師でなければ，第 2 条第 2 項に規定する業をしてはならない。

診療放射線技師法24条の 2

診療放射線技師は，第 2 条第 2 項に規定する業務のほか，保健師助産師看護師法（……略……）第31条第 1 項及び第32条の規定にかかわらず，診療の補助として，磁気共鳴画像診断装置その他の画像による診断を行うための装置であって政令で定めるものを用いた検査（医師又は歯科医師の指示の下に行うものに限る。）を行うことを業とすることができる。

師法26条 1 項）。

*2　歯科衛生士は，口腔の予防処置を業務独占する一方，歯科診療の補助業務も行なう（⇨ 第 7 章 1 ① ②）。

6　コ・メディカルと診療の補助

◉医療従事者（医療関係者）とコ・メディカル

今日，医療従事者（医療関係者）といわれるときは，「人々の健康の維持，回復，増進ないし予防に携わる者」［高島 1995：2］として，かなり幅広い職種の人々が念頭に置かれている。そこでは図 6-2 のような資格が示されるのが一般的であるが，このうちどの範囲の人々がコ・メディカル職種に属するかについては必ずしも見解が一致しているわけではない。少なくとも，「診療の補助」

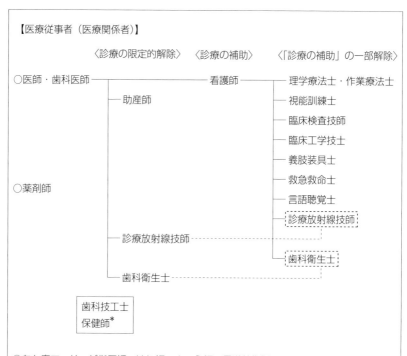

【医療従事者（医療関係者）】

〈診療の限定的解除〉　〈診療の補助〉　　〈「診療の補助」の一部解除〉

○医師・歯科医師───────────────看護師────────理学療法士・作業療法士
　　　　　　　　　　───助産師　　　　　　　　　　　　─── 視能訓練士
　　　　　　　　　　　　　　　　　　　　　　　　　　─── 臨床検査技師
　　　　　　　　　　　　　　　　　　　　　　　　　　─── 臨床工学技士
　　　　　　　　　　　　　　　　　　　　　　　　　　─── 義肢装具士
　　　　　　　　　　　　　　　　　　　　　　　　　　─── 救急救命士
○薬剤師　　　　　　　　　　　　　　　　　　　　　　─── 言語聴覚士
　　　　　　　　　　　　　　　　　　　　　　　　　　─── 診療放射線技師
　　　　　　　　　　───診療放射線技師┄┄┄┄┄┄┄┄
　　　　　　　　　　　　　　　　　　　　　　　　　　─── 歯科衛生士
　　　　　　　　　　───歯科衛生士

　　　　　　　　歯科技工士
　　　　　　　　保健師*

○あん摩マッサージ指圧師，はり師，きゅう師，柔道整復師

　*　保健師：助産師と同じく，看護師の資格の上に積まれた職種であり，看護師の業務（診療
　　の補助，療養上の世話）もなしうる（保助看法31条2項）。保健師の固有の業務は保健指導
　　であるが（保助看法2条），ただしそれは名称独占にとどまり（保助看法29条），看護師が
　　看護師として保健指導を行なうことは差し支えない。

図 6 - 2

業務の一部を解除された職種（理学療法士・作業療法士，視能訓練士，臨床検査技
師，臨床工学技士，義肢装具士，救急救命士，言語聴覚士，診療放射線技師，歯科衛生
士）がこれに当たることには異論がみられないものの，その外延は論者によっ
て異なり，看護師をコ・メディカルに含むかどうかさえ見解は分かれている。

●コ・メディカルという呼称

コ・メディカル（co-medical）という職種は，かつては「パラ・メディカル（para-medical）」と呼ばれていた。しかし，「パラ」には「……を補足する」「……に従属する」という意味があり，医師との間に上下関係を想起させることから，これに代えて近年は「コ・メディカル」という呼称が定着してきたとされる。医師と他の医療専門職との対等性という理念をこの用語によって表現しようというのである［黒田1999：62，中川＝黒田編著2010：131〔黒田浩一郎〕］。

たしかに，コ・メディカルという名称は法律用語ではなく，これに法的な効果が伴うわけでもない。また，チーム医療の構成員をそうした名称で一括することにより，その固有の職務分担と限界を曖昧にすることも避けなければならない。とはいえ，チーム医療化という今日の医療提供体制に焦点をあて，医師と他の医療専門職との協働を描くうえで，この概念が有用であることも否定できないであろう。以下では，看護師をはじめとする診療補助職のほかに，今日どのような職種がコ・メディカルとして取り上げられているかを整理してみたい。

●薬剤師

薬剤師もコ・メディカルに含められることがあるが＊，その性格は他の診療補助職と比べて異質である。たしかに，薬剤師は「処方せん」という医師の指示書に基づいて調剤を行なう（薬剤師法23条1項）。しかし，この指示書は医薬品を整えることを求めているにとどまり，指揮監督的な効果までもっているわけではない。「診療の補助」であれば，医師が当該医行為の危険性と補助者の知識・技能を勘案して，その範囲を定める（相対的医行為 ⇨ 第5章3②）。これに対して，調剤の指示は医師からの個別・具体的な調剤要求にすぎず，調剤それ自体は薬剤師がみずからの責任において行なうのである［鹿内1990：233-234］。薬剤師は，「医薬分業の原則」のもとで，こうした独自の業務を独占している資格といえよう（薬剤師法19条）。

＊　具体的には，病院に雇用され院内薬局で働く場合が示されている［中川＝黒田編著

2010：130〔黒田浩一郎〕。

●歯科技工士

特定人の歯科医療に使用する「補てつ物」（例：義歯）・「充てん物」等を作成・修理・加工することを歯科技工というが（歯科技工士法2条1項本文），これを業としうるのは，歯科医師のほかには歯科技工士だけである（歯科技工士法17条1項）。たしかに，歯科技工それ自体は歯科医業の範囲には属さない（昭和23年1月17日医発第22号厚生省医務局長通知）。また，次章でみる歯科衛生士と異なり，歯科技工士は歯科診療の補助を業務とすることもできない。しかし，歯科医療の高度化・人口の高齢化などに伴い，臨床歯科の現場でチーム医療を支える基本的なコ・メディカルスタッフとして，歯科技工士に求められている役割は少なくないであろう。

●あん摩マッサージ指圧師，はり師，きゅう師，柔道整復師

我が国には，疾病の治療にあたって「医師の指示」を必要としない職種もある。あん摩マッサージ指圧師，はり師，きゅう師，柔道整復師がそれであるが，これらの職種は，医行為を許されないだけでなく「診療の補助」に関与することもできない。あん摩・はり・きゅう等は，治療目的のものではあるが，特殊の治療行為として法制上も「医業」とは別個の規制が行なわれているのである（⇨ 第8章 **1**，**2 ①**）。

　これらの施術者は医師とは独立に開業することができるが，病院や診療所（医療法1条の5）に雇用され，理学療法士とともにマッサージ療法に従事し，あるいは医師とならんで医療サービスとしての鍼灸を行なうなどすることから＊，コ・メディカルとしての位置づけを与えられることもある［黒田1999：65］。

> ＊　診療所に雇用されているマッサージ師および鍼灸師の業務実態については，藤井亮輔＝栗原勝美＝近藤　宏＝田中秀樹＝黒岩　聡「診療所に従事する鍼灸マッサージ師の業務実態と今後の雇用ニーズ等に関する調査（前編）（後編）」（『医道の日本』798号〔2010年〕86-95頁，799号〔2010年〕92-100頁）に興味深い分析が示されている。

●参考文献───────────

饗庭忠夫＝紺矢寛朗「理学療法士及び作業療法士法に対する疑問と解説」『理学療法と作業療法』14巻1号（1980年）34-45頁。

石田勝彦「言語聴覚士の国家資格を創設」『時の法令』1576号（1998年）39-51頁。

黒田浩一郎「コメディカルおよび非正統医療」進藤雄三＝黒田浩一郎編『医療社会学を学ぶ人のために』世界思想社，1999年，60-79頁。

厚生省医務局医事課編『理学療法士及び作業療法士法の解説』中央法規，1965年。

厚生省健康政策局医事課編『臨床工学技士法　義肢装具士法の解説』中央法規，1988年。

厚生省健康政策局指導課編『詳解　救急救命士法』第一法規，1992年。

鹿内清三『医療事故と責任』第一法規，1990年。

高島學司「医師・医療従事者と医事関係法規」大野真義編『現代医療と医事法制』世界思想社，1995年，1-27頁。

竹内嘉巳『関係法規』（樫田良精＝小酒井望編『臨床検査技師講座26』）医学書院，1971年。

田中泰弘「眼科領域におけるリハビリテーション専門職種の確立」『時の法令』756号（1971年）18-23頁。

玉井直子「心のサポート関連職種：医療関係」津川律子＝元永拓郎編『心の専門家が出会う法律（第3版）』誠信書房，2009年，38-50頁。

中川輝彦＝黒田浩一郎編著『よくわかる医療社会学』ミネルヴァ書房，2010年。

中島憲子「看護婦」黒田浩一郎編『現代医療の社会学』世界思想社，1995年，102-122頁。

西　三郎「在宅医療における医師の責務とその環境整備」湯沢雍彦＝宇都木　伸編『人の法と医の倫理』信山社，2004年，551-572頁。

野﨑和義「無資格者による医療・看護行為と刑事規制」椎橋隆幸＝川端　博＝甲斐克則編『立石二六先生古稀祝賀論文集』成文堂，2010年，143-163頁。

第**7**章　歯科衛生士の業務範囲

1　歯科衛生士の業務

1　歯科疾患の予防処置

●歯科衛生士制度の創設

歯科衛生士法2条1項

> この法律において「歯科衛生士」とは，厚生労働大臣の免許を受けて，歯科医師
> （歯科医業をなすことのできる医師を含む。以下同じ。）の指導の下に，歯牙及び
> 口腔の疾患の予防処置として次に掲げる行為を行うことを業とする者をいう。
> 　一　歯牙露出面及び正常な歯茎の遊離縁下の付着物及び沈着物を機械的操作に
> 　　よって除去すること。
> 　二　歯牙及び口腔に対して薬物を塗布すること。

　今日の歯科衛生士法は，歯科衛生士の業務として，歯科疾患の予防処置（同
法2条1項），歯科診療の補助（同法2条2項），歯科保健指導（同法2条3項）の
三つを定めているが，1948（昭和23）年に同法が制定された当初，歯科衛生士
の業務はもっぱら歯科疾患の予防処置であった。もともと同法が施行される以
前，この予防処置は歯科医業の範囲に属するものとされ，歯科医師以外の者が
これを行なうことは禁止されていた。歯科衛生士は，この歯科医師による業務
独占の一部を解除することで生み出された職種だったのである。

　1947（昭和22）年，保健所法（現：地域保健法）の全面改正に伴い，保健所の
業務に歯科衛生が追加され，歯科疾患の予防処置についても，これを担う職種

が必要となった。しかし当時，歯科医師は診療業務に忙殺されていたことから，予防業務を担当する専門職として創設されたのが歯科衛生士にほかならない。この制度は，他のコ・メディカル職種の場合と異なり，実態としてそれまで未分化であった職種を法制定によってつくり出したという点に大きな特徴をもっている［厚生省医務局編 1976：428］。

●業務独占

> ### 歯科衛生士法13条
>
> 歯科衛生士でなければ，第 2 条第 1 項に規定する業をしてはならない。但し，歯科医師法（……略……）の規定に基いてなす場合は，この限りでない。

　歯科疾患の予防処置は予防的な歯石除去やフッ化物の歯面塗布等を内容とするが，歯科医業の一環として歯科医師がこうした業務をなしうることは言うまでもない。しかし，歯科医師を除けば，予防処置を業として行なうことができるのは歯科衛生士だけであり（**業務独占**——歯科衛生士法13条），たとえ看護師であっても予防業務を行なうことは許されない。歯科医師・歯科衛生士以外の者が予防処置を行なった場合，その処置が適正になされるとは限らず，国民の歯科保健あるいは心身の健康に悪影響を及ぼすおそれがあると考えられているのである［三井 1975：67］。

●歯科医師による指導

　歯科衛生士が業務を行なうにあたっては，「歯科医師の指導」を受けなければならない（歯科衛生士法 2 条 1 項柱書^{*1}）。かつては「歯科医師の直接の指導」と規定されていたが，2015（平成27）年 4 月から^{*2}「直接の」という文言は削除された。

　歯科医師による「直接の」指導が必要とされたのは，歯科衛生士法の制定当時，歯科衛生士の養成が急がれていたことによる［榊原 1997：44］。予防処置は，手技的にもかなり高度な熟練を要する歯科医行為である。しかし，法の制定当

初，歯科衛生士の養成期間は１年であり，その知識・技能には限界があることから単独で処置させると衛生上の危害を生ずるおそれも否定できなかった。そのため，養成期間のほとんどは「歯科衛生士の手技の完成にふりむけ，多少とも歯科医学的判断に関連する事柄はすべて歯科医師の責任においてすすめる」［日本歯科医師会 1986：16］という方策がとられ，歯科衛生士は「歯科医師の直接の指導の下に」という厳しい制限下で業務を行なうこととされたのである。

　しかし，歯科衛生士の修業年限が３年以上となり，その資質向上が図られている今日，歯科医師の関与の程度については，その見直しがなされて然るべきであった。また実際上も，「直接の指導」として歯科医師がその場に常に立ち会うことまで要すると解されることで*3，歯科医師の確保が困難な地域では，保健所や市町村保健センター等が行なうフッ化物塗布事業の実施が困難になるなどの支障が生じていた（平成26年10月23日医政発1023第７号厚生労働省医政局長通知「歯科衛生士法の一部改正の施行について」）。「直接の」という文言の削除は，こうした事態について柔軟な対応を促すものでもあった*4。

　歯科医師による指導を受けることなく独断で予防処置の業務を行なった者は，歯科衛生士の資格の有無を問わず，歯科医師法17条違反の罪（無免許歯科医業罪）として３年以下の懲役または100万円以下の罰金（あるいは両者を併せた刑）に処せられる（歯科医師法29条１号）。予防業務も歯科医業そのものだからであり，歯科衛生士法13条違反の罪（１年以下の懲役または50万円以下の罰金，あるいは両者を併せた刑——歯科衛生士法14条１号）に問われるのは，歯科衛生士の資格をもたない者が「歯科医師の指導の下に」予防処置の業務（歯科衛生士法２条１項）を行なった場合に限られる［能美＝宮武編著 1996：75］。

＊1　条文中に号が列記されている場合，この列記以外の部分を柱書（はしらがき）という。

＊2　2014（平成26）年６月に成立した「地域における医療及び介護の総合的な確保を推進するための関係法律の整備等に関する法律」で歯科衛生士法の一部改正が行なわれ，2015（平成17）年４月１日から施行されている。

＊3　かねてより，「直接の指導の下に」とは，歯科医師の個別具体的な指示までは要しないものの，歯科医師が診療を行なう必要が生じた場合には「直ちに対応できる状態」であるとの解釈も示されていた［厚生省医務局医事課 1981：759］。あるいは，「常に直接の指導

をなしうる態勢」にあることは必要とされるものの「常時立会うことを要しない」とも明言されていた（昭和41年8月15日歯第23号鳥取県厚生部長あて厚生省医務局回答）。ただし，こうした解釈をとる場合にも，「同一診療所内にいるなど」[末高2009：30] 歯科医師がいつもいなければならないという状況は避けられなかったといえよう。

＊4　「直接の指導」という文言が削除されたことに伴い，歯科衛生士にはこれまで以上に歯科医師等との連携が望まれることとなった。そこで，2014年の法改正に際して，「歯科衛生士は，その業務を行うに当たっては，歯科医師その他の歯科医療関係者との緊密な連携を図り，適正な歯科医療の確保に努めなければならない」（歯科衛生士法13条の5）という規定も新たに追加されている。

●「女子」という文言の改正

2014（平成26）年の一部改正では，歯科衛生士の定義から男女の区別もなくされた。この改正前は，歯科衛生士とは「女子をいう」と規定され（歯科衛生士法（旧）2条1項柱書き），男子については歯科衛生士法の附則で同法の規定を準用することで免許取得を可能とするにとどまっていた。しかし今日，「女子をいう」の箇所は「者をいう」という文言へと改められ，歯科衛生士が女子に限定すべき職業ではないことが，すでに歯科衛生士の定義段階から明確に示されているのである。

② 歯科診療の補助

●1955年の法改正

歯科衛生士法2条2項

> 歯科衛生士は，保健師助産師看護師法（……略……）第31条第1項及び第32条の規定にかかわらず，歯科診療の補助をなすことを業とすることができる。

1955（昭和30）年に歯科衛生士法が一部改正され，新たに歯科診療の補助が歯科衛生士の業務に加わった。保健師助産師看護師法（以下，「保助看法」と略記）の規定よれば，医科であれ歯科であれ，その診療の補助は看護師・准看護師が独占する業務であるが（保助看法31条1項，32条），歯科診療の補助に限っては，歯科衛生士がこれを業務としても保助看法に違反しないとされたのである（歯科衛生士法2条2項）。今日，「診療の補助」に関する看護師の業務独占を

部分的に解除された多様なコ・メディカル職種がみられるが，その先駆けとなったのがこの歯科衛生士という職種にほかならない。

● 歯科臨床領域への業務拡大

　もともと歯科衛生士は，診療の補助を行なう専門職として養成されていたわけではない。①でみたように，歯科疾患の予防処置を行なう職種として，保健所等の公衆歯科衛生の場に配置するために制度化されたものであった。もっとも，保健所設置の当初から歯科保健の整備は出遅れ，歯科衛生士が保健所に勤務しうる機会は乏しかったことから，その多くの者は歯科診療所に勤務し，やがてそれが常態化していく［石井 2010b：42］。こうした現実を踏まえ，歯科衛生士の業務を歯科臨床の領域にまで拡大したのが1955年の法改正であった。問題は，歯科診療の補助として，歯科衛生士にはどの範囲の行為まで許容されるかであるが，この点については2で改めて検討する。

3　歯科保健指導

● 1989年の法改正

歯科衛生士法2条3項

　歯科衛生士は，前2項に規定する業務のほか，歯科衛生士の名称を用いて，歯科保健指導をなすことを業とすることができる。

　1989（平成元）年に歯科衛生士法が一部改正され，歯科衛生士の業務に歯科保健指導が追加された（歯科衛生士法2条3項）。それは，高齢社会の到来，国民の口腔保健に対する関心の増大等を背景としているが，すでにこの時期には歯科衛生士の修業年限が2年以上（1988年より完全実施）とされ，歯科保健指導をはじめとする専門教育の充実も図られていたのである［能美＝宮武 1996：56］。

● 名称独占

　もともと保健指導は保健師の業務として保助看法に規定されているが（保助

看法2条），そのうちの歯科領域に関する部分が歯科保健指導にほかならない。この歯科保健指導は歯科衛生士が業務まで独占しているわけではなく，保健師の業務と同じく名称独占の業務にとどまる。「歯科衛生士又はこれらに紛らわしい名称を使用」（歯科衛生士法13条の6）しない限り，他の職種の者であっても歯科保健指導を行なうことは差し支えないのである。保助看法上，保健指導は，助産や診療の補助などと異なり，業務独占を必要とするほど危険な行為とはされていない。歯科衛生士による歯科保健指導も同様に考えられているものといえよう。

●主治の歯科医師または医師の指示

歯科衛生士法13条の3

> 歯科衛生士は，歯科保健指導をなすに当たって主治の歯科医師又は医師があるときは，その指示を受けなければならない。

歯科保健指導の対象者のなかには，主治の歯科医師または医師の診療を受けている者もいる。そのような場合，歯科衛生士は，歯科保健指導をするにあたって，常に主治の歯科医師または医師から指示を受けなければならない（歯科衛生士法13条の3）。患者の診療責任者は主治の歯科医師または医師であり，その治療方針に沿った歯科保健指導が歯科衛生士には求められているのである。

この規定には，主治医として歯科医師だけでなく医師も明記されている。このことは，歯科衛生士が，例えば内科的な疾患をもつ患者に対して，医師の指示のもとで歯科保健指導を行なうといった場面もあることを意味している［日本歯科衛生士会編 1998：26〔宮武光吉〕］。なお，歯科衛生士が，主治の歯科医師または医師のいない者に対して歯科健康指導を行なうのであれば，医師の指導を受ける必要はない。

●保健所長の指示

┌─ **歯科衛生士法13条の 4** ───────────────────

歯科衛生士は，歯科保健指導の業務に関して就業地を管轄する保健所の長の指示
を受けたときは，これに従わなければならない。ただし，前条の規定の適用を妨
げない。

└──────────────────────────────────────

　歯科衛生士は，歯科保健指導の業務に関して就業地を管轄する保健所長から
指示があった場合，これに従わなければならない（歯科衛生士法13条の 4 本文）。
保健所は公衆衛生行政の第一線機関であり，その管轄区域内で業務に従事する
以上，たとえ保健所に所属しない者であっても，保健所の指導方針に協力する
ことが求められているのである。なお，ここに規定されている保健所長の指示
は，その多くが一般的包括的なものであるのに対し，前条にいう主治の歯科医
師・医師の指示は個々の患者の特殊性をも考慮に入れた具体的なものである。
それゆえ，両者の指示事項に矛盾があるときは，主治の歯科医師・医師の指示
が優先することとなる（歯科衛生士法13条の 4 ただし書）。

╭──────────────────────────────────╮
│　2　「歯科診療の補助」と医療行為　│
╰──────────────────────────────────╯

⬛1　「歯科診療の補助」業務の範囲

┄┄┄▶ *Question* ┄┄┄┄┄┄┄┄┄┄┄┄┄┄┄┄┄┄┄┄┄┄┄┄┄┄┄┄┄┄┄┄┄┄┄┄
　歯科衛生士にも医療行為は許されるのだろうか。
┄┄

①歯科衛生士を取り巻く環境

　Question に記したような危惧の声は，今日なお少なくない。たしかに，か
つて歯科衛生士の行なう診療の補助といえば，診療機械や器具の準備・消毒な
どが念頭に置かれていたようにも思われる。それには，歯科衛生士の教育年限
もかかわっていたのであろう。診療の補助，とりわけ医行為的な診療の補助を

行なうには，歯科診療全般にわたる知識と技能が必要とされるが，1955（昭和30）年に歯科診療の補助が歯科衛生士の業務に追加された際にも，教育年限は延長されず 1 年制のままに推移していたのであった。

　しかし今日（2010年 4 月以降），歯科衛生士の教育年限は 3 年以上となり，すでに 4 年制大学も設置されているのであり，歯科衛生士の資質には格別の変化がみられる。また，在宅（歯科）医療が進展するなかで，歯科衛生士には，それまで診療室では行なわれてこなかった業務にかかわり，あるいは家族や他職種との連携に積極的に取り組むことも求められよう。歯科衛生士を取り巻く環境にはこうした変化をうかがうことができるが［石井 2010c：47 参照］，それとも相まって，近年，歯科衛生士の業務については新たな議論が生まれている。

②歯科衛生士法13条の 2 の趣旨

●概括的な規定

　歯科疾患の予防処置と異なり，歯科診療の補助業務について歯科衛生士法はその対象や方法を具体的に明示しているわけではない。また，行政解釈も示されているが（昭和41年 8 月15日歯第23号厚生省医務局歯科衛生課長回答），それも疑義照会に対する見解として業務の一部に答えたもので，業務範囲について包括的な解釈を明らかにしたものではない。診療の補助業務は，歯科医療の水準，歯科衛生士の教育内容等によって変化しうることから，これを具体的に特定し明記することは困難であり，規定上も概括的なものにとどまらざるをえないのである［日本歯科医師会企画調査室 1972：147，能美＝宮武編著 1996：76］。

●歯科衛生士法13条の 2 の構造

　それゆえ，保助看法と同じく，歯科衛生士法も診療の補助の限界を明らかにする規定を置くにとどまる。保助看法37条は，看護師等が独自の判断で医療行為を行なうことを禁止する一方，例外的に「主治の医師又は歯科医師の指示があった場合」はその指示された医療行為を行なうことができるとする。歯科衛生士法13条の 2 も，この保助看法37条と同じ構造の規定であり，「歯科診療の

歯科衛生士法13条の2

歯科衛生士は，歯科診療の補助をなすに当っては，主治の歯科医師の指示があっ
た場合を除くほか，診療機械を使用し，医薬品を授与し，又は医薬品について指
示をなし，その他歯科医師が行うのでなければ衛生上危害を生ずるおそれのある
行為をしてはならない。ただし，臨時応急の手当をすることは，さしつかえない。

保健師助産師看護師法37条

保健師，助産師，看護師又は准看護師は，主治の医師又は歯科医師の指示があっ
た場合を除くほか，診療機械を使用し，医薬品を授与し，医薬品について指示を
しその他医師又は歯科医師が行うのでなければ衛生上危害を生ずるおそれのある
行為をしてはならない。ただし，臨時応急の手当をし，又は助産師がへその緒を
切り，浣腸を施しその他助産師の業務に当然に付随する行為をする場合は，この
限りでない。

補助をなすに当っては」という文言が加わっている点，指示を下す者として
「歯科医師」のみを予定し「医師」を併記していない点が異なるにすぎない。

●歯科衛生士と医療行為

　すでにみたように（⇨第5章3①），看護師による診療の補助には二つの種類
がある。単純な行為（例：器具の受け渡し）もあるが，医師や歯科医師に代わっ
て医療行為を行なう（例：静脈注射）ことも看護師には許容されているのであ
る。歯科衛生士による診療の補助は，この看護師による独占業務を歯科診療の
分野について包括的に解除したものであり，それゆえ，歯科診療の補助におい
て歯科衛生士の法的権限は看護師のそれと同じである［石井2010a：10］。例え
ば，主治の歯科医師による指示があれば，歯科衛生士も吸引機などの診療機械
を使用することができるが，さらに，看護師による静脈注射が診療の補助とし
て許容される以上（平成14年9月30日医政発第0930002号厚生労働省医政局長通知），
歯科衛生士が同様の行為に出ても違法とはされないのである［石井2010c：50］）。

●歯科医師の指示

　もっとも，歯科衛生士が具体的にどの範囲までを補助業務の対象としうるか
は，歯科医師の判断によらざるをえない。歯科衛生士が医療行為を行なうにあ
たって，歯科医師は，当該行為の危険性の程度，患者の状況はもとより，歯科
衛生士の個々の能力や経験等を考慮に入れて，指示をすることが求められるの
である。歯科衛生士法13条の2は，「診療機械の使用」，「医薬品の授与」，「医
薬品についての指示」など患者の生命・健康に危害を及ぼすおそれをもつ行為
を例示し，歯科衛生士は，歯科医師の指示がなければこれを行なうことができ
ないと規定する＊。歯科医師の指示は，当該医療行為のもつ危険性をコント
ロールし患者の安全を確保するうえで決定的な意味をもつと考えられているの
であり［野﨑2010：154参照］，その指示にあたって上記のような個別的判断は
不可欠なものといえよう。

　＊　保助看法37条との整合性を考えると（⇨第5章3①），歯科衛生士が歯科医師の指示を
　　受けないで歯科診療の補助に当たる行為をしたときは，歯科衛生士法13条の2違反として
　　処罰される（歯科衛生士法18条2号）ことになろう。

② 「歯科診療の補助」業務の限界

●絶対的歯科医行為と相対的歯科医行為

　以上にみたように，歯科衛生士が「歯科診療の補助」としてなしうる医療行
為の範囲は，その医療行為がもつ危険性や歯科衛生士の知識・能力の程度など
を考慮して相対的に決めるほかない。しかし，それはあくまでも歯科診療の補
助業務として許容されるもの（相対的歯科医行為）にとどまり，歯科医師の指示
があれば，どのような医療行為であってもなしうるというわけではない。歯科
衛生士法2条2項にいう「歯科診療の補助」を超える行為（絶対的歯科医行為）
は，主治の歯科医師の指示があったとしても行なうことができず，そうした行
為を歯科衛生士が行なえば，それが歯科医師の指示によるものか否かを問わず，
歯科医師法17条違反の罪に問われることとなろう［野﨑2010：154-155参照］。

●歯科衛生士による窩洞形成，根管治療，抜髄

　一般に絶対的医行為に属するものとしては，診断・処方などの医学的判断事項，手術など高度の知識・技術を必要とする医行為，特に法令で禁止されている行為（例：放射線の人体照射——診療放射線技師法24条）が挙げられる。また，裁判例にも絶対的歯科医行為と観念しうる行為を具体的に示したものがある。歯科衛生士が，歯科医師の指示に基づき，患者の歯の「窩洞形成，根管治療，抜髄」などをしたという事案であるが，判決は，この歯科衛生士の行為が歯科医師法17条に違反するとしている（⇨下掲，大阪高裁昭和55年10月31日判決）。窩洞形成などの行為は，歯科医師法17条にいう歯科医業を構成する「独立の歯科医療行為」であり，「たとい主治の歯科医師の指示に基づく場合であっても」，これを歯科診療の補助と認めることはできないというのである。

―大阪高裁昭和55年10月31日判決―

　「所論によると，歯科衛生士法13条の2は，歯科衛生士に対し，主治の歯科医師の指示があることを条件として，『歯科医師が行うのでなければ衛生上危害を生ずるおそれのある行為』すなわち歯科医療行為を広く許容する趣旨の規定であるというのであるが，右の規定は，そのような趣旨のものではなく，規定の文言からも明らかなとおり，歯科衛生士が歯科医療行為に関与し得るのは歯科医師による医療行為への補助行為と認められる場合にとどまることを前提としたうえ，たとえそのような補助行為を行う場合であっても，歯科医師が行うのでなければ衛生上危害を生ずるおそれのある，診療機械の使用等については，主治の歯科医師の指示を必要とすることを規定したものである。そして，本件の場合，歯科衛生士たる被告人らのした行為は，歯科医師の単なる補助行為にとどまるものではなく，窩洞形成，根管治療，抜髄などそれ自体明白に独立の歯科医療行為と目すべき行為であるから，たとい主治の歯科医師の指示に基づく場合であっても，これを適法なものと解する余地はない。」（最高裁判所事務総局編『刑事裁判月報』12巻10号〔1981年〕22頁）

●歯科衛生士による採血

　一方，相対的歯科医行為については，参考となる事例が新聞で報道されている（共同通信2006年11月6日）。公立の歯科医療機関で歯科衛生士が日常的に採

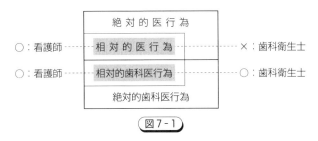

図7-1

血・投薬を行なっていたケースについて，厚生労働省歯科保健課は，十分な知識と経験，技能をもつ歯科衛生士が，歯科医師の指示のもとで行なっており，患者に不利益も生じていないことから，今回のケースは違法でない旨を口頭で回答したというのである。歯科医行為のうちには一定の要件のもとで診療の補助として許容されるものもあることが周知された点は，大きな意義をもつであろう。

●医行為の区分と診療現場

　たしかに，歯科衛生士が内科診療を補助することなど許されようはずもない。しかし，「歯科診療の補助」という範囲内であれば，歯科衛生士が医療行為（相対的歯科医行為）を行なうことに法的な問題はない（⇨ 図7-1）。

　これが法解釈論上の帰結であるが，とはいえ，ある行為が絶対的（歯科）医行為か相対的（歯科）医行為かを個別具体的に区別することは必ずしも容易ではない。例えば，体温計を用いた体温測定のように，絶対的医行為から相対的医行為へ，さらには国民の生活行為へと変化したものもある。医療技術や担当者の知識・技術の水準が向上すれば，絶対的医行為とされていたものが相対的医行為へと移行していくことも考えうるのであり，帰するところ，両者の区別は診療現場での慣行や社会通念によるところが大きいといえよう。

　それだけに，歯科衛生士が行なう診療の補助業務については，その概念を歯科界全体で共有することが重要であろう。この点，2008（平成20）年に出された「歯科衛生士の診療の補助業務についての考え方」という報告書（日本歯科医学界　歯科衛生士業務に関わる検討会）が大きな意味をもつ*。そこには，歯科

衛生士の診療の補助業務に関して各臨床系専門学会の見解が示されているが，各学会によって見解の異なる点も少なくない。歯科衛生士の業務についてさらに議論を深め，歯科界全体の合意形成を図るとともに，国民の幅広いコンセンサスを得ることが今後の課題とされよう。

＊　この報告書は，座談会「歯科衛生士の業務について」（日本歯科医師会雑誌62巻4号〔2009年〕47-66頁）の末尾に資料として掲載されている。

●参考文献────────────

秋野憲一「歯科衛生士法第2条第2項」『行歯会だより』23号（2007年）2-6頁。

石井拓男「歯科衛生士の診療の補助業務について」『日本歯科衛生学会雑誌』4巻2号（2010年）6-16頁（＝石井 2010a）。

石井拓男「歯科衛生士の力は医院の力」『日本歯科評論』70巻6号（2010年）41-46頁（＝石井 2010b）。

石井拓男「歯科衛生士の業務範囲について」『日本歯科評論』70巻6号（2010年）47-54頁（＝石井 2010c）。

厚生省医務局医事課「パラメディカル関連法と医学の進歩」『病院』40巻9号（1981年）755-760頁。

厚生省医務局編『医制百年史』ぎょうせい，1976年。

榊原悠紀田郎『歯科衛生士史記』医歯薬出版，1997年。

末高武彦『歯科衛生士のための衛生行政・社会福祉・社会保険（第6版）』医歯薬出版，2009年。

日本歯科医師会（榊原悠紀田郎＝能美光房＝末高武彦著）『歯科衛生士の業務範囲についての調査報告書』1986年，日本ヘルスケア歯科学会 HP, http://healthcare.gr.jp/resource/DHlegalissue/scopeofDH.pdf（参照 2019-06-11）。

日本歯科医師会企画調査室「歯科医師および歯科医療従事者に関する法的業務範囲」1972年。

日本歯科衛生士会編『歯科保健指導ハンドブック』医歯薬出版，1998年。

能美光房＝宮武光吉編著『歯科四法コンメンタール〈歯科六法必携・解説編〉』日本

歯科評論社，1996年。

野﨑和義「無資格者による医療・看護行為と刑事規制」椎橋隆幸＝川端　博＝甲斐克
　　則編『立石二六先生古稀祝賀論文集』成文堂，2010年，143-163頁。

三井男也『衛生行政・社会福祉（第2版）』医歯薬出版，1975年。

宮武光吉「歯科衛生士の業務内容についての一考察」『鶴見大学紀要』第42号，第3
　　部，1-5（2005年）1-5頁。

第**8**章　「医業」と医業類似行為

■ 1　二元的な法制度

●独立の施術

　医療は医師のみによって行なわれるわけではない。看護師・理学療法士など様々な医療関係者が，医師の指示に従いあるいは医師と協力して業務に従事している。

　もっとも，我が国には医師の指示をまたず独立して医療を担う職種もある。あん摩マッサージ指圧師，はり師，きゅう師，および柔道整復師がそれであり，これらの施術者は，それぞれの免許を得て医師とは独立に開業することも認められているのである。

●西洋医学と伝統医療

医師法17条

　医師でなければ，医業をなしてはならない。

　明治期に西洋医学が本格的に移入されて以降，我が国では医師を頂点とする医療体制が整備されてきた。医師が「医業」を包括的に独占し（医師法17条），他の医療従事者は，医師の指示監督のもと業務分担を引き受けることで，「医業」への参入を許されるにとどまる。

　一方，あん摩・はり術・きゅう術が我が国に取り入れられたのは平安時代以前であり，柔道整復術も江戸時代の中期から行なわれていたとされる［野田

1984：96]。これらの伝統医療は西洋医学導入前から存在し，それとは異質な医療体系として成長を遂げてきたものにほかならない。

●医師法とあん摩師等法・柔整法

> **あん摩師等法1条**
>
> 医師以外の者で，あん摩，マッサージ若しくは指圧，はり又はきゅうを業としようとする者は，それぞれ，あん摩マッサージ指圧師免許，はり師免許又はきゅう師免許（……略……）を受けなければならない。

> **柔整法15条**
>
> 医師である場合を除き，柔道整復師でなければ，業として柔道整復を行なってはならない。

　こうした特殊な事情を背景として，我が国の伝統医療は，西洋医学に基づく「医業」とは別個にその規制が行なわれている。「医業」については医師法の規制に委ねる一方，伝統医療については「あん摩マッサージ指圧師，はり師，きゅう師等に関する法律」（以下，「あん摩師等法」と略記）および「柔道整復師法」（以下，「柔整法」と略記）で独自の資格と治療範囲が定められているのである（あん摩師等法1条，柔整法15条）。もっとも，この二元的な法制度のもとで相互の調整をいかに図るべきかは必ずしも明らかではない。以下では，この問題の一端をまず現行法の規定に即して考察してみよう。

2　医行為と伝統的施術

1　行為の危険性

あん摩師等法 4 条

> 施術者は，外科手術を行い，又は薬品を投与し，若しくはその指示をする等の行
> 為をしてはならない。

柔整法16条

> 柔道整復師は，外科手術を行ない，又は医薬品を投与し，若しくはその指示をす
> る等の行為をしてはならない。

およそ人の疾病の治療・予防あるいは保健を目的とする行為のうち，医師が
行なうのでなければ人体に危害を生ずるおそれのある行為（医行為 ⇨ 第 1 章
1 ①）は，医師を除けば診療補助職および診療行為それ自体を限定的に解除さ
れた職種にのみ許容されている（⇨ 第 6 章 6 図 6 - 2）。あん摩師等は，この業
務独占に抵触しない範囲で「施術」を業としうるにとどまるのであり（あん摩
師等法 4 条，柔整法16条），この点からすると，現行法は医行為と伝統的な施術
との境界を危険性の差異に求めているといってよい。

こうした危険性による区別は，無資格者の行為に対する罰則の軽重からもう
かがうことができる ［野田 1984：95］。例えば，医行為的な診療補助業務を無資
格者が行なった場合，その罰則には懲役刑も含まれるのに対して*，無資格者
が施術行為を行なった場合，その罰則は罰金刑にとどまる（50万円以下の罰
金──あん摩等法 1 条，13条の 7 第 1 項 1 号。柔整法15条，29条 1 項 1 号）。診療の補
助は，医行為に直接関与するものであり人体に危害を及ぼすおそれが大きい。
無資格者がこれを行なった場合の罰則が，施術行為を行なった場合に比べて格
段に重いのはそのためといえよう。

＊　無資格者による診療の補助は，それが医師の指示に基づくものか否かによって適用罰条に差異がある。医師の指示による場合は，保助看法32条違反（2年以下の懲役もしくは50万円以下の罰金，またはその併科——保助看法43条1項1号）となるが，医師の指示を受けることなく医行為的な診療の補助を行なった場合は医師法17条違反の罪（3年以下の懲役もしくは100万円以下の罰金，またはその併科——医師法31条1項1号）に問われる。なお，診療の補助の範囲を超える行為に及んだ場合は，医師の指示の有無を問わず医師法17条違反となる（⇨ 第5章3③）。

② マッサージと理学療法

Case 1

　理学療法士Xは，医師の（具体的）指示を受けることなく病院外で療法行為を行なった。

●あん摩師等法1条の適用排除

理学療法士及び作業療法士法2条

1項　この法律で「理学療法」とは，身体に障害のある者に対し，主としてその基本的動作能力の回復を図るため，治療体操その他の運動を行なわせ，及び電気刺激，マッサージ，温熱その他の物理的手段を加えることをいう。

2項　〈略〉

3項　この法律で「理学療法士」とは，厚生労働大臣の免許を受けて，理学療法士の名称を用いて，医師の指示の下に，理学療法を行なうことを業とする者をいう。

4項　〈略〉

　医行為を境とする業務分担の例として，理学療法を取り上げてみよう。理学療法士の業務は，欧米の医療制度に由来するものでありながら，我が国の伝統医療と競合する面もみられる。「理学療法士及び作業療法士法」（以下，「療法士法」と略記）2条1項は理学療法について定義規定を設けているが，そこにみられるように，理学療法のうちにはマッサージ行為も含まれているのである。

　言うまでもなく，マッサージは医師およびあん摩マッサージ指圧師のみに許された独占業務であり（あん摩師等法1条），理学療法に必要なものに限るとは

理学療法士及び作業療法士法15条

1項　理学療法士又は作業療法士は，保健師助産師看護師法（……略……）第31条第1項及び第32条の規定にかかわらず，診療の補助として理学療法又は作業療法を行なうことを業とすることができる。

2項　理学療法士が，病院若しくは診療所において，又は医師の具体的な指示を受けて，理学療法として行なうマッサージについては，あん摩マッサージ指圧師，はり師，きゅう師等に関する法律（……略……）第1条の規定は，適用しない。

3項　〈略〉

いえ，理学療法士がこれを適法になしうるためには，あん摩師等法1条の適用を排除しなければならない［厚生省医務局医事課編1965：90］。そのため設けられたのが療法士法15条2項であり，この規定は，同法2条の定義規定とも相まって，厳格に理学療法士の業務範囲を定めている。

●業務の限定

　たしかに，理学療法として行なわれるマッサージも，あん摩マッサージ指圧師によるそれと手技としては共通の面をもつ。しかし，理学療法の場合，マッサージが身体に障害をもたない者に対して行なわれることはない。また，例えば疲労回復や健康増進のためのマッサージについても，理学療法士がこれを業とすることは許されない［厚生省医務局医事課編1965：91］。理学療法士は，「身体に障害のある者」について，座る・立つ・歩くといった「基本的動作能力の回復を図る」ためにマッサージをなしうるにとどまるのである（療法士法2条1項）。さらに，あん摩マッサージ指圧師は，その多くが独立に開業しているが，理学療法士によるマッサージは病院または診療所で行なうことが予定されており，それ以外の場所で行なう場合は「医師の具体的な指示」を得なければ業務性を認められることはない（療法士法15条2項）。問題は，その指示を欠いた場合である。

●理学療法としてのマッサージ

Case 1 を検討してみよう。もともと理学療法士は，理学療法に当たるすべての行為について「医師の指示」を受けなければならない（療法士法2条3項）。なかでも医行為に該当する業務は，それが診療の補助として許容される場合（⇨第6章2②），医師による診察と指示を当然の前提とし，これを欠くと，理学療法士とはいえ医師法17条違反の罪を免れないと解されている［厚生省医務局医事課編 1965：88］。

これに対して，理学療法士が医師の指示を受けることなくマッサージを行なった場合は，どのように扱われるべきか。たしかに，療法士法15条2項が「医師の具体的な指示」を要求していることからすると，この規定にいう「理学療法として行なうマッサージ」も診療の補助としての性格をもつようにみえなくもない。しかし，この規定の立法趣旨からも明らかなように，理学療法としてのマッサージは，あん摩マッサージ指圧師もこれを独自に業となしうる［厚生省医務局医事課編 1965：91］。マッサージは診療の補助を行なう権限をもたない職種にも許容されているのであり，必ずしも医行為に直接かかわるものとはいえない。ここでマッサージとして想定されているのは医行為ほどには危険性をもたない行為であり，それゆえ，理学療法士が医師の具体的な指示を得ることなく行為に出たとしても，それはあん摩師等法1条違反の罪を構成するにとどまるであろう（50万円以下の罰金——あん摩師等法13条の7第1項1号）。

3 医業類似行為

1 法律による規制

Case 2

　Yは，昭和26年9月1日から同月4日までの間，前後4回にわたり，3人の者に対して HS 式無熱高周波法と称する療法を1回につき100円の料金を徴して施した。

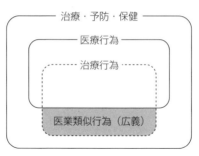

(注) 医業類似行為（広義）
- 免許医業類似行為
- 届出医業類似行為
- 禁止医業類似行為
- 放任行為

図 8 - 1

●免許医業類似行為

あん摩師等法12条

何人も，第 1 条に掲げるものを除く外，医業類似行為を業としてはならない。ただし，柔道整復を業とする場合については，柔道整復師法（……略……）の定めるところによる。

　傷病の治療行為（⇨第 2 章 1）から医師だけにしかできない行為を除いたものは**医業類似行為**（広義）といわれるが（あん摩師等法12条参照），このなかには，我が国の伝統医療のように法律で公認されているものと，それ以外の禁止されているものとがある（⇨図 8 - 1）。あん摩・マッサージ・指圧，はり，きゅう，柔道整復については，それぞれの免許を得ることで業とすることが認められる（**免許医業類似行為**――あん摩師等法 1 条，柔整法 3 条）一方，その他の医業類似行為については「何人も」これを業としてはならない（**禁止医業類似行為**――あん摩師等法12条）とされるのである*。

　もっとも，医業類似行為について法が定義規定を設けているわけではない。抽象的には「医業」（医師法17条）の外辺にあってこれに類似する行為といえようが［田原 1973：16］，具体的に何が禁止される医業類似行為であるかは解釈に

84

よって実質的に規定するほかない。

* なお，禁止医業類似行為と行為としての性格は同じであっても，業者の既得権に配慮して暫定的に許容されているものがある。あん摩師等法の前身である「あん摩，はり，きゅう，柔道整復等営業法」の公布の際（昭和22年12月20日現在），継続して 3 か月以上その業を行なっていた者は，所定の届出を条件として，終身にわたってその業務を行なうことができるとされているのである（**届出医業類似行為**——あん摩師等法12条の 2 第 1 項）。

●健康に害を及ぼす虞（おそれ）（最高裁昭和35年 1 月27日大法廷判決）

この問題に関する重要な先例として，昭和35年の「あん摩はり師きゅう師及び柔道整復師法違反被告事件」最高裁大法廷判決がある（最大判昭和35・1・27刑集14巻 1 号33頁—— *Case 2* ）。最高裁は 2 審の有罪判決を破棄しこれを差し戻したが，多数意見は，その理由を次のように述べている。「医業類似行為を業とすることが公共の福祉に反するのは，かかる業務行為が人の健康に害を及ぼす虞があるからである。それ故前記法律が医業類似行為を業とすることを禁止処罰するのも人の健康に害を及ぼす虞のある業務行為に限局する趣旨と解しなければならない……。」

●多数意見の帰結

この多数意見については以下の点を指摘することができよう。

❶ たんに当該行為を業としたという事実だけで犯罪の成立を認めることはできない。「人の健康に害を及ぼす虞」があると認定されたものだけが処罰の対象とされる*。

❷「人の健康に害を及ぼす虞」が処罰の前提とされる結果，治療目的であっても危険性をもたない行為（例：加持祈祷）が観念される。こうした行為は，あん摩師等法 1 条および12条による禁止の枠外に置かれ，いわば**放任行為**として国家的干渉を免れる。

❸ ただし，無免許であん摩等を業とした場合は，「人の健康に害を及ぼす虞」がないからといって，処罰を免れるわけではない [田原 1973：21]。本判決はあん摩師等法12条で禁止されている医業類似行為に関するものであり，多数

意見の趣旨を直ちに免許医業類似行為（あん摩マッサージ指圧，はり，きゅう，柔道整復）にまで及ぼすことはできないからである。「虞の有無の認定」は，禁止医業類似行為について要求されるにとどまっている点に留意しなければならない。

＊　「人の健康に害を及ぼす虞」の内容は必ずしも明らかではないが，行政解釈では，「医学的観点から少しでも人体に危害を及ぼすおそれがあれば」足りるとされている（昭和35年3月30日医発第247号の１厚生省医務局長通知）。

② 積極的危険と消極的危険

●職業選択の自由

すでにみたように，免許・届出の医業類似行為を除いて，医業類似行為は明文で禁止されている。無免許で（あるいは所定の届出なしに）医業類似行為を行なえば，一律に処罰の対象とされるのであるが，しかし，何ら危険を伴わない行為であれば，憲法22条が保障する「職業選択の自由」の範囲内にあるものとして，法規定の有無にかかわらず許容してよいのではないかとも考えうる。多数意見が医業類似行為を禁止する趣旨を「人の健康に害を及ぼす虞」に求めたのは，こうした憲法上の権利に相応の配慮を示したものにほかならない。

●二つの反対意見

もっとも，この多数意見に対しては，二つの方向から反対意見が述べられている。その一つは，「個々の場合に無害な行為といえども取締の対象になる」とするものである。しかし，およそ他人に害を及ぼすおそれのない行為は処罰を必要としないのであり，無害な行為まで処罰する法規は，根拠なく国民の自由を侵害するものとして，それ自体憲法違反とされよう。

一方，反対意見のうちには，「正常なる医療行為を受ける機会を失はしめる虞」に着目して，多数意見の限定解釈を疑問とするものもある。この見解は，多数意見と同じく当該行為の危険性について判断を求めているのであるが，ただし，その危険性の内容を広く理解するものといえよう。人体に直接の危害を

与えることはないとしても，「正常なる医療を受ける機会，ひいては医療の適期を失い，恢復時を遷延する等の危険」をもつ行為であれば，これを禁止したとしても職業選択の自由を制限することにはならない，とされるのである。

●消極的危険

この「正常なる医療行為を受ける機会を失はしめる虞」は，当該医業類似行為そのものが人体に有害かどうかを問題にしているわけではない。こうした積極的危険性をもつ行為だけでなく，医業類似行為を放任することで生じる様々な消極的危険（消極的弊害）についても対処を求めるものにほかならない。

4 民間療法の限界

1 積極的危険性

●多数意見と積極的危険性

「健康に害を及ぼす虞」とは，どのようなものだろうか。多数意見は，禁止処罰の対象を「人の健康に害を及ぼす虞のある業務行為に限局する」と述べるにとどまっており，その危険性の内容（積極的危険性か消極的危険性か）については言及していないとも考えうる [前田 1980：212]。しかし，消極的な危険の発生で足りるとする見解が反対意見にとどまっていることからすると，多数意見は，このような危険では足りず，積極的な危険の認定を要求していると考えるべきであろう [小林 1999：129]。

●抽象的危険と具体的危険

問題は，積極的な危険の認定をどのように行なうかにある。犯罪の成立を認めるためには，「人の健康に害を及ぼす虞」が個別の事案ごとに具体的に立証されなければならない（具体的危険犯）のであろうか。

しかし，あん摩師等法12条は，条文上，特に具体的危険の発生を犯罪の成立

コラム 8

抽象的危険犯

〈法益侵害の危険〉

　例えば，住宅への放火は，現住建造物放火罪として殺人罪（刑法199条）と同等の重い刑罰が予定されている（死刑または無期もしくは5年以上の懲役——刑法108条）。人の住居に放火すれば，そこに居住する人の生命・身体に危険をもたらすだけでなく，他の家屋に延焼し，不特定または多数の人の生命・身体・財産に対しても危険をもたらすことが一般に予想されるからである。

　このように，犯罪は生命・身体などの具体的利益が実際に侵害された場合にのみ成立するわけではない。結果の重大性に着目して，処罰時期を早めざるをえない場合もある。生命・身体・財産など法が保護する利益は法益（保護法益）といわれるが，刑法は，法益が現実に侵害された場合だけでなく，侵害される危険（蓋然性・可能性）があったにとどまる場合にも処罰を認めるのである。

〈行為の一般的・類型的な危険性〉

　法益侵害の危険があれば犯罪とされるものを危険犯というが，なかでも現住建造物放火罪は，住居への放火という行為があれば不特定多数人の法益に対する危険が必然的に伴うとみられる点に特徴をもつ。「行為があれば危険がある」とも考えうるのであり，このように，行為の性質を一般的・類型的（＝抽象的）にみたとき，それが法益に対する危険を内在していることを処罰根拠とする犯罪を抽象的危険犯という。

〈個別・具体的な危険の有無〉

　危険犯には，具体的な危険の発生を要件とする具体的危険犯もあるが（例：建造物等以外放火罪——刑法110条），一方，抽象的危険犯では個別・具体的な危険の有無が問われることはない。本文でみたように，無免許医業罪も人の生命・健康に対する抽象的危険犯であり，当該診療方法によって患者に具体的な生理上の危険が生じたか否かが犯罪の成否に影響を及ぼすことはない。それゆえ，どれほど医学上の知識・技能を備えていたとしても，無資格者や医師免許を取り消された者が医行為をすると，医師法17条違反になると解されている［小松 1992：37］。

要件としているわけではない。また，他の医事関連法規との整合性も視野に入れなければならない。例えば，無免許医業罪（医師法17条，31条1項1号）は人

の生命・健康に対する**抽象的危険犯**（⇨ コラム 8：抽象的危険犯）と理解するのが今日の確定した判例＊であり，患者の生命・健康が現実に危険にさらされることまで必要とはされていない。免許制度の趣旨から考えるならば，あん摩師等法 1 条違反の罪も同様に抽象的危険犯と解さざるをえないが，そうだとすると，同法12条違反の罪についてのみ危険の存在を具体的に立証するよう求めることは均衡を失する［上田 1993：55］。同一の領域は基本的に同一の原則によって規制されるべきであり，罰則が定められている場合は，なおさらその要請が高まると考えるべきであろう。

　Case 2 について差戻し後の仙台高裁は，HS 式無熱高周波療法が被療者の体質・病状・使用方法によっては有害であることを認定して再度処罰の合憲性を肯定したが（昭和 38・7・22 判例時報345号12頁），最高裁は，これに対して特に異議を唱えてはいない（最判昭和 39・5・7 刑集18巻 4 号144頁）。最高裁も，当該患者に対する具体的な施術の危険性ではなく，患者一般に対する抽象的な危険を処罰の根拠とみているものといえよう［町野 1985：58］。

　＊　例えば最決平成 9・9・30（刑集51巻 8 号671頁）の原審である東京高判平成 6・11・15（高刑集47巻 3 号299頁）は，「医師法17条がその取締りの根拠としている無資格者の行う医業における危険は，抽象的危険で足り，被診療者の生命，健康が現実に危険にさらされることまでは必要としない」と判示する。

②　消極的危険性

Case 3

　きゅう業を営む Z は，きゅうの適応症として，神経痛・リュウマチ・胃腸病等の病名を記載したビラ約7030枚を，施術所の周辺町村に配布した。

●消極的弊害を認める裁判例

　一方，消極的危険性については，どのように考えればよいのだろうか。最高裁判所は，先にみた昭和35年判決の翌年，同じく大法廷で消極的弊害を認める初めての判断を示している（最大判昭和 36・2・15 刑集15巻 2 号347頁—— *Case 3*）。

あん摩師等法 7 条

> 1項　あん摩業，マッサージ業，指圧業，はり業若しくはきゅう業又はこれらの
> 　　　施術所に関しては，何人も，いかなる方法によるを問わず，左に掲げる事
> 　　　項以外の事項について，広告をしてはならない。
> 　一〜五〈略〉
> 2項　前項第一号乃至第三号に掲げる事項について広告する場合にも，その内容
> 　　　は，施術者の技能，施術方法又は経歴に関する事項にわたってはならない。

被告人は，その行為があん摩師等法 7 条の広告制限規定*に違反するとされた
ため，この条項の合憲性を争った。しかし，大法廷の多数意見は，「いわゆる
適応症の広告をも許さないゆえんのものは，もしこれを無制限に許容するとき
は，患者を吸引しようとするためややもすれば虚偽誇大に流れ，一般大衆を惑
わす虞があり，その結果適時適切な医療を受ける機会を失わせるような結果を
招来することをおそれたため」であるとして，規制を合憲と判断している。ま
た，この消極的弊害という考え方は，その後も，登録を要する医薬品販売業に
関する最大判昭和 40・7・14（刑集19巻 5 号554頁），薬事法上の医療用具の意義
に関する最決昭和 54・3・22（刑集33巻 2 号77頁）などで示されている。

> *　あん摩師等法 7 条は，広告しうる事項を，施術者の氏名・住所・免許業務の種類等に限
> 　定し，それ以外の事項については広告することを禁止している。そして，昭和36年の最高
> 　裁大法廷判決によると，虚偽・誇大な広告が禁止されるだけでなく，適応症の広告も「施
> 　術者の技能，施術方法又は経歴に関する事項」（同条 2 項）に含まれるとして全面的に禁
> 　止される。

●療法選択の自由

　こうした判例の趨勢からすれば，医薬業一般の規制にあたって消極的弊害が
その根拠たりうる［大谷 1982：225］とみえなくもない。しかし，広告や医療用
具の販売と異なり，個別の患者を対象とする治療行為については，その**療法選
択の自由**にも十分な配慮が必要とされよう。そもそも「正常なる医療」とはど
のようなものであろうか。医療として何が正常かは病気や怪我の種類・程度に
応じて定まることであり，法や行政の決定に委ねられることではあるまい。患

者の自己決定権（⇨第2章1）を重視し治療手段の選択に際しても患者の意思を最大限に尊重するべきであるとするならば，この選択権の行使を西洋医学という「正統性」の枠内にとどめることはもはや困難であり［高木1992：49］，放任行為とされるものまで権利行使の対象から除外する理由はないとも考えうる。

●十分な情報提供

　もちろん，この療法選択の自由を保障するためには患者に十分な情報提供がなされるべきであり，当該行為の担い手の専門性や治療効果について誤信を招くようなことがあってはならない。しかし，それは名称独占の遵守や広告の規制によって達成されるべき事柄であり，直ちに行為それ自体を禁止すべきことにはならないであろう［宇都木1993：222］。そして，以上のように考えると，民間療法とされるもの（例：カイロプラクティック，アロマセラピー，断食療法）については，場面を分けて規制することが必要となろう。積極的危険性の認められる行為は，その目的（例：健康増進）が何であれ，また，資格（例：あん摩師等法1条所定の免許）の有無を問わず，「何人」が行なおうと（あん摩師等法12条），厳格に禁止処罰の対象としなければならない。

　一方，もっぱら消極的な弊害が懸念されるにとどまる行為であれば，これを業とするにあたって用いられた手段・方法は格別，行為それ自体については，敢えてこれを規制するには及ばないともいいうるのである。

●参考文献────────

上田健二「診療行為の意義」中山研一＝泉　正夫編著『医療事故の刑事判例（第2版）』成文堂，1993年，23-56頁。

宇都木　伸「健康に関わる諸業務と法規制・序説」『東海法学』9号（1993年）195-228頁。

大谷　實「薬事法2条1項の医薬品に該当するとされた事例」『判例時報』1052号

（1982年）222-225頁（判例評論285号52-55頁）。

厚生省医務局医事課編『理学療法士及び作業療法士法の解説』中央法規，1965年。

小林憲太郎「コンタクトレンズの処方のために行われる検眼及びテスト用コンタクト
　　レンズの着脱の各行為と医師法17条にいう『医業』の内容となる医行為」『ジュ
　　リスト』1167号（1999年）127-130頁。

小松　進「医師法」平野龍一＝佐々木史朗＝藤永幸治編『注解特別刑法第5‐1巻
　　医事・薬事編（1）〔第2版〕』青林書院新社，1992年，1-112頁。

高木　武「医業類似行為」『東洋法学』36巻1号（1992年）1-54頁。

田原義衛「一，あん摩師，はり師，きゅう師及び柔道整復師法第12条，第14条により
　　禁止処罰される医業類似行為　二，右第12条，第14条の合憲性」『最高裁判所判
　　例解説刑事篇昭和35年度』法曹会，1973年，15-21頁。

野田　寛『医事法（上）』青林書院，1984年。

前田雅英「薬事法12条にいう医療用具の意義」『ジュリスト』718号（1980年）210-
　　213頁。

町野　朔「診療放射線技師及び診療エックス線技師法24条による規制の範囲と憲法22
　　条1項，25条」『警察研究』56巻8号（1985年）53-59頁。

第**Ⅲ**部

医療と人権

第9章

医療過誤（１）：民事責任

1 医療過誤と法的責任

1 医療事故と医療過誤

　医療事故と医療過誤は必ずしも同一ではない。**医療事故**とは，およそ医療行為を原因として患者の生命・身体に有害な結果を生じた場合の総称である。医療行為に過失があったかどうかを問わず，したがって不可抗力のケースも含まれる。この医療事故のうち，事故の原因として医療機関側に何らかの過失（注意義務違反）があるとみられる場合が**医療過誤**といわれる。

2 法的責任

●三つの法的責任

　医療事故が医師・看護師等の医療従事者の過失による場合，その医療従事者には刑事責任，民事責任，行政法上の責任が問題となる。この三者はいずれも法に基づいて不利益または制裁を課すものであるが（法的責任），ただし，それぞれ目的を異にした別個独立のものであり，そこで追及される責任の内容も同一ではない。

●刑事責任

　刑事責任（⇨ 第10章）は加害者に対し刑罰を科すためのものであり，加害者の反社会性あるいは反倫理性が処罰の根拠とされる。したがって，加害者の主

観面が重視され，例えば同じく人を死亡させた場合であっても，それが「わざと」（故意）によるものか（殺人罪──刑法199条），「うっかり」（過失）によるものか（過失致死罪──刑法210条，業務上過失致死罪──刑法211条1項前段）によって刑に軽重がある。また，殺人のような重大な犯罪については，その未遂（刑法203条）・予備（刑法201条）も処罰される。

●民事責任

　一方，民事責任は被害者の損害回復を目的とする制度であり，加害者の故意・過失によりその負担に軽重が生じることはない。また，実際の損害が発生しない限り，損害賠償義務を考える余地もない。この民事責任（損害賠償責任）は，契約上の義務（**債務**）に違反したときに生じるが（債務不履行責任 ⇨ 本章2①②），さらに，契約関係にない者（例：交通事故の当事者）の間でも問題となる（不法行為責任 ⇨ 本章2②①）。いずれの場合も金銭賠償が原則である（⇨ コラム9：損害賠償の方法）。

コラム9

損害賠償の方法

〈債務不履行における損害賠償〉

　債務不履行による損害を賠償する方法として，民法は，当事者間で金銭でないものを賠償に充てる（例：特定の物を渡す）合意のある場合は別として，金銭に換算して支払うこと（**金銭賠償**）を原則としている（民法417条）。損害賠償の方法としては，ほかに原状回復も考えうるが（例：壊した物の修理），金銭賠償のほうが簡便だからである。例えば，預かっている花瓶を壊したという場合，その修復や買い換えは必ずしも容易ではなかろう。なお，精神的損害も金銭で賠償するのを原則とし，これを慰謝料という（⇨ 本章4②③）。

〈不法行為における損害賠償〉

　不法行為によって生じた損害についても，原則として金銭で賠償される（民法722条1項・417条）。もっとも，名誉毀損の場合には民法自身が例外的に原状回復（「名誉を回復するのに適当な処分」──民法723条）を認めている。金銭賠償

がなされても，傷つけられた名誉（社会的評価）の回復は難しい。一方，適切な方法をとれば社会的評価の低下した状態を客観的に解消することも期待しうるからである。新聞になされる謝罪広告などは，この原状回復の例である。

●行政上の責任（行政処分）

　医療過誤に際して問われる行政上の責任（行政処分）は免許に関するものであり，医療の安全確保を目的としている。もともと医療従事者の業務は，国民の保健衛生上の危害を防止するために，それにふさわしい知識・技能を備えていると認められる者にのみ許容されている。これが免許制度の趣旨であり（⇨第1章1①コラム1：業務独占と免許制度），それゆえ，医療過誤を犯した医療従事者については，はたして当該業務に従事するにふさわしい資質等を備えているか否かを問い，不適切と判断すれば，監督行政機関は免許の取り消し・業務の停止等の処分をするのである。例えば，看護師が医療過誤を犯したとしよう。その看護師は，「罰金以上の刑に処せられた」（保助看法9条1号）場合だけでなく，その「業務に関し犯罪又は不正の行為があった者」（保助看法9条2号）あるいは「看護師としての品位を損するような行為のあった」（保助看法14条1項）者に該当すると判断された場合も，行政処分の対象とされる*。

　＊　なお，看護師が国家公務員あるいは地方公務員の場合（例：公立病院に勤務する看護師），保助看法上の行政処分とは別に，国家公務員法（82条-85条）あるいは地方公務員法（29条）に基づく懲戒処分（免職，停職，減給または戒告）の対象ともされる。

保健師助産師看護師法 9 条

　次の各号のいずれかに該当する者には，前2条の規定による免許（以下「免許」という。）を与えないことがある。
　　一　罰金以上の刑に処せられた者
　　二　前号に該当する者を除くほか，保健師，助産師，看護師又は准看護師の業務に関し犯罪又は不正の行為があった者
　　三　〈略〉
　　四　〈略〉

保健師助産師看護師法14条１項

保健師，助産師若しくは看護師が第９条各号のいずれかに該当するに至ったとき，又は保健師，助産師若しくは看護師としての品位を損するような行為のあったときは，厚生労働大臣は，次に掲げる処分をすることができる。
　　一　戒告
　　二　３年以内の業務の停止
　　三　免許の取消し

2　損害賠償責任

1　契約責任

①準委任契約

●診療契約

医師が患者を治療する場合，通常は**診療契約**（医療契約）が前提とされている*。この契約は，患者が医療機関に診察を求め（診療契約の申し込み），医療機関側がこれに応じることによって成立する。

> ＊　もっとも，医師と患者との間に契約関係が存在しない場合もある。例えば，医師が，意識不明の急病人を偶然通りがかりに診察したというようなときは，**事務管理**（⇨ 第４章２④ コラム７：事務管理）としての診療行為となる。

●契約の当事者──医療側

医療機関が個人開業医であれば，医療を行なう側の契約当事者は医師となろう*。しかし，医療機関が病院・診療所（医療法１条の５）のような組織体の場合，診療契約は当該病院・診療所の開設者（例：医療法人，国・自治体）との間に結ばれるのであり，そこに勤務する医師は開設者が契約上の義務を履行するにあたっての補助者（**履行補助者** ⇨ 後述③）にすぎない。

> ＊　もっとも，今日では医師一人であっても医療法人となることが認められており（医療法

46条の2第1項ただし書），その場合は，当該医療法人が契約当事者となる。

●契約の当事者——患者側

医療を受ける側の当事者については，患者本人に行為能力（⇨第3章2①）
や契約締結に必要な判断能力（意思能力——民法3条の2）が備わっていない場
合が特に問題となる。

まず，未成年者であっても意思能力をもつ場合は，その者を契約当事者とみ
る見解が有力である。診療契約は，生命や健康という一身専属的な事項にかか
わり，また，これを保持するために必要なものであることから［高嶋1994：62］，
通常の財産取引と異なり，本人が単独で有効に契約を締結することを認めて差
し支えないとされるのである[*1]。

一方，幼児や成年被後見人（⇨第4章2①コラム6：成年後見制度）のように
患者の意思能力が十分でない場合については見解が分かれているが，裁判例の
多くは，親権者・後見人が患者を代理して診療契約を締結すると構成する[*2]。

[*1] 同様に被保佐人・被補助人（⇨第4章2①コラム6：成年後見制度）も単独で有効に
契約を締結することができる。診療契約は，保佐人らの同意を要する行為とはされていな
いのである（民法13条）。

[*2] しかし，この代理構成によると患者本人が契約当事者として診療報酬支払い債務を負
担することとなる結果，とりわけ患者が未成年の場合，その適切さに疑問がもたれている。
また，診療契約は一身専属的な事項にかかわることから，そもそも代理構成に馴染まない
のではないかという批判もある。そこで今日，こうした難点を回避するために，例えば，
診療の依頼をした親権者・後見人を契約当事者とし，患者本人は受益者とする「第三者の
ための契約」（民法537条以下——例：生命保険金の受取人を契約者本人〔＝契約当事者〕
ではなく，その配偶者〔＝受益者〕とする契約）が成立するという見解など，様々な主張
が繰り広げられている。

●診療契約の法的性格

> **民法643条**
>
> 委任は，当事者の一方が法律行為をすることを相手方に委託し，相手方がこれを
> 承諾することによって，その効力を生ずる。

> **民法656条**
>
> この節の規定は，法律行為でない事務の委託について準用する。

　この診療契約の法的性格は，一般に**準委任**と理解されている。民法典上の委任契約に準じて当事者の権利義務の内容を考えるのである。契約などの**法律行為**（⇨ 第3章2 ①コラム4：法律行為と事実行為）を委託する契約は**委任**といわれる（民法643条）。例えば不動産の売買を業者に依頼したような場合，委任契約が成立する。これに対して，診療契約は，診断・治療という**事実行為**の委託を目的とすることから，「法律行為でない事務の委託」（民法656条）として準委任と構成されるのである*。

　*　もっとも，準委任にも民法の委任に関する規定が準用されることから，両者を区別する実益は乏しいといえよう。

②善良な管理者の注意義務

●準委任契約と債務の不履行

　診療契約が委任契約に準じたものだとすると，受任者である医療機関は「善良な管理者の注意」（**善管注意義務**）*をもって診断・治療にあたることが求められる（民法656条・644条）。問題は，善良な管理者としてどのように振る舞うべきかであるが，その具体的な内容は「委任の本旨」（民法644条）から明らかとなる。もともと医療は，人の生命・身体を対象とする役務（サービス）であり，患者の健康の保持・回復や救命を目指しているが，多くの場合，一定の危険と結びついた侵襲を伴う［高嶌 1994：66］。このような役務の提供を受けるにあたって，患者は，専門家である医師の知識・技能に信頼を寄せ，その裁量的な判断を認めざるをえない。

　一方，医師は，患者との信頼関係に基づき裁量性の高い事務処理を委ねられていることから，その「委任の本旨」に従い，高い水準の義務に従った行為を求められる［道垣内 2006：44］。具体的には，適切な検査・診断やそれに基づく適切な治療が求められ，それに違反し債務不履行責任（民法415条1項 ⇨ 本章コラム10：

民法644条

　受任者は，委任の本旨に従い，善良な管理者の注意をもって，委任事務を処理する義務を負う。

民法415条 1 項

　債務者がその債務の本旨に従った履行をしないとき又は債務の履行が不能であるときは，債権者は，これによって生じた損害の賠償を請求することができる。ただし，その債務の不履行が契約その他の債務の発生原因及び取引上の社会通念に照らして債務者の責めに帰することができない事由によるものであるときは，この限りでない。

債務不履行の種類）を問われるかどうかは，「診療当時のいわゆる臨床医学の実践における医療水準」（最判昭和 57・3・30 ⇨ 本章 3 ③）を基準として判断される。

＊　善良な管理者の注意義務（善管注意義務）：職業・地位などに応じて，取引上，客観的に必要とされる程度の注意義務をいう。専門家としての注意義務といってもよい。例えば，無報酬で他人の物を預かるときは自分の能力に応じた注意で足りるが（「自己の財産に対するのと同一の注意」──民法659条），そうした主観的な注意義務よりも高い注意義務がここでは求められている。

コラム 10

債務不履行の種類

　契約が守られないこと（契約違反）を債務不履行といい，それによって生じた損害は債務者が負担しなければならない（**債務不履行責任──民法415条1項**）。債務者は，みずからの意思で履行を約束した以上，それを怠ったときは責任を引き受けることになってもやむを得ないとされるのである。

　この債務不履行には，❶履行遅滞（例：リンゴの引き渡しが遅れた場合），❷履行不能（例：引き渡す約束のリンゴを食べてしまった場合），❸不完全履行（例：引き渡したリンゴが腐っていた場合）という三つの類型がある。医療の場面でも，❶履行遅滞（例：約束時間に往診しない場合），❷履行不能（例：医師が患者を殺害した場合）を考えられないわけではないが［高田＝小海 1985：36］，診療契約上の債務不履行といえば，通常は❸不完全履行の場合である。履行はなされたが，それが不適切であったとされるのである。

●手段債務

　このように医療過誤で医療機関の契約責任（債務不履行責任）を追及する場合，それは（準）委任契約上の注意義務違反として構成される。診療契約上，医療機関に課せられる注意義務を尽くしたかどうかが問題であり，患者の死亡など予期しない結果が発生したからといって，それが直ちに債務不履行となるわけではない。適切な治療を怠り患者に損害を与えたという場合に初めて，医療機関は契約責任を追及される。多くの医療契約の場合，病気やケガの治癒という結果まで約束することは困難であろう。複雑な生体機能を医療によって完全に支配することなど不可能だからである［高嶌 1994：66］。医療機関は，患者の確実な治癒まで債務内容として引き受けるわけではない。治癒に向けた適切な手段を講じるべき債務（**手段債務**）を負うにとどまる＊。

　　＊　なお，義歯の作成やウオの目の切除など結果の達成が相当程度確実なものについては，
　　　一定の結果をもたらすことを目的とする請負契約（民法632条）とみる見解もある。

③履行補助者

　病院や診療所には医師・看護師など様々な医療従事者が勤務している。また，個人開業医についても，他の医師を雇うなど同様の事情がみられることがあろう。使用されているこれらの者は，医療機関が診療契約上の義務（債務）を履行するにあたってそれを補助する立場にあることから，**履行補助者**といわれる。

　履行補助者（雇用されている医師・看護師等）の行為で医療過誤が生じたときは，診療契約の当事者である医療機関が債務不履行の責任を負う（⇨コラム11：履行補助者の行為と損害賠償責任）＊。

　なお，履行補助者自身は，医療機関との間に雇用契約等の契約を結んでおり，その債務不履行を理由として病院開設者・開業医から損害賠償責任を追及される立場にある。

　　＊　この履行補助者の法理は，後述する使用者責任（民法715条 ⇨ 本章2②②）と制度が
　　　類似するが，これを追及することが困難な領域でも機能しうる点に特徴がある。例えば，
　　　病院・開業医が血液検査や義歯の製作などを外部の機関に依頼したとしよう。こうした独
　　　立の事業者が病院等の被用者に含まれることはない。それゆえ，この外部機関に過失が

あったからといって，病院等の使用者責任を追及することは困難であろう。しかし，債務
のために使用される者を履行補助者というのであれば，検査所・技工士もこれに該当する
こととなり，その行為について病院等の責任を追及することが可能となる［鈴木編 1973：
188〔細川　清〕］。また，免責の点についても，使用者責任と履行補助者の法理とでは違
いがある。前者では，被用者の選任・監督について相当の注意をしていたことなどを立証
すれば使用者は免責される（民法715条 1 項ただし書）。一方，上述のように，後者では債
務者にそうした免責の機会が与えられることはないのである。

コラム 11

履行補助者の行為と損害賠償責任

　例えば，売り主が買い主に商品を届けるにあたって運送業者を用いたとしよう。
この場合，売買契約の当事者は売り主と買い主であり，運送業者は，売り主が商
品引き渡し債務という契約上の義務を履行するにあたっての補助者という立場に
ある。このように，債務者（商品の引き渡しについては売り主）が債務の履行の
ために使用する者（運送業者）を**履行補助者**といい，その者の行為が原因で商品
の破損などの債務不履行が生じた場合，債務者は債権者（設例では買い主）に対
して債務不履行責任を負う。債権者と債務者との契約で第三者（履行補助者）に
履行を依頼することが予定されており，債務者が第三者の行為をみずからの履行
行為の手段として用いる意思決定をしている以上，この第三者の行為は，債務者
自身による履行行為の一部として評価されるのである。今日の取引では，債務の
履行にあたって債務者本人以外の者が使用されることも少なくない。履行補助者
を使用したことで生じた結果について債務者本人の責任を追及することは，こう
した取引の実態にも合致するものといえよう。
　医療機関の内部で現実の医療に関与する個々の医療従事者（例：医師，看護師
等）も履行補助者にとどまり，たとえその者の医療行為に不適切な点があったと
しても，この医療従事者個人に対して債務不履行責任を追及することはできない。
医療の提供について患者と直接の権利義務関係に立つのは医療機関であり，この
医療機関がみずからの判断と責任において医療従事者を用いた以上，その者の行
為についても医療機関自身が責任を問われることとなる。

2　不法行為責任

①医療従事者個人の責任

民法709条

> 故意又は過失によって他人の権利又は法律上保護される利益を侵害した者は、これによって生じた損害を賠償する責任を負う。

　契約責任が契約関係にある者の間で生じるのに対して、不法行為責任は、そうした関係の有無にかかわりなく追及することができる。診療契約は医療機関と患者との間に結ばれるのであり、そこに勤務する医師・看護師その他の医療従事者は、患者との間に契約上の義務を負担しているわけではない。それゆえ、患者がこれらの医療従事者に対して直接に損害賠償を求める場合は、不法行為（民法709条）という構成をとらなければならない。例えば、看護師の医療行為により事故が生じた場合であれば、患者側は、❶当該看護師の行為に「過失」のあったこと、❷患者に死傷という「損害」が発生したこと、❸その両者の間に原因・結果の関係（⇨ コラム12：因果関係）があったことを証明する必要がある。

コラム12

因果関係

〈民法上の因果関係〉

　因果関係は、事実的因果関係と法的因果関係とに分けることができる。事実的因果関係は「あれなければ、これなし」という条件関係の判断であるが、現実には、ある行為を原因として生じる損害は無限に広がる。そこで、事実的因果関係を前提としつつも、生じた損害のうちいかなる範囲で賠償を認めるかという法的評価がなされる。これが法的因果関係の判断であり、損害賠償の対象は、その原因から通常生じるであろう損害（相当因果関係の認められる損害）に限定される。こうした因果関係が存在しない以上、生じた結果について、債務不履行責任あるいは不法行為責任を問われることはない。

　通常の訴訟では、多くの場合に事実的因果関係は明らかであり、法的因果関係

としてどの範囲の責任を認めるかが問題となる。これに対して，医療過誤訴訟では，医療の高度な専門性・個別の患者の特殊性などが相まって，事実的因果関係の存否それ自体が争いの対象となることも少なくない。

〈刑法上の因果関係〉

　因果関係は，犯罪の成立要件として刑法上も重要な位置を占める。通説・判例（最決昭和42・10・24刑集21巻8号1116頁）によれば，刑法における因果関係は，行為と結果との間に条件関係があることを前提とし，さらに相当因果関係があるときに認められる。故意犯では，このような因果関係が肯定されるとき既遂となり，それが否定される場合は未遂にとどまるか（例：殺人未遂──刑法203条），あるいは処罰されない（例：名誉毀損罪──刑法230条〔未遂犯処罰規定なし〕）。一方，過失犯（例：業務上過失致死傷罪──刑法211条1項前段）の場合，現行法はその未遂を処罰しないため，行為と結果との間の因果関係が否定されるとその行為は無罪となる。

　このように，刑法上の因果関係は，有罪と無罪とを分け，あるいは既遂と未遂とを分ける基準となるものであり，損害賠償の範囲を画定する民法上の因果関係とはその役割を異にしている。

②使用者責任

　もっとも，こうした被用者的立場にある者は，その賠償能力の点でおのずから限度があろう。そこで法は，被害者の確実な救済を図るために**使用者責任**の制度を用意している（民法715条）。医師・看護師等を雇用する医療機関は，これらの医療従事者の過失によって事故が生じた場合，その損害を賠償することを求められる。他人を使用して利益を収める以上，それに伴って生じる損害も負担することが衡平にかなうとされるのである（報償責任）。

　なお，この使用者責任は，被害者救済あるいは衡平の見地から例外的に行為者以外の者に賠償義務を課したものであり，これに応じた医療機関は，直接の加害者である医療従事者に対して求償することが認められている（民法715条3項）。

> ## 民法715条
>
> **1項** ある事業のために他人を使用する者は，被用者がその事業の執行について
> 第三者に加えた損害を賠償する責任を負う。ただし，使用者が被用者の選
> 任及びその事業の監督について相当の注意をしたとき，又は相当の注意を
> しても損害が生ずべきであったときは，この限りでない。
>
> **2項** 〈略〉
>
> **3項** 前2項の規定は，使用者又は監督者から被用者に対する求償権の行使を妨
> げない。

3　医療従事者の注意義務

1　善管注意義務と過失

　債務不履行構成にせよ不法行為構成にせよ，医療過誤をめぐる争いでは医療従事者の注意義務違反が争点となるが，いずれの構成をとるのであれ，注意義務は同じ内容のものと理解されている。以下にみるように，過失（不法行為責任の要件）の前提となる注意義務は当該状況下におかれた専門家の義務として客観的に構成されることから，それは，（準）委任契約上の注意義務（⇨本章2①②）と同一のものとなる。また，両者の間に差異を設けることは，患者の生命・健康と直接的なかかわりをもつ医療の性格からすれば，不合理ともいいうるのである［河上1999：363，澤井2001：188］。

2　客観的過失

●結果回避義務違反

　過失といっても心の問題ではない。たしかに，日常的な意味での過失は「うっかり」することであり，精神の緊張を欠いた状態を指している。しかし例えば，無灯火の自転車が暗い夜道を猛スピードで走行中，歩行者と衝突しこれを負傷させたとしよう。運転者は，十分に精神を緊張させていたのであれば，

過失を否定されるのであろうか。運転者には責任が問われて然るべきであり，そうだとすると，暗い夜道を無灯火・猛スピードで走行する行為それ自体に着目しなければならない。「うっかり」という心理状態ではなく，減速するなど，歩行者との衝突という結果を回避すべき行為を想定し，その期待される行為を怠ったこと（**結果回避義務違反**）を過失と評価するのである*。

> ＊　この結果回避義務の前提として結果の**予見可能性**がなければならない。「夜間，無灯火・猛スピードで自転車を走行させれば事故が起きるかもしれない」という予見が不可能であれば，結果回避の手段を講じることなど期待できないからである。
>
> 　なお，予見可能性といっても，具体的にその者が予見可能であったかどうかを問題としたのでは，被害者の救済にとって十分ではない。それゆえ，次にみる回避義務の判断と同じく，ここでも行為者の類型に照らした客観的な判断が行なわれる。当該具体的結果について，行為者の職業・地位等に応じた**予見義務**を設定し，行為者が，この義務を尽くしていれば結果発生が予見可能であったかどうかを問うのである。

●注意義務の基準

この過失は，結果回避義務違反として客観的に判断されるだけでなく，その基準も客観的である。結果を回避すべき注意義務を尽くしたかどうかは，行為者本人ではなく，通常の人を基準として判断される。例えば，自転車の運転が未熟な初心者であっても，通常の運転者と同様の結果回避行為が期待されなければならない。被害者からすると，たまたま初心者に衝突された場合，救済を受けられないというのでは納得がいかないからである。

●通常人の類型化

このように，過失の前提となる注意義務は通常人の能力を基準として決定されるが，それは，各人が社会生活の場で合理的に行動することを期待されているからにほかならない。それゆえ，この通常人の注意能力は，さらに職業・地位・地域といった社会活動の場に応じた類型化がなされるのであり［四宮1987：337］，過失の判定は，その類型にある「通常人」が期待される行為を行なったかどうかを基準とすることになる。以下では，この点を医療従事者についてみていこう。

③　医師の注意義務

Case

　A（3歳）は，開業医Xの診察を受けたところ感冒から気管支炎を併発したものと診断され同人の経営する医院に入院したが，その間，数度の鼻出血・吐血を起こし，さらに容態が急変して死亡した。司法解剖の結果，AはITP（突発性血小板減少性紫斑病）またはDIC（播種性血管内凝固症候群）に基づく胃腸管出血により気道閉塞となり窒息死したと認められた。

　Aの両親および祖母（原告ら）は，❶医師Xが止血防止措置を怠ったこと，❷同院の看護師YがAの容態を逐一Xに報告しなかったこと，そして，❸XまたはYが症状の看視，診察する義務を怠ったこと，気道内血液を吸引除去する措置を怠ったこと等について，それぞれ義務違反があるとして，診療債務の不完全履行または不法行為に基づく損害賠償を求めた（佐賀地判昭和60・7・31判例時報1169号124頁）。

●最善の注意義務

　医療行為は人の生命・身体に直接かかわるものであり，高度な危険を伴う。そのため医療行為については特に高い注意義務が求められるのであり，判例も，「人の生命及び健康を管理すべき業務（医業）に従事する者は，その業務の性質に照し，危険防止のために実験上必要とされる最善の注意義務を要求される」（最判昭和36・2・16民集15巻2号244頁——「東大輸血梅毒事件」）と説いている。

●医療水準

　問題は，何をもって「最善」とするかであるが，この点，判例は，その基準を「診療当時のいわゆる臨床医学の実践における医療水準」に求める（最判昭和57・3・30判例時報1039号66頁——「未熟児網膜症日赤高山病院事件」）。医療機関に要求される医療水準に達していない治療がなされた場合，注意義務違反があったとされるのであるが，ただし，この医療水準は全国一律に定められるわけではなく，「当該医療機関の性格，所在地域の医療環境の特性等の諸般の事情」を考慮に入れて，個別に判断せざるをえない（最判平成7・6・9民集49巻6

号1499頁——「未熟児網膜症姫路日赤事件」）。例えば，一般の開業医と高度の診療
を行なう医療機関とでは期待される注意義務の水準に違いがみられるであろう
し，また，等しく開業医であっても，その医療環境によって情報収集の程度や
措置内容には差異が生じてこよう [澤井 2001：184]。

　●*Case* について——医師の過失
　上記の *Case* で，佐賀地裁は医師Xの過失を否定するが，そこに示されてい
るのも同様の考慮にほかならない。まず，1月24日の初診から同月27日の午前
0時20分ころまでの間，患者Aには ITP または DIC の特徴的所見である出血
傾向が全く認められていなかったことから，開業医であるXには「右時点まで
に（……略……）Aが ITP 又は DIC に罹患していることの予見は不可能で
あった」とされる。また，Aは同月27日午前0時20分ころから早朝にかけて数
度の鼻出血・吐血を起こしているが，医学的知見では「小児が胃腸管から出血
することはまれであり，Aほどの年齢の小児が吐血した場合，その原因のうち
で最も頻度の高いものは鼻出血の嚥下であるから，被告としては，Aの吐血の
報告があった時点において，その原因が鼻出血の嚥下と推測したことは無理も
ない判断」であったという。一般開業医は「一定の臨床診断を得るべき必要性
又は緊急性に応じてこれに必要かつ有効な範囲内の検査又は専門機関への検査
依頼などを尽せば足り」，「Aが ITP 又は DIC の可能性があることをも考慮し
て検査，診療を尽す法的義務」まで負うわけではないとされるのである。さら
に，ITP，DIC の診断に必要な血液検査をするには，「専門医療機関である
（……略……）臨床検査センターに依頼するほかなく，その結果が判明するため
にはほぼ24時間を要した」ことから，Aの死亡までに ITP または DIC と診断す
ることも不可能であったという。本判決は，こうした医療環境や開業医の位置
づけ，さらには特殊な疾患が短時間のうちに急激に進行したことなどを踏まえ，
止血防止措置を怠ったことなどXの過失とされるものを順次否定するのである。

4　看護師の注意義務

●看護水準

　一方，この *Case* では看護師Ｙの過失の有無も問題とされている。これを判断する基準は事故当時の臨床看護における看護知識・看護技術の水準（**看護水準**）であるが［林 1989：98］，その内容も，医師の過失の判断基準と同様，当該医療機関の性格，所在地域の医療環境の特性等によって差異が生じることは避けられないであろう。この看護師の過失は，その業務内容に応じて「診療の補助」に関するものと「療養上の世話」に関するものとに大別される。

●診療の補助

　先の *Case* で，原告らは看護師ＹがＡの気道内の血液を吸引除去する等の措置をとらなかった点に過失があると主張するが，判決はこれを否定する。医師である「Ｘに（まして看護師Ｙには）ＡがITP 又は DIC であること及び ITP 又は DIC に基づく脳内の出血，ショックによる意識低下があることの予見はできず，したがって，気道閉塞の原因の予見ができなかった」だけでなく，Ｘ・Ｙが気道閉塞を知り得たという事情も認められないとして，血液吸引除去等の措置義務が存在しなかったというのである。

　この判決では，特殊な疾患等について医師ですらその予見ができなかったことから，まして看護師が予見できなかったとしても無理からぬことであるとされている。看護師の注意義務の水準は，医師のそれと必ずしも同等ではないことが前提とされているのであるが，一方，学説には医行為的な「診療の補助」（⇨ 第5章 **3 ①**）について，医師と同じ水準の注意義務を要求するものもある。医行為に直接かかわるとき，特に直接それを行なう場合には，医師を基準として過失を判断すべきだとされるのである［野田 1971：97］。

　たしかに，医行為それ自体は，それが医師の指示に基づき看護師によりなされる場合であっても，医師みずからが行なう場合と同じ水準でなければならない。しかし，この水準は，看護師のもつ医学的な知識・技術と医師の指示・監

督とが相まって担保されるべきものであろう（⇨第5章3①）。看護師が看護水準を超えた注意義務を尽くさなければ事故を回避できなかったというのであれば，そこには看護師に対する指示について医師自身の過失があったといわざるをえない［林1989：99，宮澤編著1995：312〔宮澤俊夫〕］。チーム医療では，各医療従事者はそれぞれの職務に応じた「最善の注意義務」を求められているのであり，看護師であれば，看護水準から導かれる注意義務を尽くせば足りると思われる＊。

＊　また，看護師が「臨時応急の手当」（保助看法37条ただし書）として行なう医行為についても，看護水準によって判断される注意義務を尽くせば足りよう。臨時応急の手当は，患者の容態が急変し医師の指示を得るいとまもないような場合，緊急になされる一時的なものであることから（⇨第5章3④），医師と同じ水準の注意義務まで要求することは困難だからである［宮澤編著1995：312〔宮澤俊夫〕］。
　　一方，看護師が「診療の補助」を超える行為（絶対的医行為）に及んだ場合であれば，過失の有無は医師の水準に照らして判断されることになろう［林1989：99］。看護師によるとはいえ，その行為は，有資格者である医師のなすべき行為を無資格で行なった場合と同様に評価されるからである（⇨第5章3②）。また，看護師が医師の指示なしに医行為をした場合も同様に解されよう。

●療養上の世話
　上記の *Case* では，看護師Yについて看視義務の懈怠も争点とされている。看護師は，疾病の種類，病状の重篤性等を踏まえ，患者の容態を注意深く観察し，異常を認めたときは直ちに医師に連絡しなければならない。この経過観察は，「療養上の世話」（⇨第5章2①）の一つとして，看護師がその専門的知識・技能に基づいて行なう主体的業務とされている＊。その観察の程度は，{A：常時（ほとんどつきっきりで）観察を必要とする，B：断続的観察（おおむね1〜2時間毎）を必要とする，C：継続的観察は特に必要でない（Bより長い間隔の観察でよい）}の3段階に区分して説明されるが［林1989：102，菅野2002：182］，本件では，このうちの常時看視義務が問われている。原告らは，看護師Yが患者Aの出血量・顔色等を常時看視する義務を怠ったと主張するのである。
　しかし判決は，医師XですらAがITPまたはDICであることの予見が不可

能であったことを前提とし，さらに，Aの容態急変を予見しうるような事情が
ほかになかったこと，異常があれば付添人から直ちに看護師に連絡する体制が
とられていたことを理由に常時看視義務を否定している。また本件では，看護
師YがAの容態を医師Xに逐一報告しなかった点も注意義務違反として争われ
ているが，判決はこれも否定している。鼻出血は日常ありふれた原因で起こり
うるものであり，また間もなく止まっていることから，医師への連絡義務はな
かったとされるのである。

> ＊　もっとも，経過観察には「療養上の世話」という側面だけでなく「診療の補助」として
> の側面もみられる。看護師はたんに観察をしていれば足りるわけではなく，その過程で患
> 者に異常を認めれば，それを医師に報告し医療上の処置について指示を仰がなければなら
> ないからである。

4　債務不履行責任と不法行為責任

1 請求権の競合

●契約上の義務違反と一般的な法義務の違反

　医療過誤は，医療水準に適合した治療という契約上の義務に違反する点で，
債務不履行として構成される。一方，「他人を害することなかれ」という一般
的な法義務に着目すれば，医療過誤は，この義務にも違反している。誰であれ，
他人の生命・身体・健康等を侵害しないよう配慮すべき義務を負っており，こ
のことは契約当事者間でも異ならない。それゆえ，医師の行為が患者の生命・
身体等に不必要な害悪を与えたというのであれば，この行為は不法行為の要件
をも満たす。患者は一般市民として不法行為法上の保護を与えられるのであり，
医師が診療債務を履行する過程で，この患者の生命・身体等への侵害を回避す
べき義務を怠った場合には，債務不履行責任だけでなく不法行為責任も問題と
されるのである。

●請求権競合説

　債務不履行と不法行為の双方の要件を満たしているのであれば双方の効果が認められるべきであり，患者は，どちらの構成を選択して損害賠償請求を行なってもよい（**請求権競合説**）。これが判例・通説であるが，ただし，二度の損害賠償が認められるわけではない。いずれか一方の請求権によって満足を受けると他方の請求権は消滅する。両請求権は，損害の補填という点で目的が同じだからである。

② 債務不履行責任と不法行為責任との異同

　現行法上，債務不履行責任と構成するか不法行為責任と構成するかによる差異が問題となるのは，①立証責任，②消滅時効の期間，③遅延損害金の起算点，④遺族固有の慰謝料請求権である。このうち債務不履行構成と不法行為構成との間で実質的な差異がみられるのは，③・④にとどまる。

①立証責任

　かつては立証責任という観点から，債務不履行構成と不法行為構成のいずれが患者側にとって有利かという議論がなされた。しかし今日では，主張・立証内容が両者の構成によってそれほど異なることはないと理解されている。債務不履行責任を追及する場合，患者は，医療機関側が治癒に向けた適切な手段を講じなかったということを立証しなければならない。しかし，これは客観的義務違反としての過失（不法行為責任の要件）を証明するに等しい。いずれの場合であれ，「当該状況のもとで医療従事者として何をなすべきであったのか」ということが事故当時の医療水準に照らして判断され，そこからの逸脱がみられるとき医療機関側の責任が問われるのである。

②消滅時効の期間

　消滅時効の規律は，2017（平成29）年の民法改正によって大きく変更された（⇨コラム13：消滅時効の改正）。この改正により，人の生命・身体の侵害を

コラム 13

消滅時効の改正

〈時の経過による債権の消滅〉

　債権は一定の期間行使しないでいると消滅する。この仕組みを**消滅時効**といい，その期間について，かつては債務不履行構成のほうが不法行為構成に比べて患者側に有利であるとされていた。債務不履行に基づく損害賠償請求権は，一般の債権と同じく10年が消滅時効の期間であるが（改正前民法167条1項），不法行為に基づく損害賠償請求権の場合は，損害および加害者を知ったときから3年（損害または加害者を知らないのであれば，不法行為のときから20年）以内に訴えを起こす必要があるとされていたのである（改正前民法724条）。

　しかし，2017（平成29）年の民法改正によって，今日では，生命・身体の侵害を理由とする損害賠償請求権については，債務不履行と不法行為のいずれの構成によっても時効期間に違いがないよう制度設計がなされている。

〈5年と10年──一般の債権の消滅時効〉

　一般の債権は「権利を行使することができることを知った時」（民法166条1項1号）という主観的起算点から5年，「権利を行使できる時」（民法166条1項2号）という客観的起算点から10年で時効により消滅する。

〈3年と20年──不法行為の損害賠償請求権の消滅時効〉

　一方，不法行為に基づく損害賠償請求権については，主観的起算点（損害および加害者を知ったとき）から3年，客観的起算点（不法行為のとき）から20年で消滅時効となる（民法724条）。

〈5年と20年──生命・身体の侵害に対する損害賠償の特則〉

　もっとも，生命・身体という法益の重要性から，以上の規律にはその長期に関する特則が用意されている。まず，一般の債権の消滅時効については，客観的起算点からの時効期間を20年に延長している（民法167条）。次いで，不法行為に基づく損害賠償請求権については，主観的起算点から5年の経過で消滅時効が完成するとされている（民法724条の2）。そのため，人の生命または身体の侵害による損害賠償請求権については，それが不法行為によるものであれ債務不履行によるものであれ，いずれの消滅時効も主観的起算点から5年，客観的起算点から20年と統一されることになり，消滅時効の点で不法行為構成と債務不履行構成との間でもはや違いを論じることは不要となったのである。

理由とする損害賠償請求権は，その侵害が不法行為によるのであれ債務不履行によるのであれ，ともに主観的起算点から5年，客観的起算点から20年という消滅時効に服することになった（債務不履行の場合につき民法166条・167条，不法行為の場合につき724条・724条の2）。生命・身体の侵害を理由とする損害賠償請求権の時効期間について不法行為と債務不履行との間に統一が図られたのであり，この点でも債務不履行構成と不法行為構成との実質的差異はない。

③遺族固有の慰謝料請求権

民法は，財産的損害だけでなく，「財産以外の損害」（民法710条）という文言で精神的損害（例：精神的な苦痛や悲しみ）も損害賠償の対象となることを認めている。精神的な損害を金銭に見積もったものを**慰謝料**という。

慰謝料を請求できるのは被害を受けた本人であるが，生命侵害の場合には，被害者の「父母，配偶者及び子」にまで請求権者の範囲が拡張されている（民法711条）。ただし，この**遺族固有の慰謝料請求権**は不法行為に特有なものであり，債務不履行構成をとった場合には民法711条が適用されないというのが判例である（最判昭和55・12・18民集34巻7号888頁）。

④遅延損害金の起算点

●遅延賠償

債務の履行が遅れたことによる損害の賠償を**遅延賠償**といい，賠償金（**遅延損害金**）は，物の引き渡し債務であれば，その物を使用できなかったことによる損害をもとに算出される。一方，金銭の支払いを内容とする債務（**金銭債務**）については，履行遅滞に関する特則が用意されている。賠償の範囲が画一化されており，特に約束がなければ法定利率によって損害賠償額が算定されるのである（民法419条1項・404条）。

●損害賠償債務の履行遅滞

損害賠償債務（債務不履行に基づくものと不法行為に基づくもの）も金銭債務で

あるから，一般の金銭債務と同様，履行が遅れた場合には遅延賠償が必要となる。損害賠償債務を基本とする遅延損害金が発生するのである。

　もっとも，この遅延損害金の起算点は，医療過誤を理由とする損害賠償の請求を債務不履行と構成するか不法行為と構成するかによって異なり，その違いは遅延損害金の額となって表れる。判例によると，債務不履行に基づく損害賠償債務は期限の定めのない債務であり，「履行の請求」（民法412条3項）が遅滞の要件となる（⇨コラム14：遅滞に陥る時期）。その請求を受けたとき初めて遅滞に陥り，遅延損害金はこの時点から起算されるのである（最判昭和55・12・18民集34巻7号888頁）。一方，不法行為に基づく損害賠償債務は，請求を要することなく損害発生と同時に（事故時から）遅滞に陥り，その日から遅延損害金も発生するとされる（最判昭和37・9・4民集16巻9号1834頁）。

●医療過誤訴訟における遅延損害金

　医療過誤における損害の多くは人の生命・身体にかかわり，損害賠償額も相当なものとなりうる。遅延損害金の起算点の差は必ずしも些細なものとはいえない。

コラム 14

遅滞に陥る時期

　債務を履行すべき時期（履行期）が過ぎると履行遅滞となるが，その経過の判断は期限の種類によって異なる。例えば，「4月1日までに100万円を支払う」という確定期限の合意がある場合には，100万円を支払わないで4月1日を経過すると履行遅滞となる（民法412条1項）。このケースでは，弁済期の翌日である4月2日時点での法定利率による遅延損害金が発生する（民法419条1項本文）。

　一方，期限のなかには，「来春，雪が解けたら（支払う）」というように，期限の到来は確実であっても，その時期が不明確なものもある。こうした不確定期限の合意があった場合には，期限が到来しただけで遅滞に陥るとすると債務者にとって酷である。そのため，期限の到来（雪解け）後に債務者が履行の請求を受けた日または債務者が期限の到来を知った日のうち，いずれか早い日を経過することによって履行遅滞になるとされている（民法412条2項）。

　　必ず到来すべきものが期限であるが，そうした**期限の定めのない債務**については，債務者が「履行の請求」を受けたときから遅滞の責任を負う（民法412条3項）。例えば，販売した商品の引渡し日を定めておかなかったときは，引き渡すよう求められるまでは，履行遅滞とならない[*1]。この場合，遅延損害金は，履行請求を受けた翌日から起算される（**初日不参入の原則**——民法140条本文）[*2]。

　　　＊1　もっとも，金銭や米の貸し借りのように，借りたものをいったん消費したのち返済するという契約（消費貸借契約）では，貸し主は「相当の期間を定めて返還の催告」をしなければならない（民法591条1項）。借り主が遅滞の責任を負うのは，催告を受けた後，相当の期間が経過してからということになる。金銭等の消費物を借りて使うときは，借りた物を一定の期間，利用・消費することを前提としており，催告を受けた後，直ちに弁済をすべきだとすると貸借は意味のないものとなってしまうからである。

　　　＊2　例えば「100万円を年末に支払う」という場合，年末は**期限**であるが，年末までの時間は**期間**といわれる。この時の長さを計算するにあたって，日や週などの単位を用いたときは，期間が午前零時から始まる場合を除いて，その初日は算入せず翌日から起算する（**初日不参入の原則**）。それゆえ，4月1日の午後に「今日から3日間」というのであれば，4月1日を計算に入れないで4月2日が第1日目となる。4月1日はもはや完全な1日ではないため，その端数時間を計算から除外するのである。

5　医事紛争の処理

　医療過誤がもとで，民事責任の有無や損害賠償額をめぐって患者側と医療機関側との間に争いが生じたとき，どのような方法で解決したらよいだろうか。

①示　談

　争いの解決方法として，まず**示談**が考えられる。これは裁判所の手を借りずに当事者間で互いに話し合って解決する方法であり，その多くが**裁判外の和解**（民法695条）という性格をもつ。都道府県医師会に設置されている「医事紛争処理委員会」も，会員である医師個人から委任を受けて紛争処理にあたるが，そこでの解決も示談である。

　示談が成立すると，通常，当事者は示談書（和解契約書）を作成し，その書

面に記載された内容に拘束される（民法696条）。後日，紛争が蒸し返されない
ためであるが，ただし，示談の際に予想できなかった事態がその後発生したよ
うな場合，その点についてまで示談の効力が及ぶことはない（最判昭和43・3・
15民集22巻3号587頁──交通事故の後遺症損害について）。

②調　停

当事者間の話し合いを基本とするが，これに裁判所が関与するものとして，
調停という制度がある。裁判官と調停委員から構成される調停委員会が仲立ち
をして，当事者相互の譲り合いにより紛争の解決を図るのである（民事調停法
1条）。

調停の結果，当事者間に合意が得られると，その合意内容は調停証書に記載
される。この証書は判決と同じ効力をもち，相手方が記載された内容を履行し
なければ強制執行をすることもできる。

③訴　訟

調停が成立しなかった場合，紛争の解決は**訴訟**に委ねられることになる。調
停が当事者間の合意を得る手続きであるのに対し，訴訟では裁判所によって強
制的に紛争の解決が図られる。訴訟は訴えの提起に始まり（⇨ コラム15：原
告・被告，被告人），法廷での審理を経て，判決の言い渡し・確定によって終了
する。

コラム15

原告・被告，被告人

この訴えを提起した者が**原告**，その相手方が**被告**とされる。刑事裁判では罪を
犯したとして起訴された者を「被告人」と呼ぶが，これは民事裁判にいう「被
告」とは全く異なる。

　訴えの提起は，原告が訴状という書面を作成して，裁判所に提出することで行なわれる。訴状には，当事者の住所・氏名のほか，「訴訟で何を請求するのか」（請求の趣旨）・「なぜ請求するのか」（請求の原因）など原告の主張を記載する。

　法廷では両当事者の主張・立証について審理がなされる。この主張・立証を弁論といい，口頭で行なう建前となっている（口頭弁論）。

　当事者双方の主張・立証が尽くされると口頭弁論は終結し，判決が言い渡される。判決に不服があれば上訴（控訴・上告）することができるが，その申し立ては判決正本を受け取ってから14日以内とされており（民事訴訟法285条，313条），これを過ぎると判決は確定する。判決が確定すると，その内容を変更することは許されず，また同じ内容の訴えを重ねて提起することもできない。確定した判決は当事者に対して強制力をもち，例えば金銭の支払いを命ずる判決の場合，相手方がこれに従わないときは強制執行の手続きをとることができる。

④訴訟上の和解

　このように訴訟は，通常，判決が確定することで終了するが，判決をまたずに訴訟が終了することも少なくない。その一つとして**訴訟上の和解**という制度がある。これは本節①でみた裁判外の和解とは異なり，訴訟の途中に裁判所が仲介して行なわれるものである。多くの場合，裁判所の勧めにより和解手続きに入り，当事者相互の話し合いがもたれる。和解が成立すると和解調書が作成され，それは確定した判決と同じ効力をもつ（民事訴訟法267条）（⇨ 図9-1）。

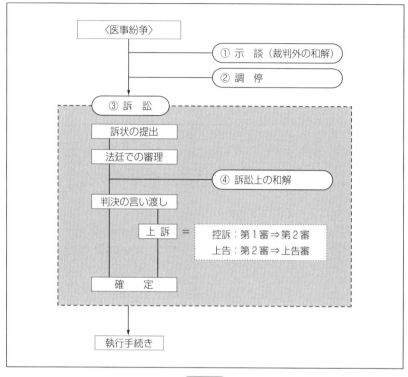

図 9-1

6　ADR と医療事故紛争

1　裁判外紛争処理

　医療事故をめぐる紛争が増大する今日，医療者と患者・家族との間のトラブルを裁判によらないで処理する仕組みに関心が高まっている。一般に，この仕組みは**裁判外紛争処理**（ADR：Alternative Dispute Resolution）といわれ，裁判所の関与するもの（例：民事調停，家事調停）がある一方，行政機関の関与するもの（例：消費生活センター），民間団体の組織するもの（例：各種 PL〔製造物責任〕

ADR，弁護士会の仲裁センター）など，設置主体も多様である。

2 　ADR 法と裁判準拠型 ADR

　このうち民間の ADR については，2007年 4 月より「裁判外紛争解決手続の利用の促進に関する法律」（以下，「ADR 法」と略記）が施行され，その利用の拡充・活性化が図られている。ADR の業務に対して法務大臣が認証を付与することで事業者の質を担保するとともに（ADR 法 5 条），認証を受けた団体の行なう紛争解決については，それが不調に終わっても裁判への途が閉ざされないよう時効の中断を認めるなど（ADR 法25条），制度の利便性を高める措置が講じられているのである。

　ここにみられる ADR は，「法による紛争の解決のための手続」として定義されていること（ADR 法 3 条 1 項），認証という仕組みを採用していること，認証の要件として「弁護士の助言」を得る体制を求めていること（ADR 法 6 条 5 号）などからすると，ミニ裁判的なものを志向しているように思われる（**裁判準拠型 ADR**）。裁判は多大な時間やコストを要することから，手続きを簡略化することで広く紛争一般の効率的処理を図ろうというのである。

3 　医療事故紛争と対話自律型 ADR

　もっとも，こうした制度設計に対しては，とりわけ医療事故紛争の処理をめぐって批判も少なくない。医療事故が生じたとき，被害者である患者側が強く求めるのは，「真相の究明」・「医療者側の誠実な対応」・「事故の再発防止」などであるが，しかし，これらのニーズは必ずしも裁判や法的な解決によって満たされるわけではないからである［中村 2007：39］。

　そのため，裁判準拠型から一定の距離をおき，むしろ当事者のニーズに視点を据えた ADR を追求する動きが強まっている（**対話自律型 ADR**）。それは，中立的第三者が患者側と医療者側の対話・交渉の仲立ちを行ない，合意による解決を目指す方式であるが，あくまでも当事者の「自律的な問題克服能力，自己治癒能力を信頼し，回復を促していく」ことから「ケアの理念に基づくシステ

ム」ともいわれている［和田＝中西 2006：7-8，25-26］。

　医療や福祉の現場もまた，ケアの世界にほかならない。そこでの紛争を処理するにあたって，裁判準拠型と対話自律型のいずれが効果的であろうか。その制度設計を個々の紛争の実態に即して解明していくことが今後の課題となろう。

●参考文献────────────

河上正二「診療契約と医療事故」磯村　保＝鎌田　薫＝河上正二＝中舍寛樹『民法トライアル教室』有斐閣，1999年，352-373頁。

菅野耕毅『看護事故判例の理論（増補新版）』信山社，2002年。

窪田充見『不法行為法（第2版）』有斐閣，2018年。

澤井　裕『事務管理・不当利得・不法行為（第3版）』有斐閣，2001年。

四宮和夫『不法行為』青林書院，1987年。

鈴木　潔編『医療過誤・国家賠償』（実務法律大系第5巻）青林書院新社，1973年。

高嶌英弘「医師と患者の法律関係」莇　立明＝中井美雄『医療過誤法』青林書院，1994年，57-80頁。

高田利廣＝小海正勝『病院・医療の法律相談』ぎょうせい，1985年。

道垣内弘人「善管注意義務をめぐって」『法学教室』305号（2006年）37-44頁。

中村芳彦「対話型医療事故紛争 ADR について」『法学セミナー』631号（2007年）38-42頁。

野田　寛「医療事故と医療関係法」大阪府医師会編『医療と法律』法律文化社，1971年，90-109頁。

林　道春「看護婦等の過失」『判例タイムズ』686号（1989年）98-102頁。

宮澤俊夫編著『医事紛争解決の手引』新日本法規，1995年。

和田仁孝＝中西淑美『医療コンフリクト・マネジメント──メディエーションの理論と技法』シーニュ，2006年。

第10章 医療過誤（2）：刑事責任

1 業務上過失致死傷罪

1 意　義

刑法211条 1 項前段

　業務上必要な注意を怠り，よって人を死傷させた者は，5 年以下の懲役若しく は禁錮又は100万円以下の罰金に処する。

　医師や看護師などの医療従事者が，みずからの過失によって患者の生命・身 体に危害を加えた場合，刑法上は業務上過失致死傷罪（刑法211条 1 項前段）に 問われる。育児や家事など純然たる私生活上の行為から生じた死傷事故であれ ば，それは単純な過失によるものとされ，法定刑も罰金・科料にとどまる（刑 法209条 1 項，210条）。これに対して，過失が業務上のものであるときは刑が加 重される。業務者には特に高度な注意義務を課すという政策的な考慮がその理 由とされている（最判昭和26・6・7 刑集 5 巻 7 号1236頁）。

2 成立要件

①業　務

　判例は，本罪の業務を，❶社会生活上の地位に基づき，❷反復継続して行な う行為であって，❸他人の生命・身体に対し危険な行為と定義している（最判 昭和33・4・18刑集12巻 6 号1090頁）。医療従事者は人の生命・健康に直接かかわ

る仕事に従事しているのであり（＝❸），その行為の多くがここにいう「業務」に当たることになろう。

　また，すでにみたように（⇨第5章3❷＊），「社会生活上の地位」（＝❶）に基づく行為といっても，それが適法であるか否かは問わず，資格の有無も要件とされない。さらに，「反復継続性」（＝❷）については，その意思で行為すれば足り，現実に行為を反復継続することは必要ないと解されている（福岡高宮崎支判昭和38・3・29判例タイムズ145号199頁）。それゆえ，例えば看護助手（無資格者）による調剤や注射行為も，反復継続の意思でなされる以上，それが初めてのものであろうと「業務」に該当するのであり，その過程で誤って患者を死傷させなどすると，この看護助手は業務上過失致死傷罪に問われることになる。

②注意義務違反

　「業務上必要な注意を怠り」とは，その業務を行なうにあたって要求される注意義務に違反すること（過失）をいう。この注意義務が何かをめぐっては，刑法学上，厳しい理論的な対立がみられるが，実務では，これを結果予見義務と結果回避義務という二つの要素に区別して論じている（最決昭和42・5・25刑集21巻4号484頁）。それゆえ，刑事上の過失と民事上の過失（⇨第9章3❷）は，その基本的な概念構成の点で差異がないともいいうるのであるが，ただし，刑事過失の認定は，民事過失のそれに比べて慎重かつ厳格なものでなければならない。医療過誤事件で民事責任（損害賠償責任）を追及するにとどまるのであれば，純粋に財産的な次元の事柄として解決しうるともいえよう。しかし，刑事責任を追及し，当該医療従事者を業務上過失致死傷罪に問うとなると，その者は，処罰を受けるだけでなく，社会的名誉・信用を失墜し，さらには免許を取り消しあるいは停止される（例：医師法7条，4条 ⇨第9章1❷）など，甚大な損害をこうむるのである［鈴木編1973：81〔岩垂正起〕］。

③因果関係

　さらに，業務上過失致死傷罪が成立するためには，医療従事者の過失と患者

の死傷結果との間に因果関係（⇨ 第 9 章 2 ②①コラム 12：因果関係）がなければ
ならない。この因果関係の立証も，上述した刑事責任の性格に照らし，ここで
は厳格なものが要求される。民事責任の場合は「高度の蓋然性」（最判昭和 50・
10・24 民集29巻 9 号1417頁）で足りるとされるのに対して，刑事責任では「合理
的疑いを超える証明」（通常人であれば誰も疑いを差しはさまない程度の証明）まで
必要とされるのである。

2　チーム医療と信頼の原則

1　医師の監督責任

　医師だけでなく他の医療従事者も，その資格・能力に応じた注意義務が要求
されることは言うまでもない。もっとも，これらの者は，独立して医療行為を
なしうるわけではない（助産師を除く ⇨ 第 6 章 5 ①）。診療の責任はすべて医師
に一元化されており，とりわけ看護師を含む診療補助者は，医師の指示のもと
で「診療の補助」として医療行為に関与することが認められるにとどまるので
ある（⇨ 第 6 章 6 図 6 - 2）。

　それゆえ，診療補助者に注意義務違反があった場合，同時に医師の**監督責任**
が問われることも少なくない[*]。医師は，自己の行なうべき医療行為を診療補
助者に委ね，みずからの手足として使用する以上，これを指導・監督して過誤
の発生を防止する注意義務があるとされるのである [飯田 1974：51, 同 1999：
317-318]。こうした監督責任の考え方は，裁判例にも散見される。例えば，看
護師が薬剤を取り違えて注射し患者を中毒死させた事案で，裁判所は，注射を
指示した医師を業務上過失致死罪に問うている。医師の指示それ自体は正当で
あったことを認めながらも，当該医師には，「注射液の指示を受けた看護婦及
其の補助者を監督看視し，自己に於て現実に注射を行う場合と同様の注意を以
て」，注射行為や注射薬液の確認など「苟くも注射に関係することについては
細大もらさず厳重なる検査を為し以て注射の過誤なきを期すべき業務上の注意

義務」があったとして，その過失を肯定するのである（広島高判昭和32・7・20
高裁刑事判決特報4巻追録698頁）。

＊　これに対して，医療従事者がみずから単独でなしうる行為については，その従事者本人
　が責任の主体となる。例えば，看護師は「療養上の世話」を独自の業務として主体的にな
　しうるのであり（⇨ 第5章2 ①），その過程で生じた過誤については，当該看護師みずか
　らが責任を引き受けざるをえない。准看護師についてであるが，近時の判例にも「療養上
　の世話」業務の過誤について刑事責任を問うたものがある。見習い看護師が新生児を熱湯
　で沐浴させショックにより死亡させた事案で，裁判所は，この見習い看護師および同女に
　沐浴を委ねた准看護師を業務上過失致死罪で処罰している（岩国簡略式平成2・12・21判
　例タイムズ770号90頁）。准看護師は，見習い看護師に同行・指導して熱傷などの危険発生
　を未然に防止する業務上の注意義務だけでなく，湯温を確認のうえ，沐浴させるよう見習
　い看護師に指示すべき業務上の注意義務をも負っていたが，そのいずれについても，これ
　を怠った点に過失があるというのである。

② 信頼の原則

①チーム医療

　たしかに，診療の主体は医師であり，医師は診療補助者を指示・監督し，補
助行為による事故の発生を未然に防止すべく最善の努力を尽くすべきことは言
うまでもない。とはいえ，補助者の行為の細部まで逐一確認するよう医師に求
めることは，煩瑣であるばかりか現実的でもなかろう。今日，看護師をはじめ
とする診療補助者は相当な医学的知識・技術を修得しているのであり，こうし
た医療専門職の作業分担によって医療現場は成り立っている。このような**チー
ム医療**の領域で，その一員がみずからの分担作業について過誤を起こした場合，
他の構成員はどのような過失責任を問われるのか。とりわけ医師は，看護師な
どの診療補助者が過誤を起こした場合，いかなる監督責任を負うのであろうか。

②医療領域への適用

●北大電気メス事件

　判例には，チーム医療について**信頼の原則**を適用し，医師の監督責任を否定
したものがある。ケーブルの誤接続に気づかないまま電気メスを使用した執刀

医が，患者に重度の熱傷を生じさせたという事案で，裁判所は，この執刀医が，電気メスの接続を担当していた「ベテランの看護婦……を信頼し接続の正否を点検しなかったこと」は「当時の具体的状況のもとで無理からぬものであった」として業務上過失傷害罪の成立を否定するのである＊（札幌高判昭和51・3・18 高刑集29巻 1 号78頁──「北大電気メス事件」）。

＊　なお，ケーブルを誤接続した看護師については，業務上過失傷害罪の成立が認められている。

●交通事犯と信頼の原則

このように，信頼の原則は第三者の適切な行動を信頼して行為した者の過失責任を限定する法理であるが，それは特に交通事故の領域で重要な役割を果たしてきた。例えば，自動車で交差点を右折中，エンジンが停止したため，これを再始動させ自車を発進させたところ，その右側を追い越そうとした原付自転車と衝突し運転者Aを負傷させたという事案で，最高裁判所は，この自動車運転者に業務上過失傷害罪を認めた原判決を破棄し，無罪としている。「自動車運転者としては，特別な事情のない限り，右側方からくる他の車両が交通法規を守り自車との衝突を回避するため適切な行動に出ることを信頼して運転すれば足りるのであって，本件Aの車両のように，あえて交通法規に違反し，自車の前面を突破しようとする車両のありうることまでも予想して右側方に対する安全を確認し，もって事故の発生を未然に防止すべき業務上の注意義務はない」と判示するのである（最判昭和41・12・20 刑集20巻10号1212頁）。

●監督過失と信頼の原則

今日，この信頼の原則は道路交通の分野で広く適用されているが，もっとも，医療従事者間とりわけ医師と診療補助者との間でこの原則を適用することについては慎重な見解も示されている。道路交通の場合，信頼の原則は加害者─被害者間で適用される。そこにみられるのは危険分配の考え方であり，被害者の落ち度も加わり事故が生じた場合，加害者の過失責任を合理的に限定すること

が目指されているといってよい。これに対して，チーム医療の場合，信頼の原則は加害者相互間（例：監督者である医師―被監督者である看護師）でその適用可能性が議論されるのであって，被害者（患者）の行為が問題となるわけではない。加害者（医療従事者）と被害者（患者）との間には危険を分担すべき関係がみられず，それにもかかわらず，診療の主体である医師が免責されることは「患者側にとって納得しがたい」［船山 2006：186］とされるのである。

　とはいえ，監督過失も過失の一形態である以上，医師に過失責任を問うのであれば，当該医師に注意義務違反（結果予見義務違反および結果回避義務違反）が存在しなければならない（⇨本章1②②）。また，その前提として結果の予見可能性が必要となるが，それは，補助者の不注意な行為の予見可能性を介して認定されることになろう。

　問題は，この予見可能性の程度であるが，たんに補助者がミスを犯すかもしれないという漠然とした不安だけでは十分でなかろう。補助者の不注意を助長する具体的な事情があって初めて，無視しえない危険の予見可能性となるのである［米田 1975：65-66］。具体的に検討してみよう。看護師が薬品を取り違えた場合，看護師自身の過失は言うまでもないが，さらに，指示・監督義務を根拠として医師についても過失責任を問うべきであろうか。たしかに，無資格者や経験の浅い看護師に依頼した場合など，「取り違えを誘発する特別の事情」［松宮 1997：236］が認識可能であれば，医師にはこれを防止するための具体的な義務が課されよう（⇨後述③）。しかし，抽象的な取り違えの可能性が認められるにとどまるとき，これを防止するために医師は一体何をなすべきなのか。取り違え防止のための一般的な指導監督まで医師の義務とすることは過剰な要求と言わざるをえないのであり［米田 1975：64］，このような場合にまで医師の監督責任を問うことには慎重でなければならないと思われる。

　今日の社会生活は分業と相互信頼によって成り立っている。それは，道路交通のように対等の立場で結ばれた横の関係にのみ言いうるものではない。監督者―被監督者という縦の関係で結ばれた分業も両者の相互信頼がなければ実現は困難であろう。チーム医療という組織体内部の分業についても同様である。

およそ補助者への信頼が許容されないというのであれば，医師はすべてをみずから行なうほかなく，チーム医療はもはや成立しえないことになろう。問題は，そのような信頼が，どのような要件で許容されるかにある。

③適用要件

　信頼は無条件に認められるわけではない。もともと診療補助行為の範囲は，当該補助者の資格・能力，行為の危険性等によって定められる（⇨第5章3②，第7章2②）。それゆえ，ある特定の補助行為を信頼して委ねうるかどうかも，補助行為の内容と補助者の資格・能力との相関関係に基づいて判断されることになろう。補助行為の難易度・危険性の程度を勘案して，これを的確に遂行しうるだけの知識・経験・技能が当該補助者に認められるのであれば，その作業への信頼は許容される。一方，例えば資格不足・経験不足あるいは過誤防止体制の不備など「特別の危険，補助者の不注意を助長させる具体的事情」があれば，信頼は否定されなければならない［米田 1975：65］。また，補助行為開始後に異常な兆候が現れるなど信頼を揺るがす事情が発生した場合も同様であろう［米田 1977：39］。このように，チーム医療において信頼の原則を適用するにあたっては，❶信頼を可能にする基本的事実関係の存在，❷信頼を許さない例外的事情の不存在という要件を順次確認することが必要になると思われる＊［米田 1977：40］。

> ＊　患者の同一性確認義務についても同様に考えることができよう。判例も，手術に関与した医師・看護師らが手術部位の異なる患者を取り違えたまま手術し患者に傷害を負わせたという事案で，同一性確認に向けた病院全体としての「組織的なシステム」の構築も，医療を担当する医師や看護師の間での「役割分担」の取り決め等もなされていない場合，「手術に関与する医師，看護婦等の関係者は，他の関係者が上記確認を行っていると信頼し，自ら上記確認をする必要がないと判断することは許され」ないとしている（最決平成19・3・26刑集61巻2号131頁──「横浜市大患者取り違え事件」）。一方，学説には，同一性の確認はケーブル接続（「北大電気メス事件」）といった分業とは質的に異なり，信頼の原則を適用しえないとの指摘もある。とりわけ手術の場合，患者の同一性は「代替を許さない項目」であり，看護スタッフも医師もみずから確認しなければならないとされるのである［甲斐 2006：143-144］。

3　異常死体等の届け出義務と黙秘権

1　異常死体・異常死産児の届出義務

Case

　医師Ｘは手術を誤り患者Ａを死亡させた。Ｘには医師法21条に基づく届け出義務があるだろうか。

医師法21条

　医師は，死体又は妊娠４月以上の死産児を検案して異状があると認めたときは，24時間以内に所轄警察署に届け出なければならない。

保健師助産師看護師法41条

　助産師は，妊娠４月以上の死産児を検案して異常があると認めたときは，24時間以内に所轄警察署にその旨を届け出なければならない。

　医師は，死体または妊娠４か月以上の死産児を検案して異状があると認めたときは，24時間以内に所轄の警察署に届け出る義務があり（医師法21条），これに違反すると，50万円以下の罰金に処せられる（医師法33条の２）。

　この届け出義務は，犯罪捜査の端緒を得ることを目的としたものと一般に理解されている。医師は，異常死体に遭遇する可能性が高い。それが仮に犯罪にかかわるものだとすると，できるだけ早期に捜査を開始し，犯人の逃亡や証拠の隠滅を防止しなければならない。そのため，「24時間以内」という限定まで付して医師に届け出の法的義務を課し，さらにこれを罰則で担保したものとされるのである。

　また，医師と同様に独立開業が認められている助産師についても，医師法21条と同趣旨の規定が設けられている。妊娠４か月以上の死産児を検案して異常があると認めたときは，24時間以内に所轄警察署に届け出をしなければならな

いとされ（保健師助産師看護師法41条），その違反に対しては，医師の場合と同じ
重さの刑罰が定められている（保健師助産師看護師法45条）。

② 異常（異状）の概念

　届出義務に関する立法趣旨が上述のようなものだとすると，異常（異状）*と
いうのは，病理学的な視点からではなく，むしろ法医学的な視点から判断され
ることになる。明らかな病死と認められない状態はすべて「異状」とされ，❶
外因死（例：自殺・他殺，不慮の事故死），❷死因の明らかでない死，さらに❸死
亡前後の状況に異常がある死体（例：死体として発見された場合）は，いずれも
異常死体とされるのである［柳田 2000：264］。

> ＊　医師法21条は死体等に「異状」があると認めたときと規定するが，一方，保健師助産師
> 看護師法41条は死産児に「異常」があると認めたときと定めている。趣旨を同じくする法
> 規の間で文言の統一性を欠いていると思われるが，この点，「異状」とは形態的・状態的
> に異常なものをいい，正常でない不自然死の死体を意味するには，むしろ「異常」の文言
> を用いるのが妥当であるとの指摘がなされている［大野 1995：163］。

③ 検案の対象

　この異常かどうかの判断は，死体等を「**検案**」することで行なわれる。一般
に検案とは「医師が死者の外表検査により死因や死因の種類を判定する業務」
と理解されているが［匂坂編 1997：97］，その死者に，診療中の患者であった者
が含まれるか否かについては見解が分かれている［芦澤 2004：132 参照］。かつ
ては，医師がみずから診療中であった患者の死体は検案の対象にならないとす
る見解が支配的であった。こうした考え方は，「死亡診断書」と「死体検案書」
の区別を根拠としている。医師は，みずからが診療していた患者が死亡したと
きは死亡診断書を，それ以外の者が死亡したときは死体検案書を作成するのが
原則であり，この区別からすると，診療中の患者であった者は届出義務の前提
となる「検案」の対象には含まれないというのである。

　しかし，死亡診断書と死体検案書の区別は書面の体裁上のものにすぎず，記
載事項に違いはない。また，犯罪捜査の端緒を得るという医師法21条の目的か

らしても，診療中であった患者の死体を検案の対象から一律に除外し届出義務を不要とすることは合理性を欠いている［芦澤 2004：133，川出 2004：7］。例えば，犯罪の被害者が病院に搬送され，その後に死亡したとしよう。短時間でも診療をしたからといって担当医に届出義務が生じないとなると，警察官はおよそ犯罪捜査の端緒を得ることが不可能となるのである。それゆえ，診療中の患者であった者について死後検分することも医師法21条にいう「検案」に当たるとみるべきであり，また，最高裁判所も，「死体の『検案』とは，医師が死因等を判定するために死体の外表を検査することをいい，当該死体が自己の診療していた患者のものであるか否かを問わない」と明言している（最判平成16・4・13判例時報1861号140頁——後述の「広尾病院事件」）。

4　黙秘権の保障

　しかし，検案の対象がこのように広く理解されるとなると，医師は，みずからが診療中の患者を誤って死亡させた場合，さらには患者を故意に死なせた場合にも，届出義務を負うのであろうか[*1]。日本国憲法は，「何人も，自己に不利益な供述を強要されない」権利（黙秘権ないし自己負罪拒否特権）を保障している（38条1項）。自己が刑事責任を問われるおそれのある事項についてまで供述を強要することは，人間性を無視する残酷なものであって，個人の尊厳を損なうからにほかならない。*Case* の医師は，業務上過失致死罪の刑事責任を問われるおそれがある。そのような医師にまで届出義務を課すことは，この憲法38条1項に反することにはならないだろうか。

　この点，最高裁判所は，届け出るべき内容が「届出人と死体とのかかわり等，犯罪行為を構成する事項」にまで及ぶものではないこと，医師にはその資格に伴う「社会的責務」があることなどを理由として，「死体を検案して異状を認めた医師は，自己がその死因等につき診療行為における業務上過失致死等の罪責を問われるおそれがある場合にも，本件届出義務を負うとすることは，憲法38条1項に違反するものではない」との判断を示している（最判平成16・4・13判例時報1861号140頁——「広尾病院事件」）[*2]。しかし，たとえ届出事項が限定さ

れていたとしても，そもそも異常死体の届出それ自体が，捜査機関に対して自己の犯罪が発覚する端緒を与える可能性をもつことは否定できない［佐伯2004：73，芦澤2004：135］。また，一定の資格・身分があるからといって，黙秘権の自己否定ともいうべき事態をはたして正当化することができるのであろうか［川出2004：10］。国民の生命や健康に資することこそが医師の「社会的責務」であって，刑事司法への協力は医師の資格と本来無関係とも言いうるのである［高山2006：9］。

＊1　この点，日本法医学界は，1994年に「『異状』死ガイドライン」を公表し，「診療行為の過誤や過失の有無」を問わず，「診療行為に関連した予期しない死亡，およびその疑いがあるもの」は，およそすべて「異状」死として届出義務の対象としている。また，日本外科学会は，2004年に「診療行為に関連した患者の死亡・傷害の報告について」と題する次のような声明を発表している。診療に従事した医師は，「医師に求められる高い倫理性」が要求されることから，重大な医療過誤が強く疑われ，または医療過誤が明らかな場合，医師法21条が対象とする死亡の事案だけでなく，重大な傷害の事案についても，「速やかに所轄警察署への報告を行うことが望ましい」というのである。

＊2　広尾病院事件：生理食塩水と消毒液を間違えて準備した看護師とこれを漫然と投与して患者を死亡させた看護師が業務上過失致死罪に問われた。もっとも，最高裁判所で争点となったのは，病院長が，異常死体について届出の指示をしなかった点であった。病院長自身は死体を検案したわけでもなく，また業務上過失致死罪で立件されるおそれも極めて少ない。それゆえ，広尾病院事件が憲法38条1項をめぐる憲法論を議論するのにふさわしい事件だったかどうかについては疑問も提起されている［樋口2007：144-146］。

5 適用違憲

　医師法21条は，異常死体を検案した医師一般に対して届出義務を課すものであり，医療事故による死亡に関与した医師のみを義務づけの対象としているわけではない。それゆえ，届出義務の規定それ自体が憲法38条1項に反するとまではいうことができない。

　しかし，医師法21条の規定そのものは合憲だとしても，診療行為について業務上過失致死罪等の刑事責任を問われるおそれのある医師にまで同条を適用するとなると，この個別具体的な適用に関して憲法違反（**適用違憲**）の疑いがなお残るであろう＊［佐伯2004：71，川出2004：11］。

＊　これに対して，国民には医療事故の原因を「知る権利」があるという観点を加味して，かろうじて合憲とみる見解も主張されている［甲斐 2005：578］。

●参考文献───────

芦澤政治「1　医師法21条にいう死体の『検案』の意義，2　死体を検案して異常を認めた医師がその死因等につき診療行為における業務上過失致死等の罪責を問われるおそれがある場合の医師法21条の届出義務と憲法38条1項」『ジュリスト』1278号（2004年）132-135頁。

飯田英男『医療過誤に関する研究』法曹会，1974年。

飯田英男「医療過誤と刑事責任」藤永幸治編集代表『環境・医事犯罪』東京法令出版，1999年，298-322頁。

大野真義「異常死体に対する法的措置と脳死判定基準」大野真義編『現代医療と医事法制』世界思想社，1995年，152-177頁。

甲斐克則「医事刑法」加藤良夫編著『実務医事法講義』民事法研究会，2005年，541-593頁。

甲斐克則『医事刑法への旅Ⅰ（新版）』イウス出版，2006年。

川出敏裕「医師法21条の届出義務と憲法38条1項」『法学教室』290号（2004年）4-12頁。

佐伯仁志「異状死体の届出義務と黙秘権」樋口範雄編著『ケース・スタディ　生命倫理と法』有斐閣，2004年，69-73頁。

勾坂　馨編『法医学小辞典』南山堂，1997年。

鈴木　潔編『医療過誤・国家賠償』（実務法律大系第5巻）青林書院新社，1973年。

高山佳奈子「異常死体の届出義務」宇都木　伸＝町野　朔＝平林勝政＝甲斐克則編『医事法判例百選』有斐閣，2006年，8-9頁。

樋口範雄『医療と法を考える』有斐閣，2007年。

船山泰範「北大電気メス事件」宇都木　伸＝町野　朔＝平林勝政＝甲斐克則編『医事法判例百選』有斐閣，2006年，186-188頁。

松宮孝明「過失」浅田和茂＝斉藤豊治＝佐久間　修＝松宮孝明＝山中敬一『刑法総論〔改訂版〕』青林書院，1997年，222-237頁。

柳田純一「検案と解剖」石津日出雄＝高津光洋編『標準法医学・医事法（第5版)』医学書院，2000年，264-278頁。

米田泰邦「医療における未知の事故とチーム医療における医師の刑事責任（下)」『判例タイムズ』316号（1975年）49-67頁。

米田泰邦「刑事過失の限定法理と可罰的監督義務違反（下)」『判例タイムズ』346号（1977年）34-44頁。

第11章 身体拘束（抑制）

1 身体拘束の違法性

1 介護保険法

介護老人保健施設の人員，施設及び設備並びに運営に関する基準13条

> 4項　介護老人保健施設は，介護保健施設サービスの提供に当たっては，当該入所者又は他の入所者等の生命又は身体を保護するため緊急やむを得ない場合を除き，身体的拘束その他入所者の行動を制限する行為（以下「身体的拘束等」という。）を行ってはならない。

『身体拘束ゼロへの手引き』（厚生労働省「身体拘束ゼロ作戦推進会議」2001年）22頁

> 介護保険指定基準上，「当該入所者（利用者）又は他の入所者（利用者）等の生命又は身体を保護するため緊急やむを得ない場合」には身体拘束が認められるが，これは，「切迫性」「非代替性」「一時性」の三つの要件を満たし，かつ，それらの要件の確認等の手続きが極めて慎重に実施されているケースに限られる。

●身体拘束の原則的禁止

　介護保険の対象施設*1では，その施設指定基準で身体拘束が原則的に禁止されている（⇨コラム16：介護保険と指定基準）。利用者の自立支援という介護保険法の基本理念からすれば（介護保険法1条参照），その前提にある利用者の人格や自由を否定することは許されないのである。施設あるいは事業者の指定基準が，特に「利用者の意思及び人格を尊重」したサービス提供を求めているの

コラム 16

介護保険と指定基準

〈社会保険方式〉

　市町村住民のうち40歳以上の者は，現に介護サービスを利用していなくても介護保険料の支払いを求められるが，その代わり，介護サービスが必要になると1割の負担でこれを利用することができる。サービス利用に要した費用の9割は保険給付されるのである。このように，あらかじめ制度に加入し保険料を拠出しておくことが保険給付の前提とされる点に（社会保険方式——加入・拠出が給付要件），介護保険制度の特色がある。

〈事業者・施設の指定〉

　介護保険給付は，都道府県知事から指定を受けた事業者・施設（指定居宅サービス事業者，指定介護老人福祉施設など。なお，介護老人保健施設については「許可」）のサービスを利用した場合に行なわれる。保険給付の対象となるサービスの提供者は限定されており，事業者・施設がそうした法的地位を取得するためには，指定を受けることが必要とされるのである。この指定制度は，提供される介護サービスが保険給付の対象としてふさわしいかどうかを確認することで，サービスの質の確保を図る点に，その意義を有するものといえよう。

〈指定基準——省令形式〉

　指定を受けるには，人員・設備・運営に関して所定の基準を充たすことが要求される。この指定基準は，省令形式で事業・施設の種類ごとに定められており（例：指定介護老人福祉施設の人員，設備及び運営に関する基準〔平成11年厚生省令39号〕），身体拘束の禁止などサービスの質に関する規定もそこに置かれている。

も（平成11年厚生省令37号3条1項，平成11年厚生省令39号1条2項，平成11年厚生省令40号1条2項，平成11年厚生省令41号1条2項，平成18年厚生労働省令34号3条1項），そうした趣旨によるものといえよう。また，利用者本人の意思に反した拘束が，個人の尊厳を基調とする日本国憲法のもとで許容されないだけでなく（憲法13条，18条），民法上は不法行為（民法709条 ⇨ 第9章2②）となり[*2]，刑法上は逮捕監禁罪（刑法220条）等の犯罪を構成することについても言うまでもな

かろう。

＊1　介護保険で利用できる施設には三つの類型がある。老人福祉法上の特別養護老人ホームにあたる「介護老人福祉施設」，医療系の施設である「介護老人保健施設」・「介護療養型医療施設」がそれであるが，いずれの介護保険施設においても，身体拘束は，緊急やむを得ない場合を除き原則的に禁止されている（「指定介護老人福祉施設の人員，設備及び運営に関する基準」〔平成11年厚生省令39号〕11条4項，「介護老人保健施設の人員，施設及び設備並びに運営に関する基準」〔平成11年厚生省令40号〕13条4項，「指定介護療養型医療施設の人員，設備及び運営に関する基準」〔平成11年厚生省令41号〕14条4項）。

もっとも，介護保険制度のもとで身体拘束が禁止されているのは介護保険施設だけではない。ほかに，有料老人ホームなど特定施設の指定基準（「指定居宅サービス等の事業の人員，設備及び運営に関する基準」〔平成11年厚生省令37号〕183条4項），グループホーム（認知症対応型共同生活介護）の指定基準（指定は市町村長が行なう）などでも身体拘束の禁止が明文化されている（「指定地域密着型サービスの事業の人員，設備及び運営に関する基準」〔平成18年厚生労働省令34号〕97条5項）。

＊2　不必要な身体拘束は，債務不履行による損害賠償責任（民法415条 ⇒ 第9章2 ① ② コラム10：債務不履行の種類）の対象ともなる。施設・事業者は，「身体拘束の原則禁止」等を定める指定基準を契約内容として実現する義務を負うからにほかならない。介護サービス契約が介護保険制度の適用を前提とする以上，その内容は，法定の制約をも受けざるをえないのである〔山口＝小島 2002：189-190, 257〔小島晴洋〕〕。

●身体拘束が許される場合

　以上のように，法制度上，身体拘束が原則的に違法であることは自明であるが，ただし，例外的にそれが許容される（違法阻却）場合もないわけではない。介護保険の指定基準にも示されているように，「当該入所者（利用者）又は他の入所者（利用者）の生命又は身体を保護するため緊急やむを得ない場合」には身体拘束も認められる。とはいえ，この例外規定については限定的に解釈すべきことがかねてより提案されている。厚生労働省は，身体拘束廃止の普及を目指し，その分科会執筆に係る『身体拘束ゼロへの手引き』を作成・配布しているが，そのなかで，身体拘束は，個人の尊厳を侵すだけでなく，利用者の身体機能の低下をもたらすなどケア手法としても問題のあることを指摘する。そして，「緊急やむを得ない場合」というには，❶切迫性（利用者本人または他の利用者等の生命または身体が危険にさらされる可能性が著しく高いこと），❷非代替性

（身体拘束その他の行動制限を行なう以外に代替する介護方法がないこと），❸一時性（身体拘束その他の行動制限が一時的なものであること）の3要件をすべて充たすことを要求するのである＊ [厚生労働省 2001：6，22]。

> ＊　同書は，さらに，❶「緊急やむを得ない場合」に該当するかどうかの判断は，個人では行なわず施設全体で行なうこと，❷施設長や医師等は，利用者本人や家族に対して，身体拘束の内容・目的・理由，拘束の時間，時間帯，期間等を説明し，理解を得るよう努めることなど，身体拘束について手続き的にも慎重な取り扱いを求めている [厚生労働省 2001：23]。

② 高齢者虐待防止法

　身体拘束は，高齢者虐待防止法上も違法である。同法は「高齢者の身体に外傷が生じ，又は生じるおそれのある暴行を加えること」（身体的虐待）等を虐待とするのであり＊，そこに示された定義からすると，身体拘束は虐待（特に2条5項1号イ，ロまたはハ）に該当する行為とみることができよう。また，厚生労働省老健局も，ベッドに縛り付けるなどの行為を身体的虐待の一つとして取り上げ，身体拘束が，原則としてすべて虐待に該当することを明言している [厚生労働省老健局 2006：4，110]。

> ＊　高齢者虐待には，❶身体的虐待のほかに，❷著しい減食または長時間の放置など養護を著しく怠ること（ネグレクト），❸著しい暴言，著しく拒絶的な対応，その他心理的外傷を与える言動（心理的虐待），❹わいせつな行為をすること，またはさせること（性的虐待），および❺高齢者の財産を不当に処分すること，その他不当に財産上の利益を得ること（経済的虐待）の5類型がある（高齢者虐待防止法2条4項・5項）。

③ 精神保健福祉法

精神保健福祉法36条1項

精神科病院の管理者は，入院中の者につき，その医療又は保護に欠くことのできない限度において，その行動について必要な制限を行うことができる。

　一方，障害者福祉の法律のなかには，身体拘束を容認する規定をもつものもある。「精神保健及び精神障害者福祉に関する法律」（以下，「精神保健福祉法」

と略記）は入院患者の行動を制限しうる旨を定めているが（精神保健福祉法36条
1項），身体拘束も直接的な行動制限であることから，この規定のうちに位置
づけられるのである。ただし，こうした人身の自由を奪う措置は，精神保健指
定医が患者の「医療又は保護」に欠くことができないと判断する限度で許容さ
れるにとどまることに留意しなければならない（精神保健福祉法36条3項，昭和
63年厚生省告示第129号）。

　このように精神科医療の領域では，医療・保護に必要な行動制限も認められ
ているのであるが，それは他の医療にはみられない特徴といってよい。また，
介護保険施設等と異なり，一般医療機関については身体拘束を禁止する直接の
規定もみあたらない。さらに，高齢者虐待防止法上，身体拘束は虐待に該当す
る行為とみることができるが，ただし，同法の規制が一般病院にまで及ぶこと
はない。高齢者虐待防止法は，「養介護施設」・「養介護事業」の業務従事者に
よる虐待を規制しているが（高齢者虐待防止法2条5項1号・2号），ここにいう
施設・事業は，老人福祉法あるいは介護保険法で規定されている高齢者向け介
護・福祉サービスにとどまり，介護保険適用外の医療施設まで含むものではな
いのである。しかし，そうだとすると，身体拘束が一般医療の領域で行なわれ
る場合，これをどのように考えればよいのであろうか。この点が争われたのが，
以下にみる「一宮身体拘束事件」である。

2　一般病院と身体拘束の禁止

１　介護保険施設と一般病院

Case：一宮身体拘束事件

〈損害賠償請求〉
　愛知県一宮市内の病院に入院していた女性患者A（当時80歳）は，必要もないの
に身体を拘束され苦痛を受けたとして，この病院を運営する医療法人を相手取り
600万円の損害賠償を求める裁判を起こした（なお，A女本人は，1審判決を待た

ず死亡したため，その実子2名が本件訴訟を承継した）。

〈事件当夜の状況〉

　Aは，2003（平成15）年10月，強い腰痛などのため被告病院に入院したが，その入院中，「せん妄」（意識混濁，精神運動興奮，錯覚，幻覚等を伴い短期間に変動する可逆的な意識障害）の症状が現れ，事件当夜も，ナースコールを繰り返し，汚れていないオムツの交換を要求したり，車いすでナース詰所を訪れオムツの汚れを訴え大声を出すなどした。

　看護師らは，せん妄の状態で興奮したAが，歩行中に転倒したりベッドから転落するおそれがあると考え，ひもの付いたミトン（手袋）でAの左右の手をそれぞれ覆い，ひもでベッドの柵に固定した。Aは，口でミトンひもをかじり片方を外してしまったが，やがて眠り始めた。看護師らは，2時間後，Aが入眠したのを確認して，もう片方のミトンを外した。Aには，ミトンを外そうとした際に生じたと思われる傷が右手首と下唇にみられた。

〈各審級の判断〉

▷ 1審判決（名古屋地裁一宮支判平成18・9・13賃金と社会保障1480号〔2008年〕69頁以下）：原告側の敗訴。本件拘束は必要最小限度のものであり違法性はない。

▷ 控訴審判決（名古屋高判平成20・9・5賃金と社会保障1480号〔2008年〕43頁以下）：原告側の逆転勝訴。本件拘束は違法であるとして病院側に70万円の支払いを命じた。

▷ 最高裁判決（最判平成22・1・26賃金と社会保障1512号〔2010年〕21頁以下＊）：原告側の敗訴。本件拘束は違法ではない。2審判決のうち原告勝訴部分を破棄し，原告の請求を棄却。

　＊　なお，『賃金と社会保障』1512号24頁以下に，病院側の「上告理由申立書」（平成20年11月12日）および原告側の「答弁書」（平成21年月9日）も掲載されている。

●急性期医療

　「一宮身体拘束事件」の概要および各審級の判断は上記のようなものであるが，問題は，身体拘束の原則禁止という法規制を一般病院にまで及ぼしてよいかという点にある。慢性期（長期ケア）段階の患者・利用者を対象とする介護保険施設等と異なり，急性期医療を担当する病院では，患者の自由や自立を一時的に犠牲にしてでも，その安全確保を図ることが求められるとも言いうるの

である。それゆえ，本件被告の病院側も，介護保険施設と急性期医療を担当する医療機関とでは目的や機能が異なることを1審以来主張している。

●個別のアセスメント

しかし，この病院側の主張には，いくつか留保が必要であろう。第1は，マニュアル化の危険性である。たしかに，介護保険施設と一般病院とでは目的が異なり，急性期領域では抑制（身体拘束）が必要とされる場合のあることも否定しえない。例えば，術後の患者について，チューブ類の自己抜去を防止するため抑制具を使用することもあろう。しかし，自己抜去の危険性がないのであれば抑制は必要ない。抑制が必要かどうかは状況を個別にアセスメントし判断すべきことであり，「チューブが入っているから抑制」と直ちに言いうるものではなかろう［今＝谷井＝千明＝道又2001：30，32-33］。

●身体拘束の理由

第2は，身体拘束の理由である。もちろん，急性期病棟特有の理由から拘束が必要とされることも考えうるが，しかし，急性期病棟での拘束がそうした理由でのみ行なわれているのであろうか。本件「一宮病院拘束事件」で，看護師らはＡの転倒・転落を防止するために拘束を行なっている。一般病院での身体拘束も介護保険施設におけるそれと同じ理由でなされているのであり［吉岡2010：17］，そのような場合まで，急性期病棟かどうかを区別して扱うことに合理性はないと思われる。

2　裁判所の判断

裁判所も，身体拘束について介護保険施設と一般病院とを区別して扱うわけではない。本件「一宮病院拘束事件」で各審級の判断は大きく分かれたが，一般病院であっても身体拘束を原則として違法とみる点で，各判決は共通しているのである。病院側の勝訴とした1審（名古屋地裁）判決では次のように述べられている（以下，枠内は判決文の引用）。

《名古屋地裁》　被告は，介護保険施設と急性期医療等を担当する医療機関とで
は同一の基準を採用すべきではないと主張する。しかしながら，同意を得ない
身体拘束が原則違法であり，切迫した危険を避けるためにやむを得ない場合に
行う必要最小限度の拘束に限って例外的に違法性が阻却されることは，身体の
自由が基本的人権の一つである以上医療機関の性格によって変わるものではな
い。当該患者が急性期であったか慢性期であったか，前提となる医療・療養水
準がどのようなものであったか等は，切迫性・非代替性・一時性の各要件の具
体的当てはめにおいて問題となり，その検討過程において当該医療機関の性格
や機能が考慮される場合があることは否定できないが，身体拘束の違法性判断
基準自体が介護保険施設と急性期病棟で当然に異なるとの主張は採用すること
ができないというべきである。

3　違法阻却の要件とその判断

　本件「一宮病院拘束事件」にかかわったいずれの裁判所も一般病院での身体
拘束を原則的に違法とするが，ただし，その結論は各審級で異なっている。こ
こでは，その理由として以下の3点を整理しておきたい。

1　違法阻却の3要件

　すでにみたように（⇨本章1①），『身体拘束ゼロへの手引き』（以下，『手引
き』と略記）は，介護保険施設等に関して，身体拘束が例外的に許容されるた
めには，❶切迫性，❷非代替性，❸一時性の3要件がすべて充足されなければ
ならないとしている。3要件が充たされる場合に初めて身体拘束の違法性が阻
却されるというのであるが，こうした判断枠組みは，本件の1審および2審で
も用いられている。いずれの判決も3要件を取り上げ，これに当てはめる形で
身体拘束の違法性について判断を行なうのである。

　また，最高裁判所も，『手引き』に示された3要件を表現としては使用して
いないものの，患者が「重大な傷害を負う危険性」，「適切な代替方法」の有無，

拘束の「必要最小限度」性といった事情を考慮に入れていることからすると，基本的には1審・2審判決と共通した判断枠組みに依っているものとみることができる［「本件判例解説」『判例時報』2070号（2010年）55頁］。

　もっとも，この最高裁判決は，介護保険の指定基準（⇨本章1①）を直接に適用しているわけではない。指定基準は「生命又は身体」を保護するため「緊急やむを得ない」事情がある場合にのみ身体拘束を許容するが，最高裁は，患者の「受傷」を防止するなどのために「必要やむを得ない」事情があれば足りるとするのである。この点については，安易な身体拘束が増加することを危惧する指摘がみられる一方［吉岡2010：19］，「現実の医療の実態」に目を向けたものとして評価する見解もみられる。2審判決のように厳しい要件を設定すると「転倒，転落事故が増加することが懸念される」というのである［平沼高明「本件判例評釈」『民事法情報』284号（2010年）82頁］。

② 医師の関与

●問題の所在

　上記の3要件を充たすことで身体拘束の違法性が阻却されるとしても，これに該当するかどうかの判断は誰が行なうのか。看護師が単独で行なえば足り，医師の関与は不要なのであろうか。この点，精神科病院に入院中の患者については規定がみられる。一定の要件を充たす場合，指定医の判断を経たときに限り身体拘束を認めるのであり（精神保健福祉法36条 ⇨本章1③），看護者の判断で隔離・拘束を行なってはならないことは明らかといえよう。しかし，精神科以外の医療機関の場合，そうした法令等は存在しないため，看護師だけの関与で3要件を判断し拘束しうるのかは改めて検討しなければならない。

●各審級の判断

　この点，1審の名古屋地裁は，本件拘束を「療養上の世話」と認め，医師の判断を不要とする。

《名古屋地裁》　患者を抑制する場合において，恒常的に拘束具を使用して患者を抑制する場合など，抑制行為によって患者の病態に直接の影響を及ぼしかねない場合であれば診療行為の一環と評価される場合があるとしても，本件抑制については（……略……），深夜帯の看護中に行われた一時的な看護に関する措置であると認められるから，看護師が医師の指示を必要とせずになし得る「療養上の世話」（保健師助産師看護師法５条）に該当するというべきであり，事前に個別に医師の指示がなかったことが違法であるとはいえない。

　これに対して，２審の名古屋高裁は，本件拘束を看護師が独断で行なうことはできないとしている。本件拘束を「療養上の世話」とは認めず，医師の判断を得ることなく行なった点で違法とするのである。

《名古屋高裁》　本件抑制は，夜間せん妄に対する処置として行われたものというべきであるところ，せん妄か否かの診断，及びせん妄と判断された場合の治療方法の選択等を要するものであるから，単なる「療養上の世話」ではなく，医師が関与すべき行為であり，看護師が独断で行うことはできないというべきである。

　このように，医師の指示の要否については１審と２審とで判断が分かれたが，一方，最高裁は，本件では医師の判断は必要なかったと結論を示すにとどまり，医師の関与をどのように考えるかについて明確な判断を示してはいない。

《最高裁》　前記事実関係の下においては，看護師らが事前に当直医の判断を経なかったことをもって違法とする根拠を見いだすことはできない。

●「療養上の世話」か「診療の補助」か
　たしかに，身体拘束のうちには「療養上の世話」とみられるものも少なくない。例えば，ベッドからの転落防止は一般に「療養上の世話」に当たるものとされ，患者の安全と保護のため，看護師独自の判断で最小限の行動制限（抑

制）をすることもやむをえない場合があるともいわれる［宮崎＝小西＝平林 2001：635-636］。しかし，「療養上の世話」であったとしても，必ずしも医師の関与が不要とされるわけではない（⇨第5章2①）。また，特に本件拘束についていえば，2審判決がいうように，医療行為として医師の判断を要するとみる余地も否定できないであろう。

●「臨時応急の手当」

　もっとも，仮に身体拘束が「療養上の世話」に当たらないとしても，看護師は「臨時応急の手当」（保助看法37条ただし書）として医療行為をすることができる（⇨第5章3④）。せん妄患者に対する身体拘束を，例外的に医師の指示なしになしうる場合も考えうるのである。これは病院側が「上告理由申立書」で指摘した点であるが，しかし，そのように暫定的に危険を回避するために拘束した場合は，それが医療行為である以上，医学的正当性の判断を担保するために，事後的にであれ医師に報告しその承認を得ることが必要なのではないかとも指摘されている［中谷 2010：7］。

③　判断資料

　身体拘束に先立つ行為について最高裁の判決文には言及がみられないが，原審の名古屋高裁は，上記の3要件を判断するにあたって身体拘束に至るまでの個別の医療行為を判断資料にしている。

　まず，自力でトイレに行くことができたＡに対して，オムツへの排泄を強いたのはケア不足ではないかという。

> 《名古屋高裁》　リーゼ〔心身安定剤——筆者注〕を投与していることから，オムツを着用するのはやむを得ないとはいえ，入眠できず尿意のあるときに，通常はトイレに行っての排泄が可能なＡに対して，トイレに行くのを介助するのではなく，オムツへの排泄を強いたことは，診療上の義務違反とまでは認められないとしても，適切な対応であったといえるかについては疑問といわざるを得ない。

　また，事件当夜の看護師の対応についても，２審判決はこれを疑問視している。

> 《名古屋高裁》　頻回のナースコールに応じて，汚れていなくても求めによりオムツを交換し，車いすで詰所に来るのにもその都度対応して，病室に戻して落ち着かせて入眠を促そうとしたことは認められるが，オムツが汚れていないことを説得して分からせようとしたり，そのためにオムツに触らせようとするなどしたことは，Ａの排尿やオムツへのこだわりをかえって強く，頑なものにし，またＡを興奮させて，そのせん妄状態を高めてしまったものと認められる。

　さらに，具体的に看護師の取り得た手段として，付き添って落ち着かせるという対応も可能であったと指摘する。

> 《名古屋高裁》　Ａが入院していた〇〇病棟の（……略……）入院患者は27名であり，格別重症患者もいなかったことからすれば，本件制止時にはＥ看護師が休憩中であったとしても，残る看護師のうち一人が，しばらくの間Ａに付き添って安心させ，排尿やオムツへのこだわりを和らげ，落ち着かせて入眠するのを待つという対応が不可能であったとは考えられない。

　結論として，名古屋高裁は，本件身体拘束に切迫性・非代替性は認められず，その違法性が阻却されることはないとする。

> 《名古屋高裁》　本件抑制時のＡの夜間せん妄については，本件病院外科における診療，看護上の適切さを欠いた対応なども原因となっていると認められるのであり，特にオムツへの排泄の強要や，不穏状態となったＡへの当直看護師の前記のような拙い対応からすれば，その結果としての夜間せん妄への対応としての本件抑制に，切迫性や非代替性があるとは直ちには認められない。

　この２審判決で問われているのは看護の質にほかならない。原告である患者Ａは，自分でトイレに行くことができた。そうだとすると，本人の不満や不安に耳を傾け，あるいはトイレに付き添うなど本人が納得するケアをしていれば，

身体拘束は必要なかったとも思われるのである。

4　今後の課題

　医療機関や福祉施設等での身体拘束については，かねてよりその問題性が指摘してされてきた。そのようななか，一般病院における身体拘束の違法性が正面から問われたのが「一宮身体拘束事件」にほかならない。そこに示された司法判断は，今後，医療・福祉の現場に少なからぬ影響を及ぼすものと思われるが，以下では今後の課題としてなおいくつかの点を付言しておきたい。

●立法の必要性
　本件で最高裁判所は事例判断を示したにとどまり，入院患者の身体拘束が許容されるための一般的な要件ないし基準を定立したわけではない。それゆえ，基準を明確化するためには，立法での対応を探っていくことも必要となろう。例えば，高齢者虐待防止法の適用対象を養介護施設従事者等だけでなく，すべての医療・福祉の現場に拡大するなどの方策が，すでに提案されている［吉岡2010：20］。

●人員不足
　一方，慢性的に人手の足りないことが，拘束廃止の障害要因ともいわれる。しかし，人員不足が身体拘束を認める理由にはならない。一体，何人いれば拘束をしなくてすむのか。人員が足りないというのであれば，それを実証的に示し世に訴えることが必要であろう。

●ケアの質
　「一宮身体拘束事件」をめぐり各裁判所の判断は異なったが，いずれの審級も身体拘束を原則として違法とする点では共通している。医療機関であれ介護施設等であれ，身体拘束は個人の尊厳を侵す重大な人権侵害とされるのである。

それゆえ，拘束の廃止は高齢者ケアに限られた問題ではない。廃止に向けた取り組みは，医療・福祉分野にかかわるすべての職種に対して，「ケアの質」を問いかけるものといってよい。

●参考文献

厚生労働省「身体拘束ゼロ作戦推進会議」『身体拘束ゼロへの手引き』2001年。

厚生労働省老健局『市町村・都道府県における高齢者虐待への対応と養護者支援について』2006年。

今　麗子＝谷井千鶴子＝千明政好＝道又元裕「急性期領域の抑制にひそむ不作為の功罪」『月刊ナーシング』21巻9号（2001年）26-35頁。

中谷雄二「わが国における医療機関の身体拘束に対する法規制の現状と今後の課題」『賃金と社会保障』1512号（2010年）4-10頁。

宮崎歌代子＝小西知世＝平林勝政「高齢者ベッド転落事件・その2」『看護管理』11巻7号（2001年）634-639頁。

山口浩一郎＝小島晴洋『高齢者法』有斐閣，2002年。

吉岡　充「身体拘束廃止運動の再構築を！」『賃金と社会保障』1512号（2010年）11-20頁。

第12章 患者の人権と個人情報の保護

1 個人情報取り扱い基本法

1 個人の権利利益の保護

個人情報		秘密（守秘義務）
← 取得・管理・利用・第三者提供 →		

（自己情報コントロール権：みだりに収集・利用・伝達されないことの保障）

(図 12 - 1)

　「個人情報の保護に関する法律」（以下，「個人情報保護法」あるいは「法」と略記）*1 は，個人情報の保護そのものを目的とした法律ではない。ましてや，秘密の漏えいを防止すれば足りるわけでもなく，広く「個人の権利利益」を保護することが同法の究極的な目的とされている（法1条）*2。

　この「個人の権利利益」の侵害を未然に防止するために，個人情報の取り扱いに関する具体的なルールを定めたのが個人情報保護法であり [岡村 2017：59]，同法は，いわば「個人情報取り扱い基本法」とでも呼ぶべき性格をもっている。例えば**診療情報***3 についていえば，診察にあたった医師は，患者本人の主訴や既往歴，身体所見など様々な個人情報を「取得」する。取得された情報は，診療録（⇨本章3 4 ①）等で「管理」されるだけでなく，患者への医療提供にあたって「利用」され，必要があれば行政機関や他の医療機関に「提供」されることもある。この「取得⇨管理⇨利用⇨提供」という情報流通の各段階に着目

して個人の権利利益の保護を目指したのが個人情報保護法にほかならない（⇨図12-1）。

＊1　個人情報保護法は2003（平成15）年に制定されたものであるが，その後の情報通信技術の飛躍的な進展に伴い2015（平成27）年に改正され，この改正法が2017（平成29）年より全面施行されている。

＊2　個人情報保護法の目的は終局的には個人の権利利益の保護にあるが，とはいえ，今日の高度情報通信社会における個人情報の有用性が同法で斟酌されていないわけではない。改正前の個人情報保護法1条は，同法の目的を「個人情報の有用性に配慮しつつ，個人の権利利益を保護すること」と定めていたが，改正後の同法1条では有用性についての例示（「新たな産業の創出」・「活力ある経済社会及び豊かな国民生活の実現」）が追加され，この点がさらに明確なものとされている。

＊3　診療情報：診療に際して医療機関が取得した患者の個人情報をいう。診療情報には，患者の氏名・性別・年齢といった基本情報だけでなく，医療保険の種別，病歴，家族関係など多様なものが含まれる。これらは，診療録のほか，看護記録，処方せん，エックス線写真など各種の診療記録の形式で記録され保存される。なお，診療情報，診療記録については，厚生労働省が策定した「診療情報の提供等に関する指針」（平成15年9月12日医政発第0912001号厚生労働省医政局長通知）にその定義が示されている。

② 自己情報コントロール権

この個人情報保護法は，**自己情報コントロール権**というプライヴァシーについての新しい考え方を基礎に置いている。もともとプライヴァシーは19世紀末に米国で提唱された権利であり，「私生活をのぞかれない」あるいは「私事を公開されない」ことを，その主たる内容としている（一人にしておいてもらう権利）［四宮 1987：326］。しかし，今日の社会では，この旧来のプライヴァシー概念に新たな内容を付加することが必要となる。例えば，オンライン・ショッピングを想起してみればよい。コンピュータおよび情報ネットワークの普及に伴い，我々は，住所・氏名・クレジットカード情報などみずからの個人情報を活用することで，様々なサービスを迅速かつ効率的に受け取っている。個人情報を秘密にしておけば足りるわけではなく，その積極的な利用・活用が求められる状況に置かれているのである。

このような状況にあっては，個人情報の利活用にあたって不測の損害をこう

むらないための配慮が必要となる。人は，自己の情報がどのように扱われるかに関心をもたざるを得ず，それがみだりに収集・利用・伝達されないことの保障を求める。個人の情報はその本人にコントロールする権利があるという考え方がこうして生まれる。それは，情報の利用に関する個人の自己決定権の主張ともいえよう［山本 2005：43, 45］。

3　個人情報・個人データ・保有個人データ

● 3層の義務

個人情報は，その置かれる状態によって名称が異なり，また，個人情報取扱事業者（⇨本章 3 ①）に課される義務も異なってくる。あらかじめ概観すると，図12 - 2 のようになる。例えば，名刺は特定の個人が識別できることから「個人情報」であるが，これを五十音順に並べた名刺ファイルに収めると「個人データ」となり安全管理（法20条）等の措置を講じなければならない。さらに，6 か月を超えて保有・継続利用するのであれば「保有個人データ」とされ，開示や訂正の求めなどに応じる義務が発生するのである。

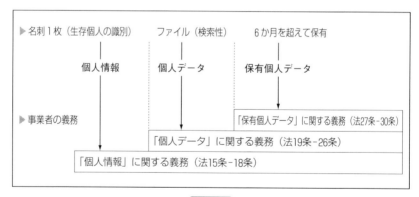

図12 - 2

2　個人情報の範囲

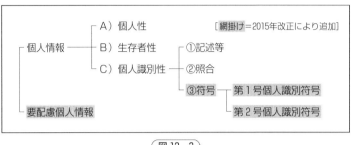

図 12 - 3

1　生存する個人に関する情報

●三つの要件

個人情報保護法は，A）「個人に関する情報」であること（個人性），B）「生存する」個人に関する情報であること（生存者性），C）「特定の個人を識別することができる」情報であること（個人識別性），という３要件を満たしたものを「個人情報」と定義している（法２条１項）。

●個人に関する情報（A：個人性）

まず，個人情報保護法は，個人の権利利益の保護を目的としており（法１条），その保護の対象は自然人である個人に関する情報に限られる。それゆえ，法人その他の団体そのものに関する情報が個人情報に当たることはない。一方，「個人」であれば足り，その本人の国籍を問わないことから，外国人に関する情報も個人情報に含まれる。

●「生存する」個人の情報（B：生存者性）

次に，個人情報は，「生存する」個人の情報に限定され，個人であっても死

者に関する情報は保護の対象とされない（⇨コラム 17：死者に関する情報）。本法
は，後述するように（⇨本章 3 ④），開示請求権など様々な本人関与の仕組みを
規定しているが，それらは本人が生存していて初めて行使しうるからである。
ただし，例えば遺伝子情報や相続財産に関する情報のように，死者の情報が同
時に遺族など生存する個人の情報を構成するものについては，その生存する個
人の情報として保護を受けることになる。

コラム 17

死者に関する情報

〈安全管理措置〉

　本文でみたように，個人情報保護法の対象は生存する個人に関する情報に限定
されている。しかし，医療の場に死はつきものであり，患者の生死により情報の
取り扱いを截然と区別することは難しい。また，死者に関するものとはいえ慎重
な扱いが求められることにも変わりはなかろう。それゆえ，個人情報保護委員
会*および厚生労働省の策定した「医療・介護関係事業者における個人情報の適
切な取扱いのためのガイダンス」（平成29年 4 月14日──以下，「医療・介護事業
者ガイダンス」と略記）では，死者に関する情報も安全管理措置を施すべき対象
であることが明記されている（医療・介護事業者ガイダンスⅠ 4）。

　　＊　**個人情報保護委員会**：個人情報保護法を所管するとともに，個人情報取扱事業者を
　　監督する権限をもつ第三者機関。従来，個人情報取扱事業者に対する監督権限をもつ
　　のは，それぞれの事業分野を所管する各省庁（主務大臣）であった。しかし，そうし
　　た主務大臣制による縦割り行政の弊害が懸念されたことから，2015（平成27）年の改
　　正で監督権限が個人情報保護委員会に一元化され，併せてその内容も強化された。

〈遺族への開示〉

　また，たしかに患者の遺族は，個人情報保護法を根拠に診療録等の開示請求
（⇨本章 3 ④ ①）を行なうことはできない。死者に関する情報が個人情報に当た
らない以上，遺族からの開示請求は個人情報保護法の適用外であり，医療機関側
が同法を根拠として開示に応じる義務を課されることもないのである。

　しかし，患者が死亡した場合，医療機関は，診療契約に付随する義務として，
死因を遺族に説明する法律上の義務を負うことが，すでに裁判上も認められてい
る（東京高判平成 16・9・30 判例時報1880号72頁）。また，厚生労働省も，「医療
従事者は，患者が死亡した際には遅滞なく，遺族に対して，死亡に至るまでの診

療経過，死亡原因等についての診療情報を提供しなければならない」という指針を定めており（前掲「診療情報の提供等に関する指針」），医療機関が診療録や看護記録の開示など診療情報を提供するにあたっては，この指針に従うことが求められているのである（医療・介護事業者ガイダンスⅠ 8）。遺族のケアなども考慮すると，こうした指針およびガイダンスが法令上の義務ではない部分にまで踏み込んだ意義は大きいといえよう。

２　特定個人を識別可能な情報（C：個人識別性）

　さらに，第3の要件として個人の識別性が挙げられる。純然たる私事に属する事項（プライヴァシー）に限らず，本人との結びつきが明らかな情報は，その取り扱いのいかんによって本人の人格的・財産的な権利利益を侵害するおそれをもつ。本法が個人識別情報を広く対象とし，必ずしもプライヴァシーとはいえないものも射程に入れたのは，こうした趣旨によるものといえよう（⇨コラム18：公知の情報，評価情報）。個人の識別は，以下にみるように，①記述等，②照合，③符号によるものとされている。

①記述等による識別（法2条1項1号）

　「記述等」として，法は「氏名，生年月日」を例示するが（法2条1項1号），ほかに写真・映像や音声も「特定の個人を識別することができるもの」であれば個人情報となる。

②照合による識別（法2条1項1号かっこ書）

　記述等だけでは識別できないとしても，「他の情報と容易に照合することができ，それにより特定の個人を識別することができる」（法2条1項1号かっこ書）場合にも，個人情報となる。例えば，クレジットカード番号は③でみる個人識別符号に指定されておらず，それのみでは個人情報にならない。しかし，カード会社にとっては，特定の個人との照合が容易な情報であることから個人情報に該当する。

③個人識別符号（法2条2項）

●意　義

氏名などがなくても，それだけで当然に個人情報になるとされるものがある。**個人識別符号**がそれであり，これに該当すれば，照合の容易さを問題とすることなく，自動的に個人情報として扱われるのである。具体的にどのようなものが個人識別符号となるかは政令や規則で個別に定められている。

●第1号個人識別符号（法2条2項1号）

法2条2項1号が規定する個人識別符号は「第1号個人識別符号」といわれる。DNA情報や指紋認識データなど「特定の個人の身体の一部の特徴」をデジタル化したものがこれに当たる。

●第2号個人識別符号

運転免許証番号のように，個人に割り振られる符号（公的な番号）は「第2号個人識別符号」とされている。一方，携帯電話番号やクレジットカード番号，メールアドレスなどは，様々な契約形態（例：法人契約）や運用実態（例：法人その他の団体も使用）があり，必ずしも特定の個人を識別できるとは限らないことから，個人識別符号には該当しない（個人情報保護委員会『「個人情報の保護に関する法律についてのガイドライン』及び『個人データの漏えい等の事案が発生した場合等の対応について』に関するQ&A」2017年，QA1‐22）。

コラム 18

公知の情報，評価情報

　本文でみた3要件を満たせば「個人情報」とされる。すでに公表され公知となっている情報（**公知の情報**──例：電話帳掲載情報）であっても個人情報であり，この点で，伝統的なプライヴァシーの権利よりも保護の対象は広い。また，例えば診療録には医師の診断など判断・評価を表す情報も含まれているが，こうした**評価情報**も個人情報に当たる。個人情報保護法にいう個人情報は，個人に

「関する」情報であり［樋口2005a：17］，「個人の属性・行動，個人に対する評価，個人が創作した表現等，当該個人と関係するすべての情報が含まれる」［宇賀2005：32］のである*。

> *　それゆえ，後述する開示請求の場面で（⇨本章3④①），医療機関は，評価情報が含まれていることを理由に診療録・看護記録などの開示を拒むことはできないのであるが，ただし，例えば「治療効果等に悪影響を及ぼす」（医療・介護事業者ガイダンスⅢ10（2））場合などは開示を制限することもできる（法28条2項）。また，訂正等の求めの対象となるのは「事実」そのものであって「評価」情報は対象外とされていることから（法29条1項），医療機関は，患者の求めがあったからといって，診療録等に記載された医学的・専門的な判断を訂正する義務まで負うわけではない。

③　要配慮個人情報

●意義および種類

　個人情報のなかでも特に慎重な取扱いが必要なものは，**要配慮個人情報**として類型化されている（法2条3項）。人種，信条（物の見方・考え方），社会的身分（例：嫡出でない子であること）など法律が列挙するものだけでなく，「本人に対する不当な差別，偏見その他の不利益が生じないようにその取扱いに特に配慮を要するもの」も政令で要配慮個人情報とされている。例えば，身体障害・知的障害・精神障害など「心身の機能の障害があること」がそれである（個人情報の保護に関する法律施行令〔以下，「施行令」と略記〕2条1号）。

●効　果

	一般の個人情報	要配慮個人情報
本人の同意なしに取得	○（法18条1項）	×（法17条2項）
本人の事前同意なしに第三者提供	○（法23条2項：オプトアウト手続き）	×（法23条2項かっこ書）

　要配慮個人情報は，一般の個人情報と異なり（法18条1項 ⇨本章3②），本人の事前同意がなければ取得できないのが原則である（法17条2項）。また，第三

者提供する場合も，一般の個人情報であればオプトアウトによる提供が認めら
れているが（法23条2項柱書[*]⇨本章4②①），要配慮個人情報はその対象外とさ
れている（法23条2項かっこ書　⇨本章4②②）。

4　匿名加工情報

①意　義

　個人情報をその取り扱いに関するルールから解放し，利活用を図るための方
策がある。当該個人情報を加工し，特定の個人が識別できないようにするので
ある。こうした加工を施し，なおかつ当該個人情報を復元することができない
ようにしたものを匿名加工情報という（法2条9項）。

②加工の効果

　個人情報を目的外で利用するためには，あらかじめ本人の同意が必要となる
（法16条1項　⇨本章3②①）。個人データを第三者に提供するにあたっても同様
である（法23条1項　⇨本章3③②）。しかし，匿名加工情報は個人識別性が失わ
れているため個人情報には該当せず，したがって本人の同意を中心とした規律
も免れることができる。

③匿名加工情報の取り扱い

●適正加工義務

　加工方法は個人情報保護委員会規則（「個人情報の保護に関する法律施行規則」
〔平成28年10月5日個人情報保護委員会規則第3号〕）で定められており，これに従
い，個人情報取扱事業者は「特定の個人を識別すること及びその作成に用いる
個人情報を復元することができないように」加工しなければならない（法36条
1項——適正加工義務）。例えば，氏名，住所，生年月日が含まれる個人情報を
加工する場合には，次のⅰ）からⅲ）の措置を講じるものとされている。ⅰ）
氏名を削除する。ⅱ）住所を削除するか，○○県△△市に置き換える。ⅲ）生
年月日を削除するか，日を削除し，生年月に置き換える（個人情報保護委員会規

則19条1号，個人情報保護委員会「個人情報の保護に関する法律についてのガイドライン（匿名加工情報編）」平成28年11月〔平成29年3月一部改正〕3-2-1）。

●識別行為禁止義務

匿名加工情報が個人情報となることを阻止するための法的な担保措置も講じられている。匿名加工情報を作成した事業者は，作成した匿名加工情報を本人識別のために他の情報と照合してはならない（法36条5項――**識別行為禁止義務**）。また，匿名加工情報を受け取った事業者は，当該個人情報から削除された情報や加工方法に関する情報を取得することも禁止されている（法38条）。

●その他の義務

これらの義務に加えて，匿名加工情報を作成した事業者は，安全管理措置（法36条2項，同条6項）や一定事項の公表義務（法36条3項，同条4項）等も課されている。同種の義務は匿名加工情報を受け取った事業者にも向けられている（法37条，39条）。

●義務違反と監督措置

以上の義務に違反した場合には，個人情報保護委員会による監督措置（報告・立入検査〔法40条〕，指導・助言〔法41条〕，および勧告・命令〔法42条〕）が講じられることになる。

5 個人情報と個人データ

●個人情報データベース等

個人情報保護法は，特定の個人情報を氏名等で検索できるように体系的に整理したものを「個人情報データベース等」と呼ぶが（法2条4項），これには，コンピュータ処理情報（電子データベース）だけでなく，一定のマニュアル情報も含まれる。例えば，書面ファイルであっても，病院のカルテ（⇨本章**3** ④ ①）のように個人情報が五十音順に整理されていれば，後者に当たる。

●検索可能な情報

この「個人情報データベース等を構成する個人情報」が，「個人データ」といわれる（法2条6項）。生存する特定の個人を識別しうる情報であれば，それがどのような形で管理されていようと「個人情報」にほかならない。しかし，それがコンピュータへの入力によりデータベース化され，あるいは紙情報であっても名簿化されるなどして検索しうるものとなると，活用が高度化・多様化される反面，それが不適切に取り扱われた場合，本人の権利利益を侵害するおそれが高まる。そのため，個人情報保護法は，検索可能な状態に整理された個人情報を「個人データ」と位置づけ，それを取り扱うにあたっては個人情報の場合よりも重い義務を課すのである。

●本人関与の対象

個人データのうち，「個人情報取扱事業者が，開示，内容の訂正，追加又は削除，利用の停止，消去及び第三者への提供の停止を行うことのできる権限を有する」ものは「保有個人データ」といわれる（法2条7項）。個人情報保護法は，開示・訂正・利用停止など本人関与の仕組みを用意しているが，これに応じるためには，相手方たる事業者に相応する権限が与えられていなければならない。こうした本人関与を認める対象としてふさわしいものが「保有個人データ」と呼ばれているのであり，これに該当するものについては，さらに多くの義務が加わる。ただし，6か月以内に消去することとなるものは，保有個人データから除かれている（施行令5条）。短期保有の個人データまで開示等の対象とすることは，本人にとって実益が乏しい一方，事業者にとっては過度な負担となるからである。

3　個人情報取扱事業者の義務

1　個人情報取扱事業者

●民間の事業者

　個人情報保護法はその第4章第1節（特に15条から35条）で，「個人情報取扱事業者」に対して様々な義務を課している。個人情報取扱事業者とは，上述した「個人情報データベース等を事業の用に供している者」をいうが（法2条5項），このうち，国，独立行政法人等，地方公共団体は除外される。これらについては，行政機関個人情報保護法（行政機関の保有する個人情報の保護に関する法律），独立行政法人等個人情報保護法（独立行政法人等の保有する個人情報の保護に関する法律），個人情報保護条例によって，それぞれ規制を受けるからである。それゆえ，個人情報保護法に規定する個人情報取扱事業者は，実質上，民間の事業者に限定されることになる。

●事業の用に供していること

　また，データベース等を「事業の用に供している者」であることが要件とされているが，ここでいう「事業」は社会的に事業と認められるものであれば足り，営利・非営利（例：NPO法人）を問わない。あらゆる事業分野の者が含まれるのであり，病院・診療所（医療法1条の5）も，個人情報取扱事業者に当たる*。

　＊　2015年の改正前の個人情報保護法では，個人情報データベース等を事業に利用していても，そこに保管されている個人データの合計が過去6か月を通じて「5千を超え」たことのない（5千以下の）事業者は，個人情報取扱事業者から除外され，同法による義務規定の適用を除外されていた。もっぱら小規模の個人データベース等を取り扱う事業者（小規模事業者）の負担に配慮したものであるが，しかし，個人の権利利益を侵害するおそれは，事業者が取り扱う個人情報の量とは無関係である。そこで，2015年の法改正で小規模事業者の適用除外は撤廃され，今日では，1件でも個人データの取り扱いがあれば個人情報取

扱事業者として個人情報保護法が適用される。

2 個人情報に関する義務

①通知・公表制度

　個人情報全般について，個人情報取扱事業者は，利用目的を特定し（法15条1項），その目的の範囲内で取り扱う義務（法16条1項）[*]，不正な手段で取得してはならない義務（法17条1項），取得の際には利用目的を通知または公表する義務（法18条1項）を負う。

　このうち通知（例：文書の郵送）・公表（例：日刊紙への掲載）は，個人情報の利用目的を本人に知らせる方法であるが，あらかじめ情報取得前に利用目的を公表しておけば，取得後に改めて通知・公表をすることは必要ない。一方，利用目的を事前に公表していないときは，個人情報を取得すると速やかに，利用目的を個別に「通知」するか，あるいは広く一般に「公表」することが必要となる（法18条1項）。

　＊　ただし，「あらかじめ本人の同意を得」ているのであれば，目的外利用も許される（法16条1項の反対解釈）。なお，「取り扱う」というのは，個人情報の利用だけでなく，その取得・加工・利用・第三者提供・保存・廃棄など一切の行為を含んでいる［宇賀2005：85］。

②利用目的の事前明示

　これに対して，例えば診察申込書や問診票などに個人情報を記入してもらう場合は，あらかじめ当該書面に利用目的を明記しておくといった対応が求められる。個人情報を書面や電子メールなどで本人から直接取得するときは，あらかじめ利用目的を本人に明示しておかなければならず（法18条2項本文）[*]，取得後の通知や事前・事後の公表による代替は認められていないのである。情報の直接取得の場合，事業者は利用目的を明らかにすることが容易であるから，利用目的を確実に伝達して本人に情報提供の是非を慎重に判断させることが望ましい。ましてや，書面で入手された個人情報は，データベース化される可能性が高く，情報の流通に伴う危険も大きいため，本人に慎重な判断の機会を確

保する必要性は一層強まる。利用目的の事前明示という厳格な規律が求められるのは，こうした趣旨によるものといえよう［宇賀 2005：94-95］。

　この利用目的の明示は，「人の生命，身体又は財産の保護のために緊急に必要がある場合」は不要とされる（法18条2項ただし書）。ただし，その場合でも，情報の取得後に利用目的を速やかに通知・公表する義務は免れない。一方，法18条4項の各号に該当する場合は，本条2項の事前明示が不要となるだけでなく，およそ通知・公表が不要となる。

> ＊　なお，明示（明確に示す）の方法としては，院内掲示なども認められている（医療・介護事業者ガイダンスⅢ 2 【法の規定により遵守すべき事項等】）。

③ 個人データに関する義務

①安全管理措置

　個人データについては，データ内容の正確性の確保（法19条），個人データの漏えいや滅失，き損の防止を目的とした安全管理（法20条），第三者提供の制限（法23条）といったルールが適用される。

　安全管理のための措置は，外部からのアクセスに対して求められるだけではない。事業者は，個人データを取り扱う従業者（法21条）＊や委託先（法22条）を監督することも義務づけられている。

> ＊　従業「員」ではなく，従業「者」とされていることに注意を要する。従業者というときは，雇用関係にある従業員（正社員，契約社員，嘱託社員，パート・アルバイトなど）だけでなく，役員（取締役，理事など）や派遣社員なども含まれる（個人情報保護委員会「個人情報の保護に関する法律についてのガイドライン（通則編）」〔平成28年11月〔平成29年3月一部改正〕，3-3-3）。医療資格者だけが監督の対象とされるわけでもない（医療・介護事業者ガイダンスⅢ 4（1）②）。例えば，医療機関の事務職員や清掃員等も含まれる。雇用関係の有無を問わず，個人情報取扱事業者の指揮命令のもとで業務に従事していれば「従業者」とされるのである。

②第三者提供の制限

　あらかじめ本人の同意を得ることなく個人データを第三者に提供することは，原則として禁止される（法23条1項）。第三者提供にあたっては，たとえそれが

利用目的の範囲内であったとしても，原則として本人の事前同意が要求されるのであり，その意味で，この第三者提供の制限は，利用目的による制限を規定する法16条の特則として位置づけることができよう［園部編 2005：144］。

　ただし，法23条1項の各号に規定されている類型に当たるときは，あらかじめ本人の同意を得ることなく，第三者に提供することが許されている。例えば，児童虐待の事例について児童相談所など関係機関と情報交換することは，「児童の健全な育成の推進のために特に必要がある場合であって，本人の同意を得ることが困難であるとき」（法23条1項3号）に当たり，本人の事前同意を必要としない（医療・介護事業者ガイダンスⅢ1（2）③，5（2）③）。なお，同意原則の例外として，さらに法23条2項はオプトアウトの規定を用意しているが，これについては後述する（⇨本章4②）。

④　保有個人データに関する義務

①開示請求

●本人関与

　個人情報取扱事業者は，保有個人データについて，その利用目的など4項目を本人の知り得る状態に置くこと（例：パンフレットの配布，インターネット上の公表）を義務づけられている（法28条1項）。これにより，本人は，保有個人データの開示（法29条1項），訂正（法29条1項），利用停止（法30条1項）など，自己のデータに関与することが可能となる。以下では，カルテ等の開示を素材にして，個人情報保護法の規制のあり方を具体的に整理してみよう。

●診療録

　医師法24条は，診療録の作成・保存義務を定めている。診療録は，医師が行なった患者の診療の内容・症状・経過などを記載した文書であり，俗に「カルテ」ともいわれる。この記録は，診療報酬の請求や医療過誤裁判（民事・刑事）にあたって重要な資料となるだけでなく，診療行為の適正を担保するためにも欠かすことができない。診療録の作成・保存を医師に義務づけたのは，そのた

めといえよう。

●看護記録

　一方，こうした観点からは，看護記録にも重要な役割が期待されるが，法律上，その作成・保存を看護師個人に義務づける規定は存在しない[*1]。もっとも，医療法施行規則が改正され，2007（平成19）年4月1日より，病院では「診療に関する諸記録」（医療法21条1項9号）の一つとして「看護記録」（医療法施行規則20条10号）を作成・保存することが義務とされている[*2]。医療の質を高め，また医療情報の開示を促進する上でも，この改正の意義は大きい。

　　*1　ただし，助産師には「助産録」の作成・保存が義務づけられている（保健師助産師看護師法〔以下，「保助看法」と略記〕42条）。
　　*2　なお，この改正以前から，医療法に基づく地域医療支援病院と特定機能病院については「診療に関する諸記録」（医療法22条2号，22条の2第3号）の一つとして，「看護記録」を作成し2年間保存する義務が規定されている（医療法施行規則21条の5第2号，22条の3第2号）。

●開示の権利性

　診療録や看護記録は，それがコンピュータで管理されていればもちろん，紙媒体で整理されているものであっても「個人データ」に当たる。また，保存が義務づけられており，その多くは「保有個人データ」に該当することから，本人は，医療機関に対して診療録や看護記録の「開示を請求することができる」（法28条1項）[*]。

　　*　なお，個人情報保護法による開示の対象は，患者本人が識別される保有個人データのすべてに及ぶのであり，例えば，検査伝票，処方せん，会計処理用の書類なども開示対象から除外されるわけではない〔開原＝樋口 2005：115〔樋口範雄〕〕。

●診療録・看護記録の二面性

　もっとも，診療録や看護記録については，それが医師・看護師の個人情報という側面をも有することから，そもそも開示の対象となりえないのではないかという議論もなされてきた。診療録には患者の検査データだけでなく，それに

対する医師の判断や評価も記されている。また，看護記録にも看護師による判断や評価が記される。これらの評価情報も患者個人に「関する」情報として個人情報に当たることはすでにみたが（⇨本章2②コラム18：公知の情報，評価情報），一方，この診療録等は，それを作成した医師・看護師からみれば，みずからの行なった判断・評価が記載されたものであり，作成者自身の「個人に関する情報」であるともいいうるのである。

　診療録や看護記録にはこうした二面性がみられるが，しかし，それを理由として診療録等の開示請求を拒むことができないことは，すでに法律上も明らかとされている。個人情報保護法は，「他の」法令に違反することとなる場合（28条2項3号）は開示をしないことができると規定するにとどめ，同法それ自体に違反する場合を敢えて不開示事由から除外している。患者が診療録や看護記録の開示を求めてきた場合，医師や看護師は，そこにみずからの情報が含まれていたとしても，個人情報保護法に抵触するとして開示を制限することは認められないのである＊［樋口2005a：17，開原＝樋口編2005：86〔樋口範雄〕］。

　　＊　また，医療・介護事業者ガイダンスも診療録を例示し，二面性があることを理由に「その全部又は一部を開示しないことはできない」としている（Ⅲ10【法の規定により遵守すべき事項等】）。

②不開示事由

　保有個人データは，本人からの求めがあれば開示するのが原則であるが，ただし，「本人又は第三者の生命，身体，財産その他の権利利益を害するおそれがある」などの場合は，開示の求めに応じなくてよいとされている（法28条2項1号‐3号）。例えば，病名を開示することでかえって本人の病状を悪化させるおそれがある場合（本人の権利利益を害するおそれ），遺伝子情報が本人だけでなくその血縁者にも関わる場合（第三者の権利利益を害するおそれ）などに，こうした配慮が必要とされよう。

　なお，不開示事由に該当するとして開示を拒むのではなく，そもそも保有個人データが存在しないという理由で開示の求めに応じないことが必要となる場

合もある。例えば，親権者から児童虐待を受けている子どもが，民間の保護施設に預けられたとしよう。開示等の求めは未成年者の法定代理人（通常は親権者）も行なうことができるが（法32条3項，施行令11条1号），とはいえ，加害者である親権者が子どもを本人として開示を求めてきた場合，当該個人データを保有はしているが開示の対象外である旨を回答すると，その施設に子どもが保護されていることが判明し，子どもの生命・身体等に危害が及ぶおそれがある。それゆえ，このような場合，施設としては，端的に当該個人データは保有していない旨を回答することとなろう［岡村 2017：114］。「当該個人データの存否が明らかになることにより，本人又は第三者の生命，身体又は財産に危害が及ぶおそれがあるもの」は，そもそも「保有個人データ」とされないことから（法2条7項，施行令4条1号），こうした対応が可能となる。

4　医療・福祉と個人情報の保護

1　黙示の同意

▶**Question**

次のうち「黙示の同意」という法運用が認められるものはどれか。
　①医療機関が，院外の医師の専門的意見を得るため患者の個人データを提供する。
　②医療機関が，提携している保健食品会社に患者の個人データを提供する。
　③介護施設が，通院介助にあたり利用者の個人データを病院に提供する。

〔正解：①〕

①医療分野の特殊性

●内容中立的な法の定義

　Question ①-③ は，いずれも個人データが外部に提供される点で共通しているが，この第三者提供にあたって，そこに何か差異が生じるであろうか。個人情報保護法は，個人データ等の概念を，その情報の実質的内容と無関係に定

義している。個人識別情報のうちデータベース等に収められたものであれば個人データとされ，そこには内容に着目した限定があるわけではない。もともと個人情報保護法は，社会の多様な分野で適用されることを予定していることから，こうした内容中立的な法の定義が用意されたものといえよう。

●医療サービスにおける第三者提供

　それゆえ，医療分野の情報だからといって例外が許容されるわけではなく，それが個人データである以上，第三者提供にあたって本人の事前の同意が要求されるのが原則である。もっとも，この分野では，医療情報の第三者提供が日常的に行なわれている。例えば，健康保険による支払いのため，健康保険組合に診察内容が通知される。あるいは，*Question* ① のように，院外の医師の専門的意見を得るため患者の個人データが提供されることもあろう。これらについて，その度ごとに患者本人から個別に事前の同意を得ることは，医療機関および患者の双方にとって煩雑なだけでなく，それだけの意義があるかも疑わしい。

②個人情報保護委員会・厚生労働省のガイダンス

●ガイダンスによる定義

　医療・介護事業者ガイダンスは，この問題に**黙示の同意**という考え方で対処している。「第三者への情報の提供のうち，患者の傷病の回復等を含めた患者への医療の提供に必要であり，かつ，個人情報の利用目的として院内掲示等により明示されている場合は，原則として黙示による同意が得られているものと考えられる」（Ⅲ5（3））というのである。こうした扱いは，医療現場の現実に即した法運用として必ずしも否定されるべきものではなかろう。医療の提供に当然伴う情報利用であり，患者も通常予想していることから，同意が得られないのはむしろ例外的とも考えうるからである［樋口2005b：166，172参照］。

●黙示の同意の範囲

　これに対して *Question ②* の場合，黙示の同意という扱いをすることは許されず，実際にデータを提供するには，あらかじめ患者の明確な同意が必要とされよう。患者への医療提供のために個人データが利用されているわけではなく，黙示の同意という扱いをする合理性が欠けており，また，患者にとっても予測の範囲外のことだからである。医療・介護事業者ガイダンスも，「黙示の同意があったと考えられる範囲は，患者のための医療サービスの提供に必要な利用の範囲」であることを明言している（Ⅲ 5（3）②）。

③社会福祉分野と黙示の同意

●文書による同意

　このように，黙示の同意は医療分野での必要性に加えて合理性の担保があることから許容されるのであり，社会福祉の分野でこうした扱いをすることには慎重でなければならない。例えば *Question ③* のように，介護施設が利用者の個人データを病院に提供する場合は，あらかじめ利用者から文書で同意を得ておくことが必要であろう。それは，法の規定からも明らかである。例えば，介護保険法は，それぞれの事業者に対する指定基準[*1]（⇨第11章 1 ① コラム 16：介護保険と指定基準）のなかで，個人情報を第三者に提供する際には，本人の同意を「あらかじめ文書」によって得ておくことを要求している（「指定居宅サービス等の事業の人員，設備及び運営に関する基準」33条3項，「指定介護老人福祉施設の人員，設備及び運営に関する基準」30条3項など）[*2]。もともと介護・福祉分野の利用者の中には，判断能力の低下などに伴い権利主張や意思表明の困難な者が少なくない。そのような利用者であっても，自己の情報の流れについてはみずから決定しうるようにとの配慮を，ここにみることができよう [開原＝樋口編 2005：135〔岡村世里奈〕]。医療・介護事業者ガイダンスも，介護事業者については，「事業所内への掲示によるのではなく，サービス利用開始時に適切に利用者から文書により同意を得ておくことを」求めている（Ⅲ 5（3）④）。

　[*1] 以下にみる厚生労働省令は，いずれも法（行政立法）であり，国民に対して拘束力を

もつ。

＊2　前者の基準省令は「サービス担当者会議等」における個人情報の使用について，後者
　のそれは「居宅介護支援事業者等」に対する情報提供について定めるが，ここにいうサー
　ビス担当者会議「等」，居宅介護支援事業者「等」はいずれも例示であって，広く第三者
　提供を想定しているものといえよう。

2　オプトアウト

①黙示の同意とオプトアウト

　いわゆる**オプトアウト**（本人の求めに応じて個人データの第三者提供を停止すること）の手続きを設けているからといって，黙示の同意を得ているわけではない。両者は次元が異なる。例えば電話番号は，申し出れば電話帳から削除してもらえる。オプトアウトの制度は，情報提供についてこうした拒否権を本人に与えている場合，あらかじめ本人の同意を得なくても個人データを第三者に提供してよいとするものである（法23条2項）。

　それゆえ，この制度は第三者提供について同意原則の例外を定めたものといいうるが，一方，黙示の同意は法23条1項にいう「同意」の一態様にほかならない。個人情報保護法は，第三者提供にあたって要求される「同意」についてその方法を限定しているわけではない。必ずしも明示的な同意までは要求しておらず，黙示であれ，本人が実質的に同意していると判断される場合も「同意」と解しうるのである。

②オプトアウト手続きの厳格化

●「容易に知り得る状態」に置く方法

　オプトアウト手続きによって個人データを第三者に提供するためには，その提供されるデータの項目や提供方法等について「あらかじめ，本人に通知し，又は本人が容易に知り得る状態」に置くことが義務づけられている（法23条2項柱書）。もっとも，従来は「本人が容易に知り得る状態」に置く方法としてホームページに掲載すれば足りるといった運用がなされていたため，本人の認知しえないところで個人データが拡散しているという問題点が指摘されてきた。

そこで，2015年の改正では「本人が容易に知り得る状態」に置く具体的な方法が明らかにされた（個人情報の保護に関する法律施行規則〔以下，「施行規則」と略記〕7条1項)[＊]。

> ＊　施行規則7条1項は，「本人が当該提供の禁止を求めるのに必要な期間をおくこと」（1号)，「本人が法第23条第2項第2号各号に掲げる事項を確実に認識できる適切かつ合理的な方法によること」（2号）を求めている。

●届出と公表

また，改正前の要件に加えて，個人データの項目等の法定事項（法23条2項各号）を個人情報保護委員会にあらかじめ届け出ることを事業者に対して義務づける（法23条2項柱書）とともに，個人情報保護委員会は，届出のあった事項を公表する[＊]という手続きも新たに設けられた（法23条4項)。個人情報保護委員会への届出および同委員会による公表を通じて，本人はオプトアウト手続きをとっている事業者を知り，第三者提供の禁止を求める機会も与えられる。

> ＊　個人情報保護委員会による公表は,「届出があった後，遅滞なく，インターネットその他の適切な方法により」行なわれる（施行規則9条)。

●要配慮個人情報について

なお，要配慮個人情報（法2条3項 ⇨本章2③）については，オプトアウト手続きによる第三者提供が許されない（法23条2項かっこ書)。個人情報保護委員会は事業者からの届出事項を公表するが，そのウェブサイトを閲覧する者は限られることから，オプトアウトの手続きをとったとしても，実際には本人の知らないうちに要配慮個人情報が第三者に提供されるおそれは否定できない。オプトアウト方式は本人の事前の同意に完全に代替しうるものとはいえないのであり [宇賀 2016：39]，特に不当な差別や偏見につながりかねない情報については，本人の同意がなければ第三者提供できないこととし，その権利利益の保護を重視するのである。

③　専門職の義務から利用者の権利へ

●第三者提供の制限と守秘義務

　以上にみた第三者提供の制限と秘密保持の義務（守秘義務）とを同列に論じてはならない。たしかに，第三者提供であれ秘密の保持であれ，本人の同意があれば制限は解除される。しかし，両者は対象が異なる。守秘義務の対象とされるのは「秘密」に限られるが（⇨コラム19：医療従事者と守秘義務），第三者提供が制限されるのは個人データであり，これには公表され公知となっている情報（⇨コラム18：公知の情報，評価情報）も含まれる。また，義務を負う主体も異なる。守秘義務は一定の職務に従事する者に対して課されるが，個人情報保護法は直接的に医療従事者を規制しているわけではない。同法は，病院・診療所といった個人情報取扱事業者の義務を定めたものであり，医師や看護師等はその「従業者」（⇨本章3③①＊）として間接的な規制を受けるにとどまる。さらに思想的にみても，以下にみるように，個人情報の保護には守秘義務の考え方からは導き出せないものが含まれている。

●思想の転換

　もともと守秘義務は，個人の秘密の保護とともに，業務における信頼関係の保護・業務の円滑な遂行の保護という目的をも有している。例えば医師は，その職務の性質上，患者の秘密を知る機会も多いが，患者から信頼を得られず秘密の開示を躊躇されるようなことになれば，適切な医療サービスの提供にも困難を来すこととなろう。そのため，守秘義務は医療職をはじめとする職能集団で古くから専門職の義務とされたのであるが，これに対して，個人情報の保護は，利用者の自己情報コントロール権に基礎を置いている（⇨本章1②）。自己の情報をみだりに収集・利用・伝達されないことを利用者は権利として要求しうるのであり，その侵害に対しては毅然として抗議することができる。事業者がなすべきことを行なわないという不作為も権利侵害にほかならない。主導権は利用者へと移行し，いわば主客が逆転する［開原2005：179］。事業者は，秘密を保護していれば足りるわけではない。情報の利用に関する患者の自己決定

権を積極的に保障していくことが，医療・福祉関係事業者にとって責務とされるのである。

コラム 19

医療従事者と守秘義務

〈秘密の意義〉

「秘密」とは，❶特定の小範囲の者にしか知られていない事実をいうが（非公知性），さらに，❷秘密にする意思（秘密意思）あるいは❸秘密にする利益（秘密利益）を必要とするかについては争いがある。プライヴァシーとしての秘密の性格からすれば，❷本人の秘密意思を必要としようが，その意思が明示されていない場合には，❸一般的にみて本人の利益といえるかどうかも考慮せざるを得ないであろう。

〈刑事責任〉

医師・薬剤師・助産師等が，業務上知り得た「秘密」を他人に知らせると，刑法上，秘密漏示罪として処罰される（刑法134条1項）。また，保健師・看護師など他の医療従事者についても，それぞれの資格を定める法律に守秘義務違反を処罰する規定が置かれている（⇨後掲**表12−1**：医療従事者の守秘義務および罰則規定）。

さらに，特定の疾病について守秘義務を課す特別法もみられる。そのなかには，医師以外の関係者にも守秘義務を課し（例：「精神科病院の職員又はその職にあった者」──精神保健及び精神障害者福祉に関する法律53条2項），あるいは違反に対して刑法よりも重い法定刑をもつもの（例：感染症の予防及び感染症の患者に対する医療に関する法律73条1項──「1年以下の懲役又は100万円以下の罰金」）も少なくない。

〈民事責任〉

一方，医療従事者は，契約上の義務として，民事上も守秘義務を負うと一般に理解されている。診療契約は委任契約に準じた性格をもっており（⇨第9章2①①），受任者である医療機関は「委任の本旨」に従い適切に医療行為を実施することが求められる。この「委任の本旨」に守秘義務も含まれるとされるのである［開原＝樋口編2005：12［樋口範雄］］。また，裁判例にも，「医療従事者は患者に対し，診療契約上の付随義務として，診療上知り得た患者の秘密を正当な理由なく第三者に漏らしてはならない義務を負う」ことを明らかにしたものがある（東京地判平成11・2・17判例時報1697号73頁）。それゆえ，正当な理由がな

いのに患者の秘密を第三者に漏らした場合，診療契約上の債務不履行責任（⇨第
9章2①②）が問題となるが，さらに，秘密はプライヴァシーに属する事項で
もあることから，契約の存否にかかわらず，プライヴァシー侵害として不法行為
責任（⇨第9章2②）を問われることにもなろう。

〈行政上の責任〉

　患者の秘密を漏らすことは，医療専門職に対する患者や社会の信頼を損なうお
それがあることから，行政上の責任（⇨第9章1②）も問題となる。医師法や保
助看法には「品位を損するような行為」があったとき，免許の取り消しや業務の
停止を命じることができる旨を規定している（医師法7条2項，保助看法14条2
項）。守秘義務違反も品位を損する行為として行政処分の対象とされる可能性は
否定できないであろう。

表12-1　医療従事者の守秘義務および罰則規定

主　体	守秘義務規定	守秘義務違反に対する罰則
医　師* 薬剤師 助産師	刑法134条1項	6月以下の懲役または10万円以下の罰金 （刑法134条1項）
保健師 看護師・准看護師	保助看法42条の2	6月以下の懲役または10万円以下の罰金 （保助看法44条の3）
理学療法士・作業療法士	療法士法16条	50万円以下の罰金（療法士法21条）
視能訓練士	視能訓練士法19条	50万円以下の罰金（視能訓練士法23条）
臨床検査技師	臨床検査技師法19条	50万円以下の罰金（臨床検査技師法23条）
臨床工学技士	臨床工学技士法40条	50万円以下の罰金（臨床工学技士法47条）
義肢装具士	義肢装具士法40条	50万円以下の罰金（義肢装具士法47条）
救急救命士	救急救命士法47条	50万円以下の罰金（救急救命士法54条）
言語聴覚士	言語聴覚士法44条	50万円以下の罰金（言語聴覚士法50条）
診療放射線技師	診療放射線技師法29条	50万円以下の罰金（診療放射線技師法34条）
歯科衛生士	歯科衛生士法13条の6	50万円以下の罰金（歯科衛生士法19条）
歯科技工士	歯科技工士法20条の2	50万円以下の罰金（歯科技工士法31条）
あん摩マッサージ指圧師 はり師，きゅう師	あん摩師等法7条の2	50万円以下の罰金（あん摩師等法13条の7）
柔道整復師	柔道整復師法17条の2	50万円以下の罰金（柔道整復師法29条）

＊　刑法134条1項は「医師」と規定するにとどまり，歯科医師を挙げてはいない。また，歯科医
　師法にも守秘義務の規定はない。しかし，歯科医師もその職務上人の秘密を知る機会は少なくな
　い［大塚＝河上＝佐藤＝古田編 2000：341［米澤敏雄］］。歯科衛生士が守秘義務を負う（歯科衛
　生士法13条の6）こととの均衡上も，刑法134条1項にいう「医師」には歯科医師を含むと考え
　るべきであろう。

●参考文献────────

宇賀克也『個人情報保護法の逐条解説（第2版）』有斐閣，2005年。

宇賀克也「個人情報・匿名加工情報・個人情報取扱事業者」『ジュリスト』1489号
　　（2016年）36-48頁。

大塚　仁＝河上和雄＝佐藤文哉＝古田佑紀編『大コンメンタール刑法（第2版）第7
　　巻』青林書院，2000年。

岡村久道『個人情報保護法（第3版）』商事法務，2017年。

開原成允「臨床場面における診療情報の保護と利用の問題点」樋口範雄＝土屋裕子編
　　『生命倫理と法』弘文堂，2005年，176-188頁。

開原成允＝樋口範雄編『医療の個人情報保護とセキュリティ（第2版）』有斐閣，
　　2005年。

四宮和夫『不法行為』青林書院，1987年。

園部逸夫編『個人情報保護法の解説（改訂版）』ぎょうせい，2005年。

樋口範雄「自治体病院と個人情報保護」『全国自治体病院協議会雑誌』44巻11号
　　（2005年）10-19頁［＝樋口2005a］。

樋口範雄「個人情報保護法施行で医療機関が順守しなければならない具体策」医療経
　　営白書編集委員会編『医療経営白書　2005年版』日本医療企画，2005年，
　　159-177頁［＝樋口2005b］。

山本隆一「海外の医療現場での個人情報保護の動き」『インターナショナルナーシン
　　グレビュー』Vol. 28　No. 5（2005年）42-45頁。

資 料 編

各資格職の法令

医師法

歯科医師法

薬剤師法

保健師助産師看護師法

診療放射線技師法

歯科衛生士法

理学療法士及び作業療法士法

視能訓練士法

臨床検査技師等に関する法律

臨床工学技士法

義肢装具士法

救急救命士法

言語聴覚士法

歯科技工士法

あん摩マッサージ指圧師, はり師, きゅう師等に関する法律

柔道整復師法

医師法

（昭和23年法律第201号）
最新改正：令和元年法律第71号

第1章　総則

第1条　医師は，医療及び保健指導を掌ることによつて公衆衛生の向上及び増進に寄与し，もつて国民の健康な生活を確保するものとする。

第1条の2　国，都道府県，病院又は診療所の管理者，学校教育法（昭和22年法律第26号）に基づく大学（以下単に「大学」という。），医学医術に関する学術団体，診療に関する学識経験者の団体その他の関係者は，公衆衛生の向上及び増進を図り，国民の健康な生活を確保するため，医師がその資質の向上を図ることができるよう，適切な役割分担を行うとともに，相互に連携を図りながら協力するよう努めなければならない。

第2章　免許

第2条　医師になろうとする者は，医師国家試験に合格し，厚生労働大臣の免許を受けなければならない。

第3条　未成年者には，免許を与えない。

第4条　次の各号のいずれかに該当する者には，免許を与えないことがある。
　一　心身の障害により医師の業務を適正に行うことができない者として厚生労働省令で定めるもの
　二　麻薬，大麻又はあへんの中毒者
　三　罰金以上の刑に処せられた者
　四　前号に該当する者を除くほか，医事に関し犯罪又は不正の行為のあつた者

第5条　厚生労働省に医籍を備え，登録年月日，第7条第1項の規定による処分に関する事項その他の医師免許に関する事項を登録する。

第6条　免許は，医師国家試験に合格した者の申請により，医籍に登録することによつて行う。

2　厚生労働大臣は，免許を与えたときは，医師免許証を交付する。

3　医師は，厚生労働省令で定める2年ごとの年の12月31日現在における氏名，住所（医業に従事する者については，更にその場所）その他厚生労働省令で定める事項を，当該年の翌年1月15日までに，その住所地の都道府県知事を経由して厚生労働大臣に届け出なければならない。

第6条の2　厚生労働大臣は，医師免許を申請した者について，第4条第一号に掲げる者に該当すると認め，同条の規定により免許を与えないこととするときは，あらかじめ，当該申請者にその旨を通知し，その求めがあつたときは，厚生労働大臣の指定する職員にその意見を聴取させなければならない。

第7条　医師が第4条各号のいずれかに該当し，又は医師としての品位を損するような行為のあつたときは，厚生労働大臣は，次に掲げる処分をすることができる。
　一　戒告
　二　3年以内の医業の停止
　三　免許の取消し

2　前項の規定による取消処分を受けた者（第4条第三号若しくは第四号に該当し，又は医師としての品位を損するような行為のあつた者として同項の規定による取消処分を受けた者にあつては，その処分の日から起算して5年を経過しない者を除く。）であつても，その者がその取消しの理由となつた事項に該当しなくなつたときその他その後の事情により再び免許を与えるのが適当であると認められるに至つたときは，再免許を与えることができる。この場合においては，第6条第1項及び第2項の規定を準用する。

3　厚生労働大臣は，前2項に規定する処分をするに当たつては，あらかじめ，医道審議会の意見を聴かなければならない。

4　厚生労働大臣は，第1項の規定による免許の取消処分をしようとするときは，都道府県知事に対し，当該処分に係る者に対する意見の聴取を行うことを求め，当該意見の聴取をもつて，厚生労働大臣による聴聞に代えることができる。

5　行政手続法（平成5年法律第88号）第3章第2節（第25条，第26条及び第28条を除く。）の規定は，都道府県知事が前項の規定により意見の聴取を行う場合について準用する。この場合において，同節中「聴聞」とあるのは「意見の聴取」と，同法第15条第1項中「行政庁」とあるのは「都道府県知事」と，同条第3項（同法第22条第3項において準用する場合を含む。）中「行政庁」とあるのは「都道府県知事は」と，「当該行政庁が」とあるのは「当該都道府県知事が」と，「当該行政庁の」とあるのは「当該都道府県の」と，同法第16条第4項並びに第18条第1項及び第3項中「行政庁」とあるのは「都道府県知事」と，同法第19条第1項中「行政庁が指名する職員その他政令で定める者」とあるのは「都道府県知事が指名する職員」と，同法第20条第1項，第2項及び第4項中「行政庁」とあるのは「都道府県」と，同条第6項及び同法第24条第3項中「行政庁」とあるのは「都道府県知事」と読み替えるものとする。

6　厚生労働大臣は，都道府県知事から当該処分の原因となる事実を証する書類その他意見の聴取を行う上で必要となる書類を求められた場合には，速やかにそれらを当該都道府県知事あて送付しなければならない。

7　都道府県知事は，第4項の規定により意見の聴取を行う場合において，第5項において読み替えて準用する行政手続法第24条第3項の規定により同条第1項の調書及び同条第3項の報告書の提出を受けたときは，これらを保存するとともに，当該調書及び報告書の写しを厚生労働大臣に提出しなければならない。この場合において，当該処分の決定についての意見があるときは，当該意見を記載した意見書を提出しなければならない。

8　厚生労働大臣は，意見の聴取の終結後に生じた事情に鑑

み必要があると認めるときは，都道府県知事に対し，前項前段の規定により提出された調書及び報告書の写し並びに同項後段の規定により提出された意見書を返戻して主宰者に意見の聴取の再開を命ずるよう求めることができる。行政手続法第22条第2項本文及び第3項の規定は，この場合について準用する。

9　厚生労働大臣は，当該処分の決定をするときは，第7項の規定により提出された意見書並びに調書及び報告書の写しの内容を十分参酌してこれをしなければならない。

10　厚生労働大臣は，第1項の規定による医業の停止の命令をしようとするときは，都道府県知事に対し，当該処分に係る者に対する弁明の聴取を行うことを求め，当該弁明の聴取をもつて，厚生労働大臣による弁明の機会の付与に代えることができる。

11　前項の規定により弁明の聴取を行う場合において，都道府県知事は，弁明の聴取を行うべき日時までに相当な期間をおいて，当該処分に係る者に対し，次に掲げる事項を書面により通知しなければならない。
　一　第1項の規定を根拠として当該処分をしようとする旨及びその内容
　二　当該処分の原因となる事実
　三　弁明の聴取の日時及び場所

12　厚生労働大臣は，第10項に規定する場合のほか，厚生労働大臣による弁明の機会の付与に代えて，医道審議会の委員に，当該処分に係る者に対する弁明の聴取を行わせることができる。この場合において，前項中「前項」とあるのは「次項」と，「都道府県知事」とあるのは「厚生労働大臣」と読み替えて，同項の規定を適用する。

13　第11項（前項後段の規定により読み替えて適用する場合を含む。）の通知を受けた者は，代理人を出頭させ，かつ，証拠書類又は証拠物を提出することができる。

14　都道府県知事又は医道審議会の委員は，第10項又は第12項前段の規定により弁明の聴取を行つたときは，聴取書を作り，これを保存するとともに，報告書を作成し，厚生労働大臣に提出しなければならない。この場合において，当該処分の決定についての意見があるときは，当該意見を報告書に記載しなければならない。

15　厚生労働大臣は，第4項又は第10項の規定により都道府県知事が意見の聴取又は弁明の聴取を行う場合において，都道府県知事に対し，あらかじめ，次に掲げる事項を通知しなければならない。
　一　当該処分に係る者の氏名及び住所
　二　当該処分の内容及び根拠となる条項
　三　当該処分の原因となる事実

16　第4項の規定により意見の聴取を行う場合における第5項において読み替えて準用する行政手続法第15条第1項の通知又は第10項の規定により弁明の聴取を行う場合における第11項の通知は，それぞれ，前項の規定により通知された内容に基づいたものでなければならない。

17　第4項若しくは第10項の規定により都道府県知事が意見の聴取若しくは弁明の聴取を行う場合又は第12項前段の規

定により医道審議会の委員が弁明の聴取を行う場合における当該処分については，行政手続法第3章（第12条及び第14条を除く。）の規定は，適用しない。

第7条の2　厚生労働大臣は，前条第1項第一号若しくは第二号に掲げる処分を受けた医師又は同条第2項の規定により再免許を受けようとする者に対し，医師としての倫理の保持又は医師として具有すべき知識及び技能に関する研修として厚生労働省令で定めるもの（以下「再教育研修」という。）を受けるよう命ずることができる。

2　厚生労働大臣は，前項の規定による再教育研修を修了した者について，その申請により，再教育研修を修了した旨を医籍に登録する。

3　厚生労働大臣は，前項の登録をしたときは，再教育研修修了登録証を交付する。

4　第2項の登録を受けようとする者及び再教育研修修了登録証の書換交付又は再交付を受けようとする者は，実費を勘案して政令で定める額の手数料を納めなければならない。

5　前条第10項から第17項まで（第12項を除く。）の規定は，第1項の規定による命令をしようとする場合について準用する。この場合において，必要な技術的読替えは，政令で定める。

第7条の3　厚生労働大臣は，医師について第7条第1項の規定による処分をすべきか否かを調査する必要があると認めるときは，当該事案に関係する者若しくは参考人から意見若しくは報告を徴し，診療録その他の物件の所有者に対し，当該物件の提出を命じ，又は当該職員をして当該事案に関係のある病院その他の場所に立ち入り，診療録その他の物件を検査させることができる。

2　前項の規定により立入検査をしようとする職員は，その身分を示す証明書を携帯し，関係人の請求があつたときは，これを提示しなければならない。

3　第1項の規定による立入検査の権限は，犯罪捜査のために認められたものと解してはならない。

第8条　この章に規定するもののほか，免許の申請，医籍の登録，訂正及び抹消，免許証の交付，書換交付，再交付，返納及び提出並びに住所の届出に関して必要な事項は政令で，第7条第1項の処分，第7条の2第1項の再教育研修の実施，同条第2項の医籍の登録及び同条第3項の再教育研修修了登録証の交付，書換交付及び再交付に関して必要な事項は厚生労働省令で定める。

第3章　試験

第9条　医師国家試験は，臨床上必要な医学及び公衆衛生に関して，医師として具有すべき知識及び技能について，これを行う。

第10条　医師国家試験及び医師国家試験予備試験は，毎年少くとも1回，厚生労働大臣が，これを行う。

2　厚生労働大臣は，医師国家試験又は医師国家試験予備試験の科目又は実施若しくは合格者の決定の方法を定めようとするときは，あらかじめ，医道審議会の意見を聴かなけ

ればならない。

第11条　医師国家試験は、次の各号のいずれかに該当する者でなければ、これを受けることができない。

一　大学において、医学の正規の課程を修めて卒業した者

二　医師国家試験予備試験に合格した者で、合格した後1年以上の診療及び公衆衛生に関する実地修練を経たもの

三　外国の医学校を卒業し、又は外国で医師免許を得た者で、厚生労働大臣が前二号に掲げる者と同等以上の学力及び技能を有し、かつ、適当と認定したもの

第12条　医師国家試験予備試験は、外国の医学校を卒業し、又は外国で医師免許を得た者のうち、前条第三号に該当しない者であつて、厚生労働大臣が適当と認定したものでなければ、これを受けることができない。

第13条及び第14条　削除

第15条　医師国家試験又は医師国家試験予備試験に関して不正の行為があつた場合には、当該不正行為に関係のある者について、その受験を停止させ、又はその試験を無効とすることができる。この場合においては、なお、その者について、期間を定めて試験を受けることを許さないことができる。

第16条　この章に規定するものの外、試験の科目、受験手続その他試験に関して必要な事項及び実地修練に関して必要な事項は、厚生労働省令でこれを定める。

第4章　研修

第16条の2　診療に従事しようとする医師は、2年以上、医学を履修する課程を置く大学に附属する病院又は厚生労働大臣の指定する病院において、臨床研修を受けなければならない。

2　厚生労働大臣は、前項の規定により指定した病院が臨床研修を行うについて不適当であると認めるに至つたときは、その指定を取り消すことができる。

3　厚生労働大臣は、第1項の指定又は前項の指定の取消しをしようとするときは、あらかじめ、医道審議会の意見を聴かなければならない。

4　第1項の規定の適用については、外国の病院で、厚生労働大臣が適当と認めたものは、同項の厚生労働大臣の指定する病院とみなす。

第16条の3　臨床研修を受けている医師は、臨床研修に専念し、その資質の向上を図るように努めなければならない。

第16条の4　厚生労働大臣は、第16条の2第1項の規定による臨床研修を修了した者について、その申請により、臨床研修を修了した旨を医籍に登録する。

2　厚生労働大臣は、前項の登録をしたときは、臨床研修修了登録証を交付する。

第16条の5　前条第1項の登録を受けようとする者及び臨床研修修了登録証の書換交付又は再交付を受けようとする者は、実費を勘案して政令で定める額の手数料を納めなければならない。

第16条の6　この章に規定するもののほか、第16条の2第1項の指定、第16条の4第1項の医籍の登録並びに同条第2項の臨床研修修了登録証の交付、書換交付及び再交付に関して必要な事項は、厚生労働省令で定める。

第16条の7　国、都道府県、病院又は診療所の管理者、大学、医学医術に関する学術団体、診療に関する学識経験者の団体その他の関係者は、医療提供体制（医療法（昭和23年法律第205号）第30条の3第1項に規定する医療提供体制をいう。次条第1項において同じ。）の確保に与える影響に配慮して医師の研修が行われるよう、適切な役割分担を行うとともに、相互に連携を図りながら協力するよう努めなければならない。

第16条の8　医学医術に関する学術団体その他の厚生労働省令で定める団体は、医師の研修に関する計画を定め、又は変更しようとするとき（当該計画に基づき研修を実施することにより、医療提供体制の確保に重大な影響を与える場合として厚生労働省令で定める場合に限る。）は、あらかじめ、厚生労働大臣の意見を聴かなければならない。

2　厚生労働大臣は、前項の団体を定める厚生労働省令の制定又は改廃の立案をしようとするときは、医道審議会の意見を聴かなければならない。

3　厚生労働大臣は、第1項の規定により意見を述べるときは、あらかじめ、関係都道府県知事の意見を聴かなければならない。

4　都道府県知事は、前項の規定により意見を述べるときは、あらかじめ、医療法第30条の23第1項に規定する地域医療対策協議会の意見を聴かなければならない。

5　第1項の厚生労働省令で定める団体は、同項の規定により厚生労働大臣の意見を聴いたときは、同項に規定する医師の研修に関する計画の内容に当該意見を反映させるよう努めなければならない。

第16条の9　厚生労働大臣は、医師が医療に関する最新の知見及び技能に関する研修を受ける機会を確保できるようにするため特に必要があると認めるときは、当該研修を行い、又は行おうとする医学医術に関する学術団体その他の厚生労働省令で定める団体に対し、当該研修の実施に関し、必要な措置の実施を要請することができる。

2　厚生労働大臣は、前項の厚生労働省令の制定又は改廃の立案をしようとするときは、医道審議会の意見を聴かなければならない。

3　第1項の厚生労働省令で定める団体は、同項の規定により、厚生労働大臣から研修の実施に関し、必要な措置の実施を要請されたときは、当該要請に応じるよう努めなければならない。

第5章　業務

第17条　医師でなければ、医業をなしてはならない。

第18条　医師でなければ、医師又はこれに紛らわしい名称を用いてはならない。

第19条　診療に従事する医師は、診察治療の求があつた場合には、正当な事由がなければ、これを拒んではならない。

2　診断若しくは検案をし、又は出産に立ち会つた医師は、診断書若しくは検案書又は出生証明書若しくは死産証書の

交付の求めがあつた場合には，正当の事由がなければ，これを拒んではならない。

第20条 医師は，自ら診察しないで治療をし，若しくは診断書若しくは処方せんを交付し，自ら出産に立ち会わないで出生証明書若しくは死産証書を交付し，又は自ら検案をしないで検案書を交付してはならない。但し，診療中の患者が受診後24時間以内に死亡した場合に交付する死亡診断書については，この限りでない。

第21条 医師は，死体又は妊娠4月以上の死産児を検案して異状があると認めたときは，24時間以内に所轄警察署に届け出なければならない。

第22条 医師は，患者に対し治療上薬剤を調剤して投与する必要があると認めた場合には，患者又は現にその看護に当つている者に対して処方せんを交付しなければならない。ただし，患者又は現にその看護に当つている者が処方せんの交付を必要としない旨を申し出た場合及び次の各号の一に該当する場合においては，この限りでない。

一　暗示的効果を期待する場合において，処方せんを交付することがその目的の達成を妨げるおそれがある場合
二　処方せんを交付することが診療又は疾病の予後について患者に不安を与え，その疾病の治療を困難にするおそれがある場合
三　病状の短時間ごとの変化に即応して薬剤を投与する場合
四　診断又は治療方法の決定していない場合
五　治療上必要な応急の措置として薬剤を投与する場合
六　安静を要する患者以外に薬剤の交付を受けることができる者がいない場合
七　覚せい剤を投与する場合
八　薬剤師が乗り組んでいない船舶内において薬剤を投与する場合

第23条 医師は，診療をしたときは，本人又はその保護者に対し，療養の方法その他保健の向上に必要な事項の指導をしなければならない。

第24条 医師は，診療をしたときは，遅滞なく診療に関する事項を診療録に記載しなければならない。
2　前項の診療録であつて，病院又は診療所に勤務する医師のした診療に関するものは，その病院又は診療所の管理者において，その他の診療に関するものは，その医師において，5年間これを保存しなければならない。

第24条の2 厚生労働大臣は，公衆衛生上重大な危害を生ずる虞がある場合において，その危害を防止するため特に必要があると認めるときは，医師に対して，医療又は保健指導に関し必要な指示をすることができる。
2　厚生労働大臣は，前項の規定による指示をするに当つては，あらかじめ，医道審議会の意見を聴かなければならない。

第6章　医師試験委員

第25条及び第26条　削除
第27条 医師国家試験及び医師国家試験予備試験に関する事

務をつかさどらせるため，厚生労働省に医師試験委員を置く。
2　医師試験委員に関し必要な事項は，政令で定める。
第28条及び第29条　削除
第30条 医師試験委員その他医師国家試験又は医師国家試験予備試験に関する事務をつかさどる者は，その事務の施行に当たつて厳正を保持し，不正の行為のないようにしなければならない。

第7章　雑則

第30条の2 厚生労働大臣は，医療を受ける者その他国民による医師の資格の確認及び医療に関する適切な選択に資するよう，医師の氏名その他の政令で定める事項を公表するものとする。
第30条の3 第6条第3項，第7条第4項及び第8項前段，同条第10項及び第11項（これらの規定を第7条の2第5項において準用する場合を含む。），第7条第5項において準用する行政手続法第15条第1項及び第3項（同法第22条第3項において準用する場合を含む。），第16条第4項，第18条第1項及び第3項，第19条第1項，第20条第6項並びに第24条第3項並びに第7条第8項後段において準用する同法第22条第3項において準用する同法第15条第3項の規定により都道府県が処理することとされている事務は，地方自治法（昭和22年法律第67号）第2条第9項第一号に規定する第一号法定受託事務とする。

第8章　罰則

第31条 次の各号のいずれかに該当する者は，3年以下の懲役若しくは100万円以下の罰金に処し，又はこれを併科する。
一　第17条の規定に違反した者
二　虚偽又は不正の事実に基づいて医師免許を受けた者
2　前項第一号の罪を犯した者が，医師又はこれに類似した名称を用いたものであるときは，3年以下の懲役若しくは200万円以下の罰金に処し，又はこれを併科する。
第32条 第7条第1項の規定により医業の停止を命ぜられた者で，当該停止を命ぜられた期間中に，医業を行つたものは，1年以下の懲役若しくは50万円以下の罰金に処し，又はこれを併科する。
第33条 第30条の規定に違反して故意若しくは重大な過失により事前に試験問題を漏らし，又は故意に不正の採点をした者は，1年以下の懲役若しくは50万円以下の罰金に処する。
第33条の2 次の各号のいずれかに該当する者は，50万円以下の罰金に処する。
一　第6条第3項，第18条，第20条から第22条まで又は第24条の規定に違反した者
二　第7条の2第1項の規定による命令に違反して再教育研修を受けなかつた者
三　第7条の3第1項の規定による陳述をせず，報告をせず，若しくは虚偽の陳述若しくは報告をし，物件を提出せず，又は検査を拒み，妨げ，若しくは忌避した者

医師法

181

第33条の3　法人の代表者又は法人若しくは人の代理人，使用人その他の従業者が，その法人又は人の業務に関して前条第三号の違反行為をしたときは，行為者を罰するほか，その法人又は人に対しても同条の罰金刑を科する。

附　則　抄

歯科医師法

（昭和23年法律第202号）

最新改正：令和元年法律第37号

第1章　総則

第1条　歯科医師は，歯科医療及び保健指導を掌ることによつて，公衆衛生の向上及び増進に寄与し，もつて国民の健康な生活を確保するものとする。

第2章　免許

第2条　歯科医師になろうとする者は，歯科医師国家試験に合格し，厚生労働大臣の免許を受けなければならない。

第3条　未成年者には，免許を与えない。

第4条　次の各号のいずれかに該当する者には，免許を与えないことがある。
一　心身の障害により歯科医師の業務を適正に行うことができない者として厚生労働省令で定めるもの
二　麻薬，大麻又はあへんの中毒者
三　罰金以上の刑に処せられた者
四　前号に該当する者を除くほか，医事に関し犯罪又は不正の行為のあつた者

第5条　厚生労働省に歯科医籍を備え，登録年月日，第7条第1項の規定による処分に関する事項その他の歯科医師免許に関する事項を登録する。

第6条　免許は，歯科医師国家試験に合格した者の申請により，歯科医籍に登録することによつて行う。
2　厚生労働大臣は，免許を与えたときは，歯科医師免許証を交付する。
3　歯科医師は，厚生労働省令で定める2年ごとの年の12月31日現在における氏名，住所（歯科医業に従事する者については，更にその場所）その他厚生労働省令で定める事項を，当該年の翌年1月15日までに，その住所地の都道府県知事を経由して厚生労働大臣に届け出なければならない。

第6条の2　厚生労働大臣は，歯科医師免許を申請した者について，第4条第一号に掲げる者に該当すると認め，同条の規定により免許を与えないこととするときは，あらかじめ，当該申請者にその旨を通知し，その求めがあつたときは，厚生労働大臣の指定する職員にその意見を聴取させなければならない。

第7条　歯科医師が第4条各号のいずれかに該当し，又は歯科医師としての品位を損するような行為のあつたときは，厚生労働大臣は，次に掲げる処分をすることができる。
一　戒告

二　3年以内の歯科医業の停止
三　免許の取消し
2　前項の規定による取消処分を受けた者（第4条第三号若しくは第四号に該当し，又は歯科医師としての品位を損するような行為のあつた者として同項の規定による取消処分を受けた者にあつては，その処分の日から起算して5年を経過しない者を除く。）であつても，その者がその取消しの理由となつた事由に該当しなくなつたときその他その後の事情により再び免許を与えるのが適当であると認められるに至つたときは，再免許を与えることができる。この場合においては，第6条第1項及び第2項の規定を準用する。
3　厚生労働大臣は，前2項に規定する処分をするに当たつては，あらかじめ医道審議会の意見を聴かなければならない。
4　厚生労働大臣は，第1項の規定による免許の取消処分をしようとするときは，都道府県知事に対し，当該処分に係る者に対する意見の聴取を行うことを求め，当該意見の聴取をもつて，厚生労働大臣による聴聞に代えることができる。
5　行政手続法（平成5年法律第88号）第3章第2節（第25条，第26条及び第28条を除く。）の規定は，都道府県知事が前項の規定により意見の聴取を行う場合について準用する。この場合において，同節中「聴聞」とあるのは「意見の聴取」と，同法第15条第1項中「行政庁」とあるのは「都道府県知事」と，同条第3項（同法第22条第3項において準用する場合を含む。）中「行政庁は」とあるのは「都道府県知事は」と，「当該行政庁が」とあるのは「当該都道府県知事が」と，「当該行政庁の」とあるのは「当該都道府県の」と，同法第16条第4項並びに第18条第1項及び第3項中「行政庁」とあるのは「都道府県知事」と，同法第19条第1項中「行政庁が指名する職員その他政令で定める者」とあるのは「都道府県知事が指名する職員」と，同法第20条第1項，第2項及び第4項中「行政庁」とあるのは「都道府県」と，同条第6項及び同法第24条第3項中「行政庁」とあるのは「都道府県知事」と読み替えるものとする。
6　厚生労働大臣は，都道府県知事から当該処分の原因となる事実を証する書類その他意見の聴取を行う上で必要となる書類を求められた場合には，速やかにそれらを当該都道府県知事あて送付しなければならない。
7　都道府県知事は，第4項の規定により意見の聴取を行う場合において，第5項において読み替えて準用する行政手続法第24条第3項の規定により同条第1項の調書及び同条第3項の報告書の提出を受けたときは，これらを保存するとともに，当該調書及び報告書の写しを厚生労働大臣に提出しなければならない。この場合において，当該処分の決定についての意見があるときは，当該写しのほか当該意見を記載した意見書を提出しなければならない。
8　厚生労働大臣は，意見の聴取の終結後に生じた事情に鑑み必要があると認めるときは，都道府県知事に対し，前項

前段の規定により提出された調書及び報告書の写し並びに同項後段の規定により提出された意見書を返戻して主宰者に意見の聴取の再開を命ずるよう求めることができる。行政手続法第22条第2項本文及び第3項の規定は，この場合について準用する。

9　厚生労働大臣は，当該処分の決定をするときは，第7項の規定により提出された意見書並びに調書及び報告書の写しの内容を十分参酌してこれをしなければならない。

10　厚生労働大臣は，第1項の規定による歯科医業の停止の命令をしようとするときは，都道府県知事に対し，当該処分に係る者に対する弁明の聴取を行うことを求め，当該弁明の聴取をもつて，厚生労働大臣による弁明の機会の付与に代えることができる。

11　前項の規定により弁明の聴取を行う場合において，都道府県知事は，弁明の聴取を行うべき日時までに相当な期間をおいて，当該処分に係る者に対し，次に掲げる事項を書面により通知しなければならない。
　　一　第1項の規定を根拠として当該処分をしようとする旨及びその内容
　　二　当該処分の原因となる事実
　　三　弁明の聴取の日時及び場所

12　厚生労働大臣は，第10項に規定する場合のほか，厚生労働大臣による弁明の機会の付与に代えて，医道審議会の委員に，当該処分に係る者に対する弁明の聴取を行わせることができる。この場合においては，前項中「前項」とあるのは「次項」と，「都道府県知事」とあるのは「厚生労働大臣」と読み替えて，同項の規定を適用する。

13　第11項（前項後段の規定により読み替えて適用する場合を含む。）の通知を受けた者は，代理人を出頭させ，かつ，証拠書類又は証拠物を提出することができる。

14　都道府県知事又は医道審議会の委員は，第10項又は第12項前段の規定により弁明の聴取を行つたときは，聴取書を作り，これを保存するとともに，報告書を作成し，厚生労働大臣に提出しなければならない。この場合において，当該処分の決定についての意見があるときは，当該意見を報告書に記載しなければならない。

15　厚生労働大臣は，第4項又は第10項の規定により都道府県知事が意見の聴取又は弁明の聴取を行う場合においては，都道府県知事に対し，あらかじめ，次に掲げる事項を通知しなければならない。
　　一　当該処分に係る者の氏名及び住所
　　二　当該処分の内容及び根拠となる条項
　　三　当該処分の原因となる事実

16　第4項の規定により意見の聴取を行う場合における第5項において読み替えて準用する行政手続法第15条第1項の通知又は第10項の規定により弁明の聴取を行う場合における第11項の通知は，それぞれ，前項の規定により通知された内容に基づいたものでなければならない。

17　第4項若しくは第10項の規定により都道府県知事が意見の聴取若しくは弁明の聴取を行う場合又は第12項前段の規定により医道審議会の委員が弁明の聴取を行う場合におけ

る当該処分については，行政手続法第3章（第12条及び第14条を除く。）の規定は，適用しない。

第7条の2　厚生労働大臣は，前条第1項第一号若しくは第二号に掲げる処分を受けた歯科医師又は同条第2項の規定により再免許を受けようとする者に対し，歯科医師としての倫理の保持又は歯科医師として具有すべき知識及び技能に関する研修として厚生労働省令で定めるもの（以下「再教育研修」という。）を受けるよう命ずることができる。

2　厚生労働大臣は，前項の規定による再教育研修を修了した者について，その申請により，再教育研修を修了した旨を歯科医籍に登録する。

3　厚生労働大臣は，前項の登録をしたときは，再教育研修修了登録証を交付する。

4　第2項の登録を受けようとする者及び再教育研修修了登録証の書換交付又は再交付を受けようとする者は，実費を勘案して政令で定める額の手数料を納めなければならない。

5　前条第10項から第17項まで（第12項を除く。）の規定は，第1項の規定による命令をしようとする場合について準用する。この場合において，必要な技術的読替えは，政令で定める。

第7条の3　厚生労働大臣は，歯科医師について第7条第1項の規定による処分をすべきか否かを調査する必要があると認めるときは，当該事案に関係する者若しくは参考人から意見若しくは報告を徴し，診療録その他の物件の所有者に対し，当該物件の提出を命じ，又は当該職員をして当該事案に関係のある病院その他の場所に立ち入り，診療録その他の物件を検査させることができる。

2　前項の規定により立入検査をしようとする職員は，その身分を示す証明書を携帯し，関係人の請求があつたときは，これを提示しなければならない。

3　第1項の規定による立入検査の権限は，犯罪捜査のために認められたものと解してはならない。

第8条　この章に規定するもののほか，免許の申請，歯科医籍の登録，訂正及び抹消，免許証の交付，書換交付，再交付，返納及び提出並びに住所の届出に関して必要な事項は政令で，第7条第1項の処分，第7条の2第1項の再教育研修の実施，同条第2項の歯科医籍の登録並びに同条第3項の再教育研修修了登録証の交付，書換交付及び再交付に関して必要な事項は厚生労働省令で定める。

第3章　試験

第9条　歯科医師国家試験は，臨床上必要な歯科医学及び口くう衛生に関して，歯科医師として具有すべき知識及び技能について，これを行う。

第10条　歯科医師国家試験及び歯科医師国家試験予備試験は，毎年少くとも1回，厚生労働大臣が，これを行う。

2　厚生労働大臣は，歯科医師国家試験又は歯科医師国家試験予備試験の科目又は実施若しくは合格者の決定の方法を定めようとするときは，あらかじめ，医道審議会の意見を聴かなければならない。

第11条 歯科医師国家試験は，次の各号の一に該当する者でなければ，これを受けることができない。
　一 学校教育法（昭和22年法律第26号）に基づく大学（第16条の2第1項において単に「大学」という。）において，歯学の正規の課程を修めて卒業した者
　二 歯科医師国家試験予備試験に合格した者で，合格した後1年以上の診療及び口腔（くう）衛生に関する実地修練を経たもの
　三 外国の歯科医学校を卒業し，又は外国で歯科医師免許を得た者で，厚生労働大臣が前二号に掲げる者と同等以上の学力及び技能を有し，かつ，適当と認定したもの
第12条 歯科医師国家試験予備試験は，外国の歯科医学校を卒業し，又は外国で歯科医師免許を得た者のうち，前条第三号に該当しない者であつて，厚生労働大臣が適当と認定したものでなければ，これを受けることができない。
第13条及び第14条 削除
第15条 歯科医師国家試験又は歯科医師国家試験予備試験に関して不正の行為があつた場合には，当該不正行為に関係のある者について，その受験を停止させ，又はその試験を無効とすることができる。この場合においては，なお，その者について，期間を定めて試験を受けることを許さないことができる。
第16条 この章に規定するものの外，試験の科目，受験手続その他試験に関して必要な事項及び実地修練に関して必要な事項は，厚生労働省令でこれを定める。

第3章の2　臨床研修

第16条の2 診療に従事しようとする歯科医師は，1年以上，歯学若しくは医学を履修する課程を置く大学に附属する病院（歯科医業を行わないものを除く。）又は厚生労働大臣の指定する病院若しくは診療所において，臨床研修を受けなければならない。
2 厚生労働大臣は，前項の規定により指定した病院又は診療所が臨床研修を行うについて不適当であると認めるに至つたときは，その指定を取り消すことができる。
3 厚生労働大臣は，第1項の指定又は前項の指定の取消しをしようとするときは，あらかじめ，医道審議会の意見を聴かなければならない。
4 第1項の規定の適用については，外国の病院又は診療所で，厚生労働大臣が適当と認めたものは，同項の厚生労働大臣の指定する病院又は診療所とみなす。
第16条の3 臨床研修を受けている歯科医師は，臨床研修に専念し，その資質の向上を図るように努めなければならない。
第16条の4 厚生労働大臣は，第16条の2第1項の規定による臨床研修を修了した者について，その申請により，臨床研修を修了した旨を歯科医籍に登録する。
2 厚生労働大臣は，前項の登録をしたときは，臨床研修修了登録証を交付する。
第16条の5 前条第1項の登録を受けようとする者及び臨床研修修了登録証の書換交付又は再交付を受けようとする者

は，実費を勘案して政令で定める額の手数料を納めなければならない。
第16条の6 この章に規定するもののほか，第16条の2第1項の指定，第16条の4第1項の歯科医籍の登録並びに同条第2項の臨床研修修了登録証の交付，書換交付及び再交付に関して必要な事項は，厚生労働省令で定める。

第4章　業務

第17条 歯科医師でなければ，歯科医業をなしてはならない。
第18条 歯科医師でなければ，歯科医師又はこれに紛らわしい名称を用いてはならない。
第19条 診療に従事する歯科医師は，診察治療の求があつた場合には，正当な事由がなければ，これを拒んではならない。
2 診療をなした歯科医師は，診断書の交付の求があつた場合は，正当な事由がなければ，これを拒んではならない。
第20条 歯科医師は，自ら診察しないで治療をし，又は診断書若しくは処方せんを交付してはならない。
第21条 歯科医師は，患者に対し治療上薬剤を調剤して投与する必要があると認めた場合には，患者又は現にその看護に当つている者に対して処方せんを交付しなければならない。ただし，患者又は現にその看護に当つている者が処方せんの交付を必要としない旨を申し出た場合及び次の各号の一に該当する場合においては，その限りでない。
　一 暗示的効果を期待する場合において，処方せんを交付することがその目的の達成を妨げるおそれがある場合
　二 処方せんを交付することが診療又は疾病の予後について患者に不安を与え，その疾病の治療を困難にするおそれがある場合
　三 病状の短時間ごとの変化に即応して薬剤を投与する場合
　四 診断又は治療方法の決定していない場合
　五 治療上必要な応急の措置として薬剤を投与する場合
　六 安静を要する患者以外に薬剤の交付を受けることができる者がいない場合
　七 薬剤師が乗り組んでいない船舶内において，薬剤を投与する場合
第22条 歯科医師は，診療をしたときは，本人又はその保護者に対し，療養の方法その他保健の向上に必要な事項の指導をしなければならない。
第23条 歯科医師は，診療をしたときは，遅滞なく診療に関する事項を診療録に記載しなければならない。
2 前項の診療録であつて，病院又は診療所に勤務する歯科医師のした診療に関するものは，その病院又は診療所の管理者において，その他の診療に関するものは，その歯科医師において，5年間これを保存しなければならない。
第23条の2 厚生労働大臣は，公衆衛生上重大な危害を生ずる虞がある場合において，その危害を防止するため特に必要があると認めるときは，歯科医師に対して，歯科医療又は保健指導に関し必要な指示をすることができる。

2 厚生労働大臣は，前項の規定による指示をするに当つて
　は，あらかじめ医道審議会の意見を聴かなければならな
　い。

第5章　歯科医師試験委員

第24条　歯科医師国家試験及び歯科医師国家試験予備試験に
　関する事務をつかさどらせるため，厚生労働省に歯科医
　師試験委員を置く。

2　歯科医師試験委員に関し必要な事項は，政令で定める。

第25条から第27条まで　削除

第28条　歯科医師試験委員その他歯科医師国家試験又は歯科
　医師国家試験予備試験に関する事務をつかさどる者は，そ
　の事務の施行に当たつて厳正を保持し，不正の行為のない
　ようにしなければならない。

第5章の2　雑則

第28条の2　厚生労働大臣は，歯科医療を受ける者その他国
　民による歯科医師の資格の確認及び歯科医療に関する適
　切な選択に資するよう，歯科医師の氏名その他の政令で
　定める事項を公表するものとする。

第28条の3　第6条第3項，第7条第4項及び第8項前段，
　同条第10項及び第11項（これらの規定を第7条の2第5項
　において準用する場合を含む。），第7条第5項において準
　用する行政手続法第15条第1項及び第3項（同法第22条第
　3項において準用する場合を含む。），第16条第4項，第18
　条第1項及び第3項，第19条第1項，第20条第6項並びに
　第24条第3項並びに第7条第8項後段において準用する同
　法第22条第3項において準用する同法第15条第3項の規定
　により都道府県が処理することとされている事務は，地方
　自治法（昭和22年法律第67号）第2条第9項第一号に規定
　する第一号法定受託事務とする。

第6章　罰則

第29条　次の各号のいずれかに該当する者は，3年以下の懲
　役若しくは100万円以下の罰金に処し，又はこれを併科す
　る。

　一　第17条の規定に違反した者

　二　虚偽又は不正の事実に基づいて歯科医師免許を受けた
　　者

2　前項第一号の罪を犯した者が，歯科医師又はこれに類似
　した名称を用いたものであるときは，3年以下の懲役若し
　くは200万円以下の罰金に処し，又はこれを併科する。

第30条　第7条第1項の規定により歯科医業の停止を命ぜら
　れた者で，当該停止を命ぜられた期間中に，歯科医業を行
　つたものは，1年以下の懲役若しくは50万円以下の罰金に
　処し，又はこれを併科する。

第31条　第28条の規定に違反して故意若しくは重大な過失に
　より事前に試験問題を漏らし，又は故意に不正の採点をし
　た者は，1年以下の懲役又は50万円以下の罰金に処する。

第31条の2　次の各号のいずれかに該当する者は，50万円以
　下の罰金に処する。

　一　第6条第3項，第18条，第20条，第21条又は第23条の
　　規定に違反した者

　二　第7条の2第1項の規定による命令に違反して再教育
　　研修を受けなかつた者

　三　第7条の3第1項の規定による陳述をせず，報告をせ
　　ず，若しくは虚偽の陳述若しくは報告をし，物件を提出
　　せず，又は検査を拒み，妨げ，若しくは忌避した者

第31条の3　法人の代表者又は法人若しくは人の代理人，使
　用人その他の従業者が，その法人又は人の業務に関して前
　条第三号の違反行為をしたときは，行為者を罰するほか，
　その法人又は人に対しても同条の罰金刑を科する。

附　則　抄

薬剤師法

（昭和35年法律第146号）
最新改正：令和元年法律第63号

第1章　総則

（薬剤師の任務）

第1条　薬剤師は，調剤，医薬品の供給その他薬事衛生をつ
　かさどることによつて，公衆衛生の向上及び増進に寄与
　し，もつて国民の健康な生活を確保するものとする。

第2章　免許

（免許）

第2条　薬剤師になろうとする者は，厚生労働大臣の免許を
　受けなければならない。

（免許の要件）

第3条　薬剤師の免許（以下「免許」という。）は，薬剤師
　国家試験（以下「試験」という。）に合格した者に対して
　与える。

（絶対的欠格事由）

第4条　未成年者には，免許を与えない。

（相対的欠格事由）

第5条　次の各号のいずれかに該当する者には，免許を与え
　ないことがある。

　一　心身の障害により薬剤師の業務を適正に行うことがで
　　きない者として厚生労働省令で定めるもの

　二　麻薬，大麻又はあへんの中毒者

　三　罰金以上の刑に処せられた者

　四　前号に該当する者を除くほか，薬事に関し犯罪又は不
　　正の行為があつた者

（薬剤師名簿）

第6条　厚生労働省に薬剤師名簿を備え，登録年月日，第8
　条第1項の規定による処分に関する事項その他の免許に関
　する事項を登録する。

（登録及び免許証の交付）

第7条　免許は，試験に合格した者の申請により，薬剤師名
　簿に登録することによつて行う。

2 厚生労働大臣は，免許を与えたときは，薬剤師免許証を交付する。

（意見の聴取）

第7条の2 厚生労働大臣は，免許を申請した者について，第5条第一号に掲げる者に該当すると認め，同条の規定により免許を与えないこととするときは，あらかじめ，当該申請者にその旨を通知し，その求めがあつたときは，厚生労働大臣の指定する職員にその意見を聴取させなければならない。

（免許の取消し等）

第8条 薬剤師が，第5条各号のいずれかに該当し，又は薬剤師としての品位を損するような行為のあつたときは，厚生労働大臣は，次に掲げる処分をすることができる。

　一　戒告
　二　3年以内の業務の停止
　三　免許の取消し

2 都道府県知事は，薬剤師について前項の処分が行われる必要があると認めるときは，その旨を厚生労働大臣に具申しなければならない。

3 第1項の規定により免許を取り消された者（第5条第三号若しくは第四号に該当し，又は薬剤師としての品位を損するような行為のあつた者として第1項の規定により免許を取り消された者にあつては，その取消しの日から起算して5年を経過しない者を除く。）であつても，その者がその取消しの理由となつた事項に該当しなくなつたときその他その後の事情により再び免許を与えるのが適当であると認められるに至つたときは，再免許を与えることができる。この場合においては，第7条の規定を準用する。

4 厚生労働大臣は，第1項及び前項に規定する処分をするに当つては，あらかじめ，医道審議会の意見を聴かなければならない。

5 厚生労働大臣は，第1項の規定による免許の取消処分をしようとするときは，都道府県知事に対し，当該処分に係る者に対する意見の聴取を行うことを求め，当該意見の聴取をもつて，厚生労働大臣による聴聞に代えることができる。

6 行政手続法（平成5年法律第88号）第3章第2節（第25条，第26条及び第28条を除く。）の規定は，都道府県知事が前項の規定による意見の聴取を行う場合について準用する。この場合において，同節中「聴聞」とあるのは「意見の聴取」と，同法第15条第1項中「行政庁」とあるのは「都道府県知事」と，同条第3項（同法第22条第3項において準用する場合を含む。）中「行政庁は」とあるのは「都道府県知事は」と，「当該行政庁が」とあるのは「当該都道府県知事が」と，「当該行政庁の」とあるのは「当該都道府県の」と，同法第16条第4項並びに第18条第1項及び第3項中「行政庁」とあるのは「都道府県知事」と，同法第19条第1項中「行政庁が指名する職員その他政令で定める者」とあるのは「都道府県知事が指名する職員」と，同法第20条第1項，第2項及び第4項中「行政庁」とあるのは「都道府県」と，同条第6項及び同法第24条第3項中

「行政庁」とあるのは「都道府県知事」と読み替えるものとする。

7 厚生労働大臣は，都道府県知事から当該処分の原因となる事実を証する書類その他意見の聴取を行う上で必要となる書類を求められた場合には，速やかにそれらを当該都道府県知事あて送付しなければならない。

8 都道府県知事は，第5項の規定により意見の聴取を行う場合において，第6項において読み替えて準用する行政手続法第24条第3項の規定により同条第1項の調書及び同条第3項の報告書の提出を受けたときは，これらを保存するとともに，当該調書及び報告書の写しを厚生労働大臣に提出しなければならない。この場合において，当該処分の決定についての意見があるときは，当該写しのほか当該意見を記載した意見書を提出しなければならない。

9 厚生労働大臣は，意見の聴取の終結後に生じた事情に鑑み必要があると認めるときは，都道府県知事に対し，前項前段の規定により提出された調書及び報告書の写し並びに同項後段の規定により提出された意見書を返戻して主宰者に意見の聴取の再開を命ずるよう求めることができる。行政手続法第22条第2項本文及び第3項の規定は，この場合について準用する。

10 厚生労働大臣は，当該処分の決定をするときは，第8項の規定により提出された意見書並びに調書及び報告書の写しの内容を十分参酌してこれをしなければならない。

11 厚生労働大臣は，第1項の規定による業務の停止の命令をしようとするときは，都道府県知事に対し，当該処分に係る者に対する弁明の聴取を行うことを求め，当該弁明の聴取をもつて，厚生労働大臣による弁明の機会の付与に代えることができる。

12 前項の規定により弁明の聴取を行う場合において，都道府県知事は，弁明の聴取を行うべき日時までに相当な期間をおいて，当該処分に係る者に対し，次に掲げる事項を書面により通知しなければならない。

　一　第1項の規定を根拠として当該処分をしようとする旨及びその内容
　二　当該処分の原因となる事実
　三　弁明の聴取の日時及び場所

13 厚生労働大臣は，第11項に規定する場合のほか，厚生労働大臣による弁明の機会の付与に代えて，医道審議会の委員に，当該処分に係る者に対する弁明の聴取を行わせることができる。この場合においては，前項中「前項」とあるのは「次項」と，「都道府県知事」とあるのは「厚生労働大臣」と読み替えて，同項の規定を適用する。

14 第12項（前項後段の規定により読み替えて適用する場合を含む。）の通知を受けた者は，代理人を出頭させ，かつ，証拠書類又は証拠物を提出することができる。

15 都道府県知事又は医道審議会の委員は，第11項又は第13項前段の規定により弁明の聴取を行つたときは，聴取書を作り，これを保存するとともに，報告書を作成し，厚生労働大臣に提出しなければならない。この場合において，当該処分の決定についての意見があるときは，当該意見を報

186

告書に記載しなければならない。

16　厚生労働大臣は，第5項又は第11項の規定により都道府県知事が意見の聴取又は弁明の聴取を行う場合においては，都道府県知事に対し，あらかじめ，次に掲げる事項を通知しなければならない。

一　当該処分に係る者の氏名及び住所
二　当該処分の内容及び根拠となる条項
三　当該処分の原因となる事実

17　第5項の規定により意見の聴取を行う場合における第6項において読み替えて準用する行政手続法第15条第1項の通知又は第11項の規定により弁明の聴取を行う場合における第12項の通知は，それぞれ，前項の規定により通知された内容に基づいたものでなければならない。

18　第5項若しくは第11項の規定により都道府県知事が意見の聴取若しくは弁明の聴取を行う場合又は第13項前段の規定により医道審議会の委員が弁明の聴取を行う場合における当該処分については，行政手続法第3章（第12条及び第14条を除く。）の規定は，適用しない。

（再教育研修）

第8条の2　厚生労働大臣は，前条第1項第一号若しくは第二号に掲げる処分を受けた薬剤師又は同条第3項の規定により再免許を受けようとする者に対し，薬剤師としての倫理の保持又は薬剤師として必要な知識及び技能に関する研修として厚生労働省令で定めるもの（以下「再教育研修」という。）を受けるよう命ずることができる。

2　厚生労働大臣は，前項の規定による再教育研修を修了した者について，その申請により，再教育研修を修了した旨を薬剤師名簿に登録する。

3　厚生労働大臣は，前項の登録をしたときは，再教育研修修了登録証を交付する。

4　第2項の登録を受けようとする者及び再教育研修修了登録証の書換交付又は再交付を受けようとする者は，実費を勘案して政令で定める額の手数料を納めなければならない。

5　前条第11項から第18項まで（第13号を除く。）の規定は，第1項の規定による命令をしようとする場合について準用する。この場合において，必要な技術的読替えは，政令で定める。

（調査のための権限）

第8条の3　厚生労働大臣は，薬剤師について第8条第1項の規定による処分をすべきか否かを調査する必要があると認めるときは，当該事案に関係する者若しくは参考人から意見若しくは報告を徴し，調剤録その他の物件の所有者に対し，当該物件の提出を命じ，又は当該職員をして当該事案に関係のある薬局その他の場所に立ち入り，調剤録その他の物件を検査させることができる。

2　前項の規定により立入検査をしようとする職員は，その身分を示す証明書を携帯し，関係人の請求があったときは，これを提示しなければならない。

3　第1項の規定による立入検査の権限は，犯罪捜査のために認められたものと解してはならない。

（届出）

第9条　薬剤師は，厚生労働省令で定める2年ごとの年の12月31日現在における氏名，住所その他厚生労働省令で定める事項を，当該年の翌年1月15日までに，その住所地の都道府県知事を経由して厚生労働大臣に届け出なければならない。

（政令等への委任）

第10条　この章に規定するもののほか，免許の申請，薬剤師名簿の登録，訂正及び消除並びに免許証の交付，書換交付，再交付及び返納に関し必要な事項は政令で，第8条第1項の処分，第8条の2第1項の再教育研修の実施，同条第2項の薬剤師名簿の登録並びに同条第3項の再教育研修修了登録証の交付，書換交付及び再交付に関して必要な事項は厚生労働省令で定める。

第3章　試験

（試験の目的）

第11条　試験は，薬剤師として必要な知識及び技能について行なう。

（試験の実施）

第12条　試験は，毎年少なくとも1回，厚生労働大臣が行なう。

2　厚生労働大臣は，試験の科目又は実施若しくは合格者の決定の方法を定めようとするときは，あらかじめ，医道審議会の意見を聴かなければならない。

（薬剤師試験委員）

第13条　試験に関する事務をつかさどらせるため，厚生労働省に薬剤師試験委員を置く。

2　薬剤師試験委員に関し必要な事項は，政令で定める。

（試験事務担当者の不正行為の禁止）

第14条　薬剤師試験委員その他試験に関する事務をつかさどる者は，その事務の施行に当たつて厳正を保持し，不正の行為がないようにしなければならない。

（受験資格）

第15条　試験は，次の各号のいずれかに該当する者でなければ，受けることができない。

一　学校教育法（昭和22年法律第26号）に基づく大学において，薬学の正規の課程（同法第87条第2項に規定するものに限る。）を修めて卒業した者
二　外国の薬学校を卒業し，又は外国の薬剤師免許を受けた者で，厚生労働大臣が前号に掲げる者と同等以上の学力及び技能を有すると認定したもの

（受験手数料）

第16条　試験を受けようとする者は，実費を勘案して政令で定める額の手数料を納めなければならない。

2　前項の規定により納めた手数料は，試験を受けなかつた場合においても，返還しない。

（不正行為の禁止）

第17条　試験に関して不正の行為があつた場合には，その不正行為に関係のある者について，その受験を停止させ，又はその試験を無効とすることができる。この場合において

は，なお，その者について，期間を定めて試験を受けることを許さないことができる。

（省令への委任）

第18条 この章に規定するもののほか，試験の科目，受験手続その他試験に関し必要な事項は，厚生労働省令で定める。

第4章 業務

（調剤）

第19条 薬剤師でない者は，販売又は授与の目的で調剤してはならない。ただし，医師若しくは歯科医師が次に掲げる場合において自己の処方せんにより自ら調剤するとき，又は獣医師が自己の処方せんにより自ら調剤するときは，この限りでない。

一　患者又は現にその看護に当たつている者が特にその医師又は歯科医師から薬剤の交付を受けることを希望する旨を申し出た場合

二　医師法（昭和23年法律第201号）第22条各号の場合又は歯科医師法（昭和23年法律第202号）第21条各号の場合

（名称の使用制限）

第20条 薬剤師でなければ，薬剤師又はこれにまぎらわしい名称を用いてはならない。

（調剤の求めに応ずる義務）

第21条 調剤に従事する薬剤師は，調剤の求めがあつた場合には，正当な理由がなければ，これを拒んではならない。

（調剤の場所）

第22条 薬剤師は，医療を受ける者の居宅等（居宅その他の厚生労働省令で定める場所をいう。）において医師又は歯科医師が交付した処方せんにより，当該居宅等において調剤の業務のうち厚生労働省令で定めるものを行う場合を除き，薬局以外の場所で，販売又は授与の目的で調剤してはならない。ただし，病院若しくは診療所又は飼育動物診療施設（獣医療法（平成4年法律第46号）第2条第2項に規定する診療施設をいい，住診のみによつて獣医師に飼育動物の診療業務を行わせる者の住所を含む。以下この条において同じ。）の調剤所において，その病院若しくは診療所又は飼育動物診療施設で診療に従事する医師若しくは歯科医師又は獣医師の処方せんによつて調剤する場合及び災害その他特殊の事由により薬剤師が薬局において調剤することができない場合その他の厚生労働省令で定める特別の事情がある場合は，この限りでない。

（処方せんによる調剤）

第23条 薬剤師は，医師，歯科医師又は獣医師の処方せんによらなければ，販売又は授与の目的で調剤してはならない。

2　薬剤師は，処方せんに記載された医薬品につき，その処方せんを交付した医師，歯科医師又は獣医師の同意を得た場合を除くほか，これを変更して調剤してはならない。

（処方せん中の疑義）

第24条 薬剤師は，処方せん中に疑わしい点があるときは，

その処方せんを交付した医師，歯科医師又は獣医師に問い合わせて，その疑わしい点を確かめた後でなければ，これによつて調剤してはならない。

（調剤された薬剤の表示）

第25条 薬剤師は，販売又は授与の目的で調剤した薬剤の容器又は被包に，処方せんに記載された患者の氏名，用法，用量その他厚生労働省令で定める事項を記載しなければならない。

（情報の提供及び指導）

第25条の2 薬剤師は，調剤した薬剤の適正な使用のため，販売又は授与の目的で調剤したときは，患者又は現にその看護に当たつている者に対し，必要な情報を提供し，及び必要な薬学的知見に基づく指導を行わなければならない。

（処方せんへの記入等）

第26条 薬剤師は，調剤したときは，その処方せんに，調剤済みの旨（その調剤によつて，当該処方せんが調剤済みとならなかつたときは，調剤量），調剤年月日その他厚生労働省令で定める事項を記入し，かつ，記名押印し，又は署名しなければならない。

（処方せんの保存）

第27条 薬局開設者は，当該薬局で調剤済みとなつた処方せんを，調剤済みとなつた日から3年間，保存しなければならない。

（調剤録）

第28条 薬局開設者は，薬局に調剤録を備えなければならない。

2　薬剤師は，薬局で調剤したときは，調剤録に厚生労働省令で定める事項を記入しなければならない。ただし，その調剤により当該処方せんが調剤済みとなつたときは，この限りでない。

3　薬局開設者は，第1項の調剤録を，最終の記入の日から3年間，保存しなければならない。

（薬剤師の氏名等の公表）

第28条の2 厚生労働大臣は，医療を受ける者その他国民による薬剤師の資格の確認及び医療に関する適切な選択に資するよう，薬剤師の氏名その他の政令で定める事項を公表するものとする。

（事務の区分）

第28条の3 第8条第5項及び第9項前段，同条第11項及び第12項（これらの規定を第8条の2第5項において準用する場合を含む。），第8条第6項において準用する行政手続法第15条第1項及び第3項（同法第22条第3項において準用する場合を含む。），第16条第4項，第18条第1項及び第3項，第19条第1項，第20条第6項並びに第24条第3項，第8条第9項後段において準用する同法第22条第3項において準用する同法第15条第3項並びに第9条の規定により都道府県が処理することとされている事務は，地方自治法（昭和22年法律第67号）第2条第9項第一号に規定する第一号法定受託事務とする。

第5章　罰則

第29条　第19条の規定に違反した者（医師，歯科医師及び獣医師を除く。）は，3年以下の懲役若しくは100万円以下の罰金に処し，又はこれを併科する。

第30条　次の各号のいずれかに該当する者は，1年以下の懲役若しくは50万円以下の罰金に処し，又はこれを併科する。
　一　第8条第1項の規定により業務の停止を命ぜられた者で，当該停止を命ぜられた期間中に，業務を行つたもの
　二　第22条，第23条又は第25条の規定に違反した者

第31条　第14条の規定に違反して故意若しくは重大な過失により事前に試験問題を漏らし，又は故意に不正の採点をした者は，1年以下の懲役又は50万円以下の罰金に処する。

第32条　次の各号のいずれかに該当する者は，50万円以下の罰金に処する。
　一　第8条の2第1項の規定による命令に違反して再教育研修を受けなかつた者
　二　第8条の3第1項の規定による陳述をせず，報告をせず，若しくは虚偽の陳述若しくは報告をし，物件を提出せず，又は検査を拒み，妨げ，若しくは忌避した者
　三　第9条の規定に違反した者
　四　第19条の規定に違反した医師，歯科医師又は獣医師
　五　第20条の規定に違反した者
　六　第24条又は第26条から第28条までの規定に違反した者

第33条　法人の代表者又は法人若しくは人の代理人，使用人その他の従業者が，その法人又は人の業務に関して，前条第二号又は第六号（第27条又は第28条第1項若しくは第3項に係る部分に限る。）の違反行為をしたときは，行為者を罰するほか，その法人又は人に対しても，前条の罰金刑を科する。

附　則　抄

保健師助産師看護師法

（昭和23法律第203号）

最新改正：平成30年日法律第66号

第1章　総則

第1条　この法律は，保健師，助産師及び看護師の資質を向上し，もつて医療及び公衆衛生の普及向上を図ることを目的とする。

第2条　この法律において「保健師」とは，厚生労働大臣の免許を受けて，保健師の名称を用いて，保健指導に従事することを業とする者をいう。

第3条　この法律において「助産師」とは，厚生労働大臣の免許を受けて，助産又は妊婦，じよく婦若しくは新生児の保健指導を行うことを業とする女子をいう。

第4条　削除

第5条　この法律において「看護師」とは，厚生労働大臣の

免許を受けて，傷病者若しくはじよく婦に対する療養上の世話又は診療の補助を行うことを業とする者をいう。

第6条　この法律において「准看護師」とは，都道府県知事の免許を受けて，医師，歯科医師又は看護師の指示を受けて，前条に規定することを行うことを業とする者をいう。

第2章　免許

第7条　保健師になろうとする者は，保健師国家試験及び看護師国家試験に合格し，厚生労働大臣の免許を受けなければならない。

2　助産師になろうとする者は，助産師国家試験及び看護師国家試験に合格し，厚生労働大臣の免許を受けなければならない。

3　看護師になろうとする者は，看護師国家試験に合格し，厚生労働大臣の免許を受けなければならない。

第8条　准看護師になろうとする者は，准看護師試験に合格し，都道府県知事の免許を受けなければならない。

第9条　次の各号のいずれかに該当する者には，前二条の規定による免許（以下「免許」という。）を与えないことがある。
　一　罰金以上の刑に処せられた者
　二　前号に該当する者を除くほか，保健師，助産師，看護師又は准看護師の業務に関し犯罪又は不正の行為があつた者
　三　心身の障害により保健師，助産師，看護師又は准看護師の業務を適正に行うことができない者として厚生労働省令で定めるもの
　四　麻薬，大麻又はあへんの中毒者

第10条　厚生労働省に保健師籍，助産師籍及び看護師籍を備え，登録年月日，第14条第1項の規定による処分に関する事項その他の保健師免許，助産師免許及び看護師免許に関する事項を登録する。

第11条　都道府県に准看護師籍を備え，登録年月日，第14条第2項の規定による処分に関する事項その他の准看護師免許に関する事項を登録する。

第12条　保健師免許は，保健師国家試験及び看護師国家試験に合格した者の申請により，保健師籍に登録することによつて行う。

2　助産師免許は，助産師国家試験及び看護師国家試験に合格した者の申請により，助産師籍に登録することによつて行う。

3　看護師免許は，看護師国家試験に合格した者の申請により，看護師籍に登録することによつて行う。

4　准看護師免許は，准看護師試験に合格した者の申請により，准看護師籍に登録することによつて行う。

5　厚生労働大臣又は都道府県知事は，免許を与えたときは，それぞれ保健師免許証，助産師免許証若しくは看護師免許証又は准看護師免許証を交付する。

第13条　厚生労働大臣は，保健師免許，助産師免許又は看護師免許を申請した者について，第9条第三号に掲げる者に該当すると認め，同条の規定により当該申請に係る免許を

与えないこととするときは，あらかじめ，当該申請者にその旨を通知し，その求めがあつたときは，厚生労働大臣の指定する職員にその意見を聴取させなければならない。

2　都道府県知事は，准看護師免許を申請した者について，第9条第三号に掲げる者に該当すると認め，同条の規定により准看護師免許を与えないこととするときは，あらかじめ，当該申請者にその旨を通知し，その求めがあつたときは，当該都道府県知事の指定する職員にその意見を聴取させなければならない。

第14条　保健師，助産師若しくは看護師が第9条各号のいずれかに該当するに至つたとき，又は保健師，助産師若しくは看護師としての品位を損するような行為のあつたときは，厚生労働大臣は，次に掲げる処分をすることができる。

一　戒告
二　3年以内の業務の停止
三　免許の取消し

2　准看護師が第9条各号のいずれかに該当するに至つたとき，又は准看護師としての品位を損するような行為のあつたときは，都道府県知事は，次に掲げる処分をすることができる。

一　戒告
二　3年以内の業務の停止
三　免許の取消し

3　前2項の規定による取消処分を受けた者（第9条第一号若しくは第二号に該当し，又は保健師，助産師，看護師若しくは准看護師としての品位を損するような行為のあつた者として前2項の規定による取消処分を受けた者にあつては，その処分の日から起算して5年を経過しない者を除く。）であつても，その者がその取消しの理由となつた事項に該当しなくなつたとき，その他その後の事情により再び免許を与えるのが適当であると認められるに至つたときは，再免許を与えることができる。この場合においては，第12条の規定を準用する。

第15条　厚生労働大臣は，前条第1項又は第3項に規定する処分をしようとするときは，あらかじめ医道審議会の意見を聴かなければならない。

2　都道府県知事は，前条第2項又は第3項に規定する処分をしようとするときは，あらかじめ准看護師試験委員の意見を聴かなければならない。

3　厚生労働大臣は，前条第1項の規定による免許の取消処分をしようとするときは，都道府県知事に対し，当該処分に係る者に対する意見の聴取を行うことを求め，当該意見の聴取をもつて，厚生労働大臣による聴聞に代えることができる。

4　行政手続法（平成5年法律第88号）第3章第2節（第25条，第26条及び第28条を除く。）の規定は，都道府県知事が前項の規定により意見の聴取を行う場合について準用する。この場合において，同節中「聴聞」とあるのは「意見の聴取」と，同法第15条第1項中「行政庁」とあるのは「都道府県知事」と，同法第3項（同法第22条第3項において準用する場合を含む。）中「行政庁は」とあるのは「都道府県知事は」と，「当該行政庁が」とあるのは「当該都道府県知事が」と，「当該行政庁の」とあるのは「当該都道府県の」と，同法第16条第4項並びに第18条第1項及び第3項中「行政庁」とあるのは「都道府県知事」と，同法第19条第1項中「行政庁が指名する職員その他政令で定める者」とあるのは「都道府県知事が指名する職員」と，同法第20条第1項，第2項及び第4項中「行政庁」とあるのは「都道府県」と，同条第6項及び同法第24条第3項中「行政庁」とあるのは「都道府県知事」と読み替えるものとする。

5　厚生労働大臣は，都道府県知事から当該処分の原因となる事実を証する書類その他意見の聴取を行う上で必要となる書類を求められた場合には，速やかにそれらを当該都道府県知事あて送付しなければならない。

6　都道府県知事は，第3項の規定により意見の聴取を行う場合において，第4項において読み替えて準用する行政手続法第24条第1項の規定により同条第1項の調書及び同条第3項の報告書の提出を受けたときは，これらを保存するとともに，当該調書及び報告書の写しを厚生労働大臣に提出しなければならない。この場合において，当該処分の決定についての意見があるときは，当該写しのほか当該意見を記載した意見書を提出しなければならない。

7　厚生労働大臣は，意見の聴取の終結後に生じた事情に鑑み必要があると認めるときは，都道府県知事に対し，前項前段の規定により提出された調書及び報告書の写し並びに同項後段の規定により提出された意見書を返戻して主宰者に意見の聴取の再開を命ずるよう求めることができる。行政手続法第22条第2項本文及び第3項の規定は，この場合について準用する。

8　厚生労働大臣は，当該処分の決定をするときは，第6項の規定により提出された意見書並びに調書及び報告書の写しの内容を十分参酌してこれをしなければならない。

9　厚生労働大臣は，前条第1項の規定による業務の停止の命令をしようとするときは，都道府県知事に対し，当該処分に係る者に対する弁明の聴取を行うことを求め，当該弁明の聴取をもつて，厚生労働大臣による弁明の機会の付与に代えることができる。

10　前項の規定により弁明の聴取を行う場合において，都道府県知事は，弁明の聴取を行うべき日時までに相当な期間をおいて，当該処分に係る者に対し，次に掲げる事項を書面により通知しなければならない。

一　前条第1項の規定を根拠として当該処分をしようとする旨及びその内容
二　当該処分の原因となる事実
三　弁明の聴取の日時及び場所

11　厚生労働大臣は，第9項に規定する場合のほか，厚生労働大臣による弁明の機会の付与に代えて，医道審議会の委員に，当該処分に係る者に対する弁明の聴取を行わせることができる。この場合において，前項中「前項」とあるのは「次項」と，「都道府県知事」とあるのは「厚生労働

大臣」と読み替えて，同項の規定を適用する。

12　第10項（前項後段の規定により読み替えて適用する場合を含む。）の通知を受けた者は，代理人を出頭させ，かつ，証拠書類又は証拠物を提出することができる。

13　都道府県知事又は医道審議会の委員は，第９項又は第11項前段の規定により弁明の聴取を行ったときは，聴取書を作り，これを保存するとともに，報告書を作成して，厚生労働大臣に提出しなければならない。この場合において，当該処分の決定についての意見があるときは，当該意見を報告書に記載しなければならない。

14　厚生労働大臣は，第３項又は第９項の規定により都道府県知事が意見の聴取又は弁明の聴取を行う場合においては，都道府県知事に対し，あらかじめ，次に掲げる事項を通知しなければならない。

一　当該処分に係る者の氏名及び住所
二　当該処分の内容及び根拠となる条項
三　当該処分の原因となる事実

15　第３項の規定により意見の聴取を行う場合における第４項において読み替えて準用する行政手続法第15条第１項の通知又は第９項の規定により弁明の聴取を行う場合における第10項の通知は，それぞれ，前項の規定により通知された内容に基づいたものでなければならない。

16　都道府県知事は，前条第２項の規定による業務の停止の命令をしようとするときは，都道府県知事による弁明の機会の付与に代えて，准看護師試験委員に，当該処分に係る者に対する弁明の聴取を行わせることができる。

17　第10項，第12項及び第13項の規定は，准看護師試験委員が前項の規定により弁明の聴取を行う場合について準用する。この場合において，第10項中「前項」とあるのは「第16項」と，「前条第１項」とあるのは「前条第２項」と，第12項中「第10項（前項後段の規定により読み替えて適用する場合を含む。）」とあるのは「第17項において準用する第10項」と，第13項中「都道府県知事又は医道審議会の委員」とあるのは「准看護師試験委員」と，「第９項又は第11項前段」とあるのは「第16項」と，「厚生労働大臣」とあるのは「都道府県知事」と読み替えるものとする。

18　第３項若しくは第９項の規定により都道府県知事が意見の聴取若しくは弁明の聴取を行う場合，第11項前段の規定により医道審議会の委員が弁明の聴取を行う場合又は第16項の規定により准看護師試験委員が弁明の聴取を行う場合における当該処分については，行政手続法第３章（第12条及び第14条を除く。）の規定は，適用しない。

第15条の２　厚生労働大臣は，第14条第１項第一号若しくは第二号に掲げる処分を受けた保健師，助産師若しくは看護師又は同条第３項の規定により保健師，助産師若しくは看護師に係る再免許を受けようとする者に対し，保健師，助産師若しくは看護師としての倫理の保持又は保健師，助産師若しくは看護師として必要な知識及び技能に関する研修として厚生労働省令で定めるもの（以下「保健師等再教育研修」という。）を受けるよう命ずることができる。

2　都道府県知事は，第14条第２項第一号若しくは第二号に掲げる処分を受けた准看護師又は同条第３項の規定により准看護師に係る再免許を受けようとする者に対し，准看護師としての倫理の保持又は准看護師として必要な知識及び技能に関する研修として厚生労働省令で定めるもの（以下「准看護師再教育研修」という。）を受けるよう命ずることができる。

3　厚生労働大臣は，第１項の規定による保健師等再教育研修を修了した者について，その申請により，保健師等再教育研修を修了した旨を保健師籍，助産師籍又は看護師籍に登録する。

4　都道府県知事は，第２項の規定による准看護師再教育研修を修了した者について，その申請により，准看護師再教育研修を修了した旨を准看護師籍に登録する。

5　厚生労働大臣又は都道府県知事は，前２項の登録をしたときは，再教育研修修了登録証を交付する。

6　第３項の登録を受けようとする者及び保健師，助産師又は看護師に係る再教育研修修了登録証の書換交付又は再交付を受けようとする者は，実費を勘案して政令で定める額の手数料を納めなければならない。

7　前条第９項から第15項まで（第11項を除く。）及び第18項の規定は，第１項の規定による命令をしようとする場合について準用する。この場合において，必要な技術的読替えは，政令で定める。

第16条　この章に規定するもののほか，免許の申請，保健師籍，助産師籍，看護師籍及び准看護師籍の登録，訂正及び抹消，免許証の交付，書換交付，再交付，返納及び提出並びに住所の届出に関して必要な事項は政令で，前条第１項の保健師等再教育研修及び同条第２項の准看護師再教育研修の実施，同条第３項の保健師籍，助産師籍及び看護師籍の登録並びに同条第４項の准看護師籍の登録並びに同条第５項の再教育研修修了登録証の交付，書換交付及び再交付に関して必要な事項は厚生労働省令で定める。

第3章　試験

第17条　保健師国家試験，助産師国家試験，看護師国家試験又は准看護師試験は，それぞれ保健師，助産師，看護師又は准看護師として必要な知識及び技能について，これを行う。

第18条　保健師国家試験，助産師国家試験及び看護師国家試験は，厚生労働大臣が，准看護師試験は，都道府県知事が，厚生労働大臣の定める基準に従い，毎年少なくとも１回これを行う。

第19条　保健師国家試験は，次の各号のいずれかに該当する者でなければ，これを受けることができない。

一　文部科学省令・厚生労働省令で定める基準に適合するものとして，文部科学大臣の指定した学校において１年以上保健師になるのに必要な学科を修めた者
二　文部科学省令・厚生労働省令で定める基準に適合するものとして，都道府県知事の指定した保健師養成所を卒業した者
三　外国の第２条に規定する業務に関する学校若しくは養

成所を卒業し，又は外国において保健師免許に相当する免許を受けた者で，厚生労働大臣が前二号に掲げる者と同等以上の知識及び技能を有すると認めたもの

第20条　助産師国家試験は，次の各号のいずれかに該当する者でなければ，これを受けることができない。

一　文部科学省令・厚生労働省令で定める基準に適合するものとして，文部科学大臣の指定した学校において1年以上助産に関する学科を修めた者

二　文部科学省令・厚生労働省令で定める基準に適合するものとして，都道府県知事の指定した助産師養成所を卒業した者

三　外国の第3条に規定する業務に関する学校若しくは養成所を卒業し，又は外国において助産師免許に相当する免許を受けた者で，厚生労働大臣が前二号に掲げる者と同等以上の知識及び技能を有すると認めたもの

第21条　看護師国家試験は，次の各号のいずれかに該当する者でなければ，これを受けることができない。

一　文部科学省令・厚生労働省令で定める基準に適合するものとして，文部科学大臣の指定した学校教育法（昭和22年法律第26号）に基づく大学（短期大学を除く。第四号において同じ。）において看護師になるのに必要な学科を修めて卒業した者

二　文部科学省令・厚生労働省令で定める基準に適合するものとして，文部科学大臣の指定した学校において3年以上看護師になるのに必要な学科を修めた者

三　文部科学省令・厚生労働省令で定める基準に適合するものとして，都道府県知事の指定した看護師養成所を卒業した者

四　免許を得た後3年以上業務に従事している准看護師又は学校教育法に基づく高等学校若しくは中等教育学校を卒業している准看護師で前三号に規定する大学，学校又は養成所において2年以上修業したもの

五　外国の第5条に規定する業務に関する学校若しくは養成所を卒業し，又は外国において看護師免許に相当する免許を受けた者で，厚生労働大臣が第一号から第三号までに掲げる者と同等以上の知識及び技能を有すると認めたもの

第22条　准看護師試験は，次の各号のいずれかに該当する者でなければ，これを受けることができない。

一　文部科学省令・厚生労働省令で定める基準に適合するものとして，文部科学大臣の指定した学校において2年の看護に関する学科を修めた者

二　文部科学省令・厚生労働省令で定める基準に従い，都道府県知事の指定した准看護師養成所を卒業した者

三　前条第一号から第三号まで又は第五号に該当する者

四　外国の第5条に規定する業務に関する学校若しくは養成所を卒業し，又は外国において看護師免許に相当する免許を受けた者のうち，前条第五号に該当しない者で，厚生労働大臣の定める基準に従い，都道府県知事が適当と認めたもの

第23条　厚生労働大臣は，保健師国家試験，助産師国家試験

若しくは看護師国家試験の科目若しくは実施若しくは合格者の決定の方法又は第18条に規定する基準を定めようとするときは，あらかじめ，医道審議会の意見を聴かなければならない。

2　文部科学大臣又は厚生労働大臣は，第19条第一号若しくは第二号，第20条第一号若しくは第二号，第21条第一号から第三号まで又は前条第一号若しくは第二号に規定する基準を定めようとするときは，あらかじめ，医道審議会の意見を聴かなければならない。

第24条　保健師国家試験，助産師国家試験及び看護師国家試験の実施に関する事務をつかさどらせるため，厚生労働省に保健師助産師看護師試験委員を置く。

2　保健師助産師看護師試験委員に関し必要な事項は，政令で定める。

第25条　准看護師試験の実施に関する事務（以下「試験事務」という。）をつかさどらせるために，都道府県に准看護師試験委員を置く。

2　准看護師試験委員に関し必要な事項は，都道府県の条例で定める。

第26条　保健師助産師看護師試験委員，准看護師試験委員その他保健師国家試験，助産師国家試験，看護師国家試験又は准看護師試験の実施に関する事務をつかさどる者（指定試験機関（次条第1項に規定する指定試験機関をいう。）の役員又は職員（第27条の5第1項に規定する指定試験機関准看護師試験委員を含む。第27条の6において同じ。）を含む。）は，その事務の施行に当たつては厳正を保持し，不正の行為のないようにしなければならない。

第27条　都道府県知事は，厚生労働省令で定めるところにより，一般社団法人又は一般財団法人であつて，試験事務を適正かつ確実に実施することができると認められるものとして当該都道府県知事が指定する者（以下「指定試験機関」という。）に，試験事務の全部又は一部を行わせることができる。

2　都道府県知事は，前項の規定により指定試験機関に試験事務の全部又は一部を行わせることとしたときは，当該試験事務の全部又は一部を行わないものとする。

3　都道府県は，地方自治法（昭和22年法律第67号）第227条の規定に基づき准看護師試験に係る手数料を徴収する場合においても，准看護師試験（第1項の規定により指定試験機関が試験事務を行うものに限る。）を受けようとする者に，条例で定めるところにより，当該手数料の全部又は一部を当該指定試験機関へ納めさせ，その収入とすることができる。

第27条の2　試験事務に従事する指定試験機関の役員の選任及び解任は，都道府県知事の認可を受けなければ，その効力を生じない。

2　都道府県知事は，指定試験機関の役員が，この法律（この法律に基づく命令又は処分を含む。）若しくは第27条の4第1項に規定する試験事務規程に違反する行為をしたとき，又は試験事務に関し著しく不適当な行為をしたときは，当該指定試験機関に対し，当該役員の解任を命ずるこ

とができる。

第27条の3 指定試験機関は，毎事業年度，事業計画及び収支予算を作成し，当該事業年度の開始前に（指定を受けた日の属する事業年度にあつては，その指定を受けた後遅滞なく），都道府県知事の認可を受けなければならない。これを変更しようとするときも，同様とする。

2 指定試験機関は，毎事業年度の経過後三月以内に，その事業年度の事業報告書及び収支決算書を作成し，都道府県知事に提出しなければならない。

第27条の4 指定試験機関は，試験事務の開始前に，試験事務の実施に関する規程（以下この条において「試験事務規程」という。）を定め，都道府県知事の認可を受けなければならない。これを変更しようとするときも，同様とする。

2 試験事務規程で定めるべき事項は，厚生労働省令で定める。

3 都道府県知事は，第1項の認可をした試験事務規程が試験事務の適正かつ確実な実施上不適当となつたと認めるときは，指定試験機関に対し，これを変更すべきことを命ずることができる。

第27条の5 指定試験機関は，試験事務を行う場合において，試験の問題の作成及び採点については，指定試験機関准看護師試験委員（以下この条において「試験委員」という。）に行わせなければならない。

2 指定試験機関は，試験委員を選任しようとするときは，厚生労働省令で定める要件を備える者のうちから選任しなければならない。

3 第27条の2第1項の規定は試験委員の選任及び解任について，同条第2項の規定は試験委員の解任について，それぞれ準用する。

第27条の6 指定試験機関の役員若しくは職員又はこれらの職にあつた者は，試験事務に関して知り得た秘密を漏らしてはならない。

2 試験事務に従事する指定試験機関の役員又は職員は，刑法（明治40年法律第45号）その他の罰則の適用については，法令により公務に従事する職員とみなす。

第27条の7 指定試験機関は，厚生労働省令で定めるところにより，試験事務に関する事項で厚生労働省令で定めるものを記載した帳簿を備え，これを保存しなければならない。

第27条の8 都道府県知事は，試験事務の適正かつ確実な実施を確保するため必要があると認めるときは，指定試験機関に対し，試験事務に関し監督上必要な命令をすることができる。

第27条の9 都道府県知事は，試験事務の適正かつ確実な実施を確保するため必要があると認めるときは，その必要な限度で，指定試験機関に対し，報告を求め，又は当該職員に，関係者に対し質問させ，若しくは指定試験機関の事務所に立ち入り，その帳簿書類その他の物件を検査させることができる。

2 前項の規定による質問又は立入検査を行う場合において

は，当該職員は，その身分を示す証明書を携帯し，関係者の請求があるときは，これを提示しなければならない。

3 第1項の規定による権限は，犯罪捜査のために認められたものと解釈してはならない。

第27条の10 指定試験機関は，都道府県知事の許可を受けなければ，試験事務の全部又は一部を休止し，又は廃止してはならない。

第27条の11 都道府県知事は，指定試験機関が一般社団法人又は一般財団法人でなくなつたときその他厚生労働省令で定める場合には，その指定を取り消さなければならない。

2 都道府県知事は，指定試験機関の適正かつ確実な実施を確保するため必要があると認められる場合として厚生労働省令で定める場合には，指定試験機関の指定を取り消し，又は期間を定めて，指定試験機関に対し，試験事務の全部若しくは一部の停止を命ずることができる。

第27条の12 第27条第1項，第27条の2第1項（第27条の5第3項において準用する場合を含む。），第27条の3第1項，第27条の4第1項又は第27条の10の規定による指定，認可又は許可には，条件を付し，及びこれを変更することができる。

2 前項の条件は，当該指定，認可又は許可に係る事項の確実な実施を図るため必要な最小限度のものに限り，かつ，当該指定，認可又は許可を受ける者に不当な義務を課することとなるものであつてはならない。

第27条の13 指定試験機関が行う試験事務に係る処分又はその不作為について不服がある者は，都道府県知事に対し，審査請求をすることができる。この場合において，都道府県知事は，行政不服審査法（平成26年法律第68号）第25条第2項及び第3項，第46条第1項及び第2項，第47条並びに第49条第3項の規定の適用については，指定試験機関の上級行政庁とみなす。

第27条の14 都道府県知事は，指定試験機関が第27条の10の規定による許可を受けて試験事務の全部若しくは一部を休止したとき，第27条の11第2項の規定により指定試験機関に対し試験事務の全部若しくは一部の停止を命じたとき，又は指定試験機関が天災その他の事由により試験事務の全部若しくは一部を実施することが困難となつた場合において必要があると認めるときは，当該試験事務の全部又は一部を自ら行うものとする。

第27条の15 都道府県知事は，次に掲げる場合には，その旨を公示しなければならない。

一　第27条第1項の規定による指定をしたとき。

二　第27条の10の規定による許可をしたとき。

三　第27条の11の規定により指定を取り消し，又は試験事務の全部若しくは一部の停止を命じたとき。

四　前条の規定により試験事務の全部若しくは一部を自ら行うとき，又は同条の規定により自ら行つていた試験事務の全部若しくは一部を行わないこととしたとき。

第28条 この章に規定するもののほか，第19条から第22条までの規定による学校の指定又は養成所に関して必要な事項は政令で，保健師国家試験，助産師国家試験，看護師国家

試験又は准看護師試験の試験科目，受験手続，指定試験機関その他試験に関して必要な事項は厚生労働省令で定める。

第28条の2　保健師，助産師，看護師及び准看護師は，免許を受けた後も，臨床研修その他の研修（保健師等再教育研修及び准看護師再教育研修を除く。）を受け，その資質の向上を図るように努めなければならない。

第4章　業務

第29条　保健師でない者は，保健師又はこれに類似する名称を用いて，第2条に規定する業をしてはならない。

第30条　助産師でない者は，第3条に規定する業をしてはならない。ただし，医師法（昭和23年法律第201号）の規定に基づいて行う場合は，この限りでない。

第31条　看護師でない者は，第5条に規定する業をしてはならない。ただし，医師法又は歯科医師法（昭和23年法律第202号）の規定に基づいて行う場合は，この限りでない。

2　保健師及び助産師は，前項の規定にかかわらず，第5条に規定する業を行うことができる。

第32条　准看護師でない者は，第6条に規定する業をしてはならない。ただし，医師法又は歯科医師法の規定に基づいて行う場合は，この限りでない。

第33条　業務に従事する保健師，助産師，看護師又は准看護師は，厚生労働省令で定める2年ごとの年の12月31日現在における氏名，住所その他厚生労働省令で定める事項を，当該年の翌年1月15日までに，その就業地の都道府県知事に届け出なければならない。

第34条　削除

第35条　保健師は，傷病者の療養上の指導を行うに当たつて主治の医師又は歯科医師があるときは，その指示を受けなければならない。

第36条　保健師は，その業務に関して就業地を管轄する保健所の長の指示を受けたときは，これに従わなければならない。ただし，前条の規定の適用を妨げない。

第37条　保健師，助産師，看護師又は准看護師は，主治の医師又は歯科医師の指示があつた場合を除くほか，診療機械を使用し，医薬品を授与し，医薬品について指示をしその他医師又は歯科医師が行うのでなければ衛生上危害を生ずるおそれのある行為をしてはならない。ただし，臨時応急の手当をし，又は助産師がへその緒を切り，浣（かん）腸を施しその他助産師の業務に当然に付随する行為をする場合は，この限りでない。

第37条の2　特定行為を手順書により行う看護師は，指定研修機関において，当該特定行為の特定行為区分に係る特定行為研修を受けなければならない。

2　この条，次条及び第42条の4において，次の各号に掲げる用語の意義は，当該各号に定めるところによる。

一　特定行為　診療の補助であつて，看護師が手順書により行う場合には，実践的な理解力，思考力及び判断力並びに高度かつ専門的な知識及び技能が特に必要とされるものとして厚生労働省令で定めるものをいう。

二　手順書　医師又は歯科医師が看護師に診療の補助を行わせるためにその指示として厚生労働省令で定めるところにより作成する文書又は電磁的記録（電子的方式，磁気的方式その他人の知覚によつては認識することができない方式で作られる記録であつて，電子計算機による情報処理の用に供されるものをいう。）であつて，看護師に診療の補助を行わせる患者の病状の範囲及び診療の補助の内容その他の厚生労働省令で定める事項が定められているものをいう。

三　特定行為区分　特定行為の区分であつて，厚生労働省令で定めるものをいう。

四　特定行為研修　看護師が手順書により特定行為を行う場合に特に必要とされる実践的な理解力，思考力及び判断力並びに高度かつ専門的な知識及び技能の向上を図るための研修であつて，特定行為区分ごとに厚生労働省令で定める基準に適合するものをいう。

五　指定研修機関　一又は二以上の特定行為区分に係る特定行為研修を行う学校，病院その他の者であつて，厚生労働大臣が指定するものをいう。

3　厚生労働大臣は，前項第一号及び第四号の厚生労働省令を定め，又はこれを変更しようとするときは，あらかじめ，医道審議会の意見を聴かなければならない。

第37条の3　前条第2項第五号の規定による指定（以下この条及び次条において単に「指定」という。）は，特定行為研修を行おうとする者の申請により行う。

2　厚生労働大臣は，前項の申請が，特定行為研修の業務を適正かつ確実に実施するために必要なものとして厚生労働省令で定める基準に適合していると認めるときでなければ，指定をしてはならない。

3　厚生労働大臣は，指定研修機関が前項の厚生労働省令で定める基準に適合しなくなつたと認めるとき，その他の厚生労働省令で定める場合に該当するときは，指定を取り消すことができる。

4　厚生労働大臣は，指定又は前項の規定による指定の取消しをしようとするときは，あらかじめ，医道審議会の意見を聴かなければならない。

第37条の4　前二条に規定するもののほか，指定に関して必要な事項は，厚生労働省令で定める。

第38条　助産師は，妊婦，産婦，じよく婦，胎児又は新生児に異常があると認めたときは，医師の診療を求めさせることを要し，自らこれらの者に対して処置をしてはならない。ただし，臨時応急の手当については，この限りでない。

第39条　業務に従事する助産師は，助産又は妊婦，じよく婦若しくは新生児の保健指導の求めがあつた場合は，正当な事由がなければ，これを拒んではならない。

2　分べんの介助又は死胎の検案をした助産師は，出生証明書，死産証書又は死胎検案書の交付の求めがあつた場合は，正当な事由がなければ，これを拒んではならない。

第40条　助産師は，自ら分べんの介助又は死胎の検案をしないで，出生証明書，死産証書又は死胎検案書を交付しては

ならない。

第41条 助産師は，妊娠4月以上の死産児を検案して異常があると認めたときは，24時間以内に所轄警察署にその旨を届け出なければならない。

第42条 助産師が分べんの介助をしたときは，助産に関する事項を遅滞なく助産録に記載しなければならない。

2 前項の助産録であつて病院，診療所又は助産所に勤務する助産師が行つた助産に関するものは，その病院，診療所又は助産所の管理者において，その他の助産に関するものは，その助産師において，5年間これを保存しなければならない。

3 第1項の規定による助産録の記載事項に関しては，厚生労働省令でこれを定める。

第42条の2 保健師，看護師又は准看護師は，正当な理由がなく，その業務上知り得た人の秘密を漏らしてはならない。保健師，看護師又は准看護師でなくなつた後においても，同様とする。

第42条の3 保健師でない者は，保健師又はこれに紛らわしい名称を使用してはならない。

2 助産師でない者は，助産師又はこれに紛らわしい名称を使用してはならない。

3 看護師でない者は，看護師又はこれに紛らわしい名称を使用してはならない。

4 准看護師でない者は，准看護師又はこれに紛らわしい名称を使用してはならない。

第4章の2　雑則

第42条の4 厚生労働大臣は，特定行為研修の業務の適正な実施を確保するため必要があると認めるときは，指定研修機関に対し，その業務の状況に関し報告させ，又は当該職員に，指定研修機関に立ち入り，帳簿書類その他の物件を検査させることができる。

2 前項の規定により立入検査をする職員は，その身分を示す証明書を携帯し，かつ，関係人にこれを提示しなければならない。

3 第1項の規定による権限は，犯罪捜査のために認められたものと解釈してはならない。

第42条の5 （第15条第3項及び第7項前段，同条第9項及び第10項（これらの規定を第15条の2第7項において準用する場合を含む。），第15条第4項において準用する行政手続法第15条第1項及び第3項（同法第22条第3項において準用する場合を含む。），第16条第4項，第18条第1項及び第3項，第19条第1項，第20条第6項並びに第24条第3項並びに第15条第7項後段において準用する同法第22条第3項において準用する同法第15条第3項の規定により都道府県が処理することとされている事務は，地方自治法第2条第9項第一号に規定する第一号法定受託事務とする。

第42条の6 この法律に規定する厚生労働大臣の権限は，厚生労働省令で定めるところにより，地方厚生局長に委任することができる。

2 前項の規定により地方厚生局長に委任された権限は，厚

生労働省令で定めるところにより，地方厚生支局長に委任することができる。

第5章　罰則

第43条 次の各号のいずれかに該当する者は，2年以下の懲役若しくは50万円以下の罰金に処し，又はこれを併科する。

一 第29条から第32条までの規定に違反した者

二 虚偽又は不正の事実に基づいて免許を受けた者

2 前項第一号の罪を犯した者が，助産師，看護師，准看護師又はこれに類似した名称を用いたものであるときは，2年以下の懲役若しくは100万円以下の罰金に処し，又はこれを併科する。

第44条 次の各号のいずれかに該当する者は，1年以下の懲役又は50万円以下の罰金に処する。

一 第26条の規定に違反して故意若しくは重大な過失により事前に試験問題を漏らし，又は故意に不正の採点をした者

二 第27条の6第1項の規定に違反して，試験事務に関して知り得た秘密を漏らした者

第44条の2 第27条の11第2項の規定による試験事務の停止の命令に違反したときは，その違反行為をした指定試験機関の役員又は職員は，1年以下の懲役又は50万円以下の罰金に処する。

第44条の3 次の各号のいずれかに該当する者は，6月以下の懲役若しくは50万円以下の罰金に処し，又はこれを併科する。

一 第14条第1項又は第2項の規定により業務の停止を命ぜられた者で，当該停止を命ぜられた期間中に，業務を行つたもの

二 第35条から第37条まで及び第38条の規定に違反した者

第44条の4 第42条の2の規定に違反して，業務上知り得た人の秘密を漏らした者は，6月以下の懲役又は10万円以下の罰金に処する。

2 前項の罪は，告訴がなければ公訴を提起することができない。

第45条 次の各号のいずれかに該当する者は，50万円以下の罰金に処する。

一 第15条の2第1項又は第2項の規定による命令に違反して保健師等再教育研修又は准看護師再教育研修を受けなかつた者

二 第33条又は第40条から第42条までの規定に違反した者

第45条の2 次の各号のいずれかに該当する者は，30万円以下の罰金に処する。

一 第42条の3の規定に違反した者

二 第42条の4第1項の規定による報告をせず，若しくは虚偽の報告をし，又は同項の規定による検査を拒み，妨げ，若しくは忌避した者

第45条の3 次の各号のいずれかに該当するときは，その違反行為をした指定試験機関の役員又は職員は，30万円以下の罰金に処する。

一　第27条の7の規定に違反して帳簿を備えず，帳簿に記載せず，若しくは帳簿に虚偽の記載をし，又は帳簿を保存しなかつたとき。

二　第27条の9第1項の規定による報告をせず，若しくは虚偽の報告をし，同項の規定による質問に対して答弁をせず，若しくは虚偽の答弁をし，又は同項の規定による立入り若しくは検査を拒み，妨げ，若しくは忌避したとき。

三　第27条の10の許可を受けないで試験事務の全部又は一部を休止し，又は廃止したとき。

　　　　　　附　則　抄

診療放射線技師法

最新改正：平成26年法律第83号

第1章　総則

（この法律の目的）

第1条　この法律は，診療放射線技師の資格を定めるとともに，その業務が適正に運用されるように規律し，もつて医療及び公衆衛生の普及及び向上に寄与することを目的とする。

（定義）

第2条　この法律で「放射線」とは，次に掲げる電磁波又は粒子線をいう。

一　アルフア線及びベータ線

二　ガンマ線

三　100万電子ボルト以上のエネルギーを有する電子線

四　エツクス線

五　その他政令で定める電磁波又は粒子線

2　この法律で「診療放射線技師」とは，厚生労働大臣の免許を受けて，医師又は歯科医師の指示の下に，放射線を人体に対して照射（撮影を含み，照射機器又は放射性同位元素（その化合物及び放射性同位元素又はその化合物の含有物を含む。）を人体内にそう入して行なうものを除く。以下同じ。）することを業とする者をいう。

第2章　免許

（免許）

第3条　診療放射線技師になろうとする者は，診療放射線技師国家試験（以下「試験」という。）に合格し，厚生労働大臣の免許を受けなければならない。

（欠格事由）

第4条　次に掲げる者には，前条の規定による免許（第20条第二号を除き，以下「免許」という。）を与えないことがある。

一　心身の障害により診療放射線技師の業務（第24条の2各号に掲げる業務を含む。同条及び第26条第2項を除き，以下同じ。）を適正に行うことができない者として

厚生労働省令で定めるもの

二　診療放射線技師の業務に関して犯罪又は不正の行為があつた者

（登録）

第5条　免許は，試験に合格した者の申請により，診療放射線技師籍に登録することによつて行う。

（意見の聴取）

第6条　厚生労働大臣は，免許を申請した者について，第4条第一号に掲げる者に該当すると認め，同条の規定により免許を与えないこととするときは，あらかじめ，当該申請者にその旨を通知し，その求めがあつたときは，厚生労働大臣の指定する職員にその意見を聴取させなければならない。

（診療放射線技師籍）

第7条　厚生労働省に診療放射線技師籍を備え，診療放射線技師の免許に関する事項を登録する。

（免許証）

第8条　厚生労働大臣は，免許を与えたときは，診療放射線技師免許証（以下「免許証」という。）を交付する。

2　厚生労働大臣は，免許証を失い，又は破損した者に対して，その申請により免許証の再交付をすることができる。

3　前項の規定により免許証の再交付を受けた後，失つた免許証を発見したときは，旧免許証を10日以内に，厚生労働大臣に返納しなければならない。

（免許の取消し及び業務の停止）

第9条　診療放射線技師が第4条各号のいずれかに該当するに至つたときは，厚生労働大臣は，その免許を取り消し，又は期間を定めてその業務の停止を命ずることができる。

2　都道府県知事は，診療放射線技師について前項の処分が行われる必要があると認めるときは，その旨を厚生労働大臣に具申しなければならない。

3　第1項の規定による取消処分を受けた者であつても，その者がその取消しの理由となつた事項に該当しなくなつたとき，その他その後の事情により再び免許を与えるのが適当であると認められるに至つたときは，再免許を与えることができる。

（聴聞等の方法の特例）

第10条　前条第1項の規定による処分に係る行政手続法（平成5年法律第88号）第15条第1項又は第30条の通知は，聴聞の期日又は弁明を記載した書面の提出期限（口頭による弁明の機会の付与を行う場合には，その日時）の2週間前までにしなければならない。

（免許証の返納）

第11条　免許を取り消された者は，10日以内に，免許証を厚生労働大臣に返納しなければならない。

第12条から第15条まで　削除

（政令への委任）

第16条　この章に規定するもののほか，免許の申請，免許証の交付，書換え交付，再交付及び返納並びに診療放射線技師籍の登録，訂正及び消除に関して必要な事項は，政令で定める。

第3章　試験

（試験の目的）

第17条　試験は，診療放射線技師として必要な知識及び技能について行う。

（試験の実施）

第18条　試験は，厚生労働大臣が行う。

（試験委員）

第19条　試験の問題の作成，採点その他試験の実施に関して必要な事項をつかさどらせるため，厚生労働省に診療放射線技師試験委員（以下「試験委員」という。）を置く。

2　試験委員は，診療放射線技師の業務に関し学識経験のある者のうちから，厚生労働大臣が任命する。

3　前2項に定めるもののほか，試験委員に関し必要な事項は，政令で定める。

（受験資格）

第20条　試験は，次の各号のいずれかに該当する者でなければ受けることができない。

一　学校教育法（昭和22年法律第26号）第90条第1項の規定により大学に入学することができる者（この号の規定により文部科学大臣の指定した学校が大学である場合において，当該大学が同条第2項の規定により当該大学に入学させた者を含む。）で，文部科学大臣が指定した学校又は都道府県知事が指定した診療放射線技師養成所において，3年以上診療放射線技師として必要な知識及び技能の修習を終えたもの

二　外国の診療放射線技術に関する学校若しくは養成所を卒業し，又は外国で第3条の規定による免許に相当する免許を受けた者で，厚生労働大臣が前号に掲げる者と同等以上の学力及び技能を有するものと認めたもの

（不正行為の禁止）

第21条　試験委員その他試験に関する事務をつかさどる者は，その事務の施行に当たつて厳正を保持し，不正の行為がないようにしなければならない。

2　試験に関して不正の行為があつた場合には，その不正行為に関係のある者についてその受験を停止させ，又はその試験を無効とすることができる。この場合においては，なお，その者について期間を定めて試験を受けることを許さないことができる。

（試験手数料）

第22条　試験を受けようとする者は，厚生労働省令の定めるところにより，試験手数料を納めなければならない。

（政令及び厚生労働省令への委任）

第23条　この章に規定するもののほか，第20条第一号の学校又は診療放射線技師養成所の指定に関し必要な事項は政令で，試験の科目，受験手続その他試験に関し必要な事項は厚生労働省令で定める。

第4章　業務等

（禁止行為）

第24条　医師，歯科医師又は診療放射線技師でなければ，第2条第2項に規定する業をしてはならない。

（画像診断装置を用いた検査等の業務）

第24条の2　診療放射線技師は，第2条第2項に規定する業務のほか，保健師助産師看護師法（昭和23年法律第203号）第31条第1項及び第32条の規定にかかわらず，診療の補助として，次に掲げる行為を行うことを業とすることができる。

一　磁気共鳴画像診断装置その他の画像による診断を行うための装置であつて政令で定めるものを用いた検査（医師又は歯科医師の指示の下に行うものに限る。）を行うこと。

二　第2条第2項に規定する業務又は前号に規定する検査に関連する行為として厚生労働省令で定めるもの（医師又は歯科医師の具体的な指示を受けて行うものに限る。）を行うこと。

（名称の禁止）

第25条　診療放射線技師でなければ，診療放射線技師という名称又はこれに紛らわしい名称を用いてはならない。

（業務上の制限）

第26条　診療放射線技師は，医師又は歯科医師の具体的な指示を受けなければ，放射線を人体に対して照射してはならない。

2　診療放射線技師は，病院又は診療所以外の場所においてその業務を行つてはならない。ただし，次に掲げる場合は，この限りでない。

一　医師又は歯科医師が診察した患者について，その医師又は歯科医師の指示を受け，出張して100万電子ボルト未満のエネルギーを有するエツクス線を照射する場合

二　多数の者の健康診断を一時に行う場合において，胸部エツクス線検査（コンピュータ断層撮影装置を用いた検査を除く。）その他の厚生労働省令で定める検査のため100万電子ボルト未満のエネルギーを有するエツクス線を照射するとき。

三　多数の者の健康診断を一時に行う場合において，医師又は歯科医師の立会いの下に100万電子ボルト未満のエネルギーを有するエツクス線を照射するとき（前号に掲げる場合を除く。）。

（他の医療関係者との連携）

第27条　診療放射線技師は，その業務を行うに当たつては，医師その他の医療関係者との緊密な連携を図り，適正な医療の確保に努めなければならない。

（照射録）

第28条　診療放射線技師は，放射線を人体に対して照射したときは，遅滞なく厚生労働省令で定める事項を記載した照射録を作成し，その照射について指示をした医師又は歯科医師の署名を受けなければならない。

2　厚生労働大臣又は都道府県知事は，必要があると認めるときは，前項の照射録を提出させ，又は当該職員に照射録を検査させることができる。

3　前項の規定によつて検査に従事する職員は，その身分を証明する証票を携帯し，且つ，関係人の請求があるとき

は、これを呈示しなければならない。

（秘密を守る義務）

第29条　診療放射線技師は、正当な理由がなく、その業務上知り得た人の秘密を漏らしてはならない。診療放射線技師でなくなつた後においても、同様とする。

（権限の委任）

第29条の2　この法律に規定する厚生労働大臣の権限は、厚生労働省令で定めるところにより、地方厚生局長に委任することができる。

2　前項の規定により地方厚生局長に委任された権限は、厚生労働省令で定めるところにより、地方厚生支局長に委任することができる。

（経過措置）

第30条　この法律の規定に基づき命令を制定し、又は改廃する場合においては、その命令で、その制定又は改廃に伴い合理的に必要と判断される範囲内において、所要の経過措置（罰則に関する経過措置を含む。）を定めることができる。

第5章　罰則

第31条　次の各号のいずれかに該当する者は、1年以下の懲役若しくは50万円以下の罰金に処し、又はこれを併科する。

一　第24条の規定に違反した者
二　虚偽又は不正の事実に基づいて免許を受けた者

第32条　第21条第1項の規定に違反して、故意若しくは重大な過失により事前に試験問題を漏らし、又は故意に不正の採点をした者は、1年以下の懲役又は50万円以下の罰金に処する。

第33条　第9条第1項の規定により業務の停止を命ぜられた者で、当該停止を命ぜられた期間中に、業務を行つたものは、6月以下の懲役若しくは30万円以下の罰金に処し、又はこれを併科する。

第34条　第26条第1項又は第2項の規定に違反した者は、6月以下の懲役若しくは30万円以下の罰金に処し、又はこれを併科する。

第35条　第29条の規定に違反して、業務上知り得た人の秘密を漏らした者は、50万円以下の罰金に処する。

2　前項の罪は、告訴がなければ公訴を提起することができない。

第36条　第25条の規定に違反した者は、30万円以下の罰金に処する。

第37条　次の各号のいずれかに該当する者は、20万円以下の過料に処する。

一　第11条の規定に違反した者
二　第28条第1項の規定に違反した者

附　則　抄

歯科衛生士法

（昭和23年法律第204号）
最新改正：平成26年法律第83号

第1条　この法律は、歯科衛生士の資格を定め、もつて歯科疾患の予防及び口くう衛生の向上を図ることを目的とする。

第2条　この法律において「歯科衛生士」とは、厚生労働大臣の免許を受けて、歯科医師（歯科医業をなすことのできる医師を含む。以下同じ。）の指導の下に、歯牙及び口腔の疾患の予防処置として次に掲げる行為を行うことを業とする者をいう。

一　歯牙露出面及び正常な歯茎の遊離縁下の付着物及び沈着物を機械的操作によつて除去すること。
二　歯牙及び口腔に対して薬物を塗布すること。

2　歯科衛生士は、保健師助産師看護師法（昭和23年法律第203号）第31条第1項及び第32条の規定にかかわらず、歯科診療の補助をなすことを業とすることができる。

3　歯科衛生士は、前2項に規定する業務のほか、歯科衛生士の名称を用いて、歯科保健指導をなすことを業とすることができる。

第3条　歯科衛生士になろうとする者は、歯科衛生士国家試験（以下「試験」という。）に合格し、厚生労働大臣の歯科衛生士免許（以下「免許」という。）を受けなければならない。

第4条　次の各号のいずれかに該当する者には、免許を与えないことがある。

一　罰金以上の刑に処せられた者
二　前号に該当する者を除くほか、歯科衛生士の業務（歯科診療の補助の業務及び歯科衛生士の名称を用いてなす歯科保健指導の業務を含む。次号、第6条第3項及び第8条第1項において「業務」という。）に関し犯罪又は不正の行為があつた者
三　心身の障害により業務を適正に行うことができない者として厚生労働省令で定めるもの
四　麻薬、あへん又は大麻の中毒者

第5条　厚生労働省に歯科衛生士名簿を備え、免許に関する事項を登録する。

第6条　免許は、試験に合格した者の申請により、歯科衛生士名簿に登録することによつて行う。

2　厚生労働大臣は、免許を与えたときは、歯科衛生士免許証（以下「免許証」という。）を交付する。

3　業務に従事する歯科衛生士は、厚生労働省令で定める2年ごとの年の12月31日現在における氏名、住所その他厚生労働省令で定める事項を、当該年の翌年1月15日までに、その就業地の都道府県知事に届け出なければならない。

第7条　厚生労働大臣は、免許を申請した者について、第4条第三号に掲げる者に該当すると認め、同条の規定により免許を与えないこととするときは、あらかじめ、当該申請者にその旨を通知し、その求めがあつたときは、厚生労働

大臣の指定する職員にその意見を聴取させなければならない。

第8条 歯科衛生士が，第4条各号のいずれかに該当し，又は歯科衛生士としての品位を損するような行為のあつたときは，厚生労働大臣は，その免許を取り消し，又は期間を定めて業務の停止を命ずることができる。

2 前項の規定による取消処分を受けた者であつても，その者がその取消しの理由となつた事項に該当しなくなつたとき，その他その後の事情により再び免許を与えるのが適当であると認められるに至つたときは，再免許を与えることができる。この場合においては，第6条第1項及び第2項の規定を準用する。

第8条の2 厚生労働大臣は，厚生労働省令で定めるところにより，その指定する者（以下「指定登録機関」という。）に，歯科衛生士の登録の実施等に関する事務（以下「登録事務」という。）を行わせることができる。

2 指定登録機関の指定は，厚生労働省令で定めるところにより，登録事務を行おうとする者の申請により行う。

3 厚生労働大臣は，他に指定を受けた者がなく，かつ，前項の申請が次の各号に掲げる要件を満たしていると認めるときでなければ，指定登録機関の指定をしてはならない。

　一　職員，設備，登録事務の実施の方法その他の事項についての登録事務の実施に関する計画が，登録事務の適正かつ確実な実施のために適切なものであること。

　二　前号の登録事務の実施に関する計画の適正かつ確実な実施に必要な経理的及び技術的な基礎を有するものであること。

4 厚生労働大臣は，第2項の申請が次の各号のいずれかに該当するときは，指定登録機関の指定をしてはならない。

　一　申請者が，一般社団法人又は一般財団法人以外の者であること。

　二　申請者が，その行う登録事務以外の業務により登録事務を公正に実施することができないおそれがあること。

　三　申請者が，第8条の13の規定により指定を取り消され，その取消しの日から起算して2年を経過しない者であること。

　四　申請者の役員のうちに，次のいずれかに該当する者があること。

　　イ　この法律に違反して，刑に処せられ，その執行を終わり，又は執行を受けることがなくなつた日から起算して2年を経過しない者

　　ロ　次条第2項の規定による命令により解任され，その解任の日から起算して2年を経過しない者

第8条の3 指定登録機関の役員の選任及び解任は，厚生労働大臣の認可を受けなければ，その効力を生じない。

2 厚生労働大臣は，指定登録機関の役員が，この法律（この法律に基づく命令又は処分を含む。）若しくは第8条の5第1項に規定する登録事務規程に違反する行為をしたとき又は登録事務に関し著しく不適当な行為をしたときは，指定登録機関に対し，当該役員の解任を命ずることができる。

第8条の4 指定登録機関は，毎事業年度，事業計画及び収支予算を作成し，当該事業年度の開始前に（指定を受けた日の属する事業年度にあつては，その指定を受けた後遅滞なく），厚生労働大臣の認可を受けなければならない。これを変更しようとするときも，同様とする。

2 指定登録機関は，毎事業年度の経過後3月以内に，その事業年度の事業報告書及び収支決算書を作成し，厚生労働大臣に提出しなければならない。

第8条の5 指定登録機関は，登録事務の開始前に，登録事務の実施に関する規程（以下「登録事務規程」という。）を定め，厚生労働大臣の認可を受けなければならない。これを変更しようとするときも，同様とする。

2 登録事務規程で定めるべき事項は，厚生労働省令で定める。

3 厚生労働大臣は，第1項の認可をした登録事務規程が登録事務の適正かつ確実な実施上不適当となつたと認めるときは，指定登録機関に対し，これを変更すべきことを命ずることができる。

第8条の6 指定登録機関が登録事務を行う場合における第5条及び第6条第2項（第8条第2項において準用する場合を含む。）の規定の適用については，第5条中「厚生労働省」とあるのは「指定登録機関」と，第6条第2項中「厚生労働大臣は，」とあるのは「厚生労働大臣が」と，「歯科衛生士免許証（以下「免許証」という。）」とあるのは「指定登録機関は，歯科衛生士免許証明書」とする。

2 指定登録機関が登録事務を行う場合において，歯科衛生士の登録又は免許証若しくは歯科衛生士免許証明書（以下「免許証明書」という。）の書換え交付若しくは再交付を受けようとする者は実費を勘案して政令で定める額の手数料を指定登録機関に納付しなければならない。

3 前項の規定により指定登録機関に納められた手数料は，指定登録機関の収入とする。

第8条の7 指定登録機関の役員若しくは職員又はこれらの職にあつた者は，登録事務に関して知り得た秘密を漏らしてはならない。

2 登録事務に従事する指定登録機関の役員又は職員は，刑法（明治40年法律第45号）その他の罰則の適用については，法令により公務に従事する職員とみなす。

第8条の8 指定登録機関は，厚生労働省令で定めるところにより，登録事務に関する事項で厚生労働省令で定めるものを記載した帳簿を備え，これを保存しなければならない。

第8条の9 厚生労働大臣は，この法律を施行するため必要があると認めるときは，指定登録機関に対し，登録事務に関し監督上必要な命令をすることができる。

第8条の10 厚生労働大臣は，この法律を施行するため必要があると認めるときは，その必要な限度で，厚生労働省令で定めるところにより，指定登録機関に対し，報告をさせることができる。

第8条の11 厚生労働大臣は，この法律を施行するため必要があると認めるときは，その必要な限度で，その職員に，

指定登録機関の事務所に立ち入り、指定登録機関の帳簿、書類その他必要な物件を検査させ、又は関係者に質問させることができる。

2　前項の規定により立入検査を行う職員は、その身分を示す証明書を携帯し、かつ、関係者の請求があるときは、これを提示しなければならない。

3　第1項に規定する権限は、犯罪捜査のために認められたものと解釈してはならない。

第8条の12　指定登録機関は、厚生労働大臣の許可を受けなければ、登録事務の全部又は一部を休止し、又は廃止してはならない。

第8条の13　厚生労働大臣は、指定登録機関が第8条の2第4項各号（第三号を除く。）のいずれかに該当するに至つたときは、その指定を取り消さなければならない。

2　厚生労働大臣は、指定登録機関が次の各号のいずれかに該当するに至つたときは、その指定を取り消し、又は期間を定めて登録事務の全部若しくは一部の停止を命ずることができる。

一　第8条の2第3項各号に掲げる要件を満たさなくなつたと認められるとき。

二　第8条の3第2項、第8条の5第3項又は第8条の9の規定による命令に違反したとき。

三　第8条の4又は前条の規定に違反したとき。

四　第8条の5第1項の認可を受けた登録事務規程によらないで登録事務を行つたとき。

五　次条第1項の条件に違反したとき。

第8条の14　第8条の2第1項、第8条の3第1項、第8条の4第1項、第8条の5第1項又は第8条の12の規定による指定、認可又は許可には、条件を付し、及びこれを変更することができる。

2　前項の条件は、当該指定、認可又は許可に係る事項の確実な実施を図るため必要な最小限度のものに限り、かつ、当該指定、認可又は許可を受ける者に不当な義務を課することとなるものであつてはならない。

第8条の15　削除

第8条の16　指定登録機関が行う登録事務に係る処分又はその不作為について不服がある者は、厚生労働大臣に対し、審査請求をすることができる。この場合において、厚生労働大臣は、行政不服審査法（平成26年法律第68号）第25条第2項及び第3項、第46条第1項及び第2項、第47条並びに第49条第3項の規定の適用については、指定登録機関の上級行政庁とみなす。

第8条の17　厚生労働大臣は、指定登録機関の指定をしたときは、登録事務を行わないものとする。

2　厚生労働大臣は、指定登録機関が第8条の12の規定による許可を受けて登録事務の全部若しくは一部を休止したとき、第8条の13第2項の規定により指定登録機関に対し登録事務の全部若しくは一部の停止を命じたとき、又は指定登録機関が天災その他の事由により登録事務の全部若しくは一部を実施することが困難となつた場合において必要があると認めるときは、登録事務の全部又は一部を自ら行う

ものとする。

第8条の18　厚生労働大臣は、次に掲げる場合には、その旨を官報に公示しなければならない。

一　第8条の2第1項の規定による指定をしたとき。

二　第8条の12の規定による許可をしたとき。

三　第8条の13の規定により指定を取り消し、又は登録事務の全部若しくは一部の停止を命じたとき。

四　前条第2項の規定により登録事務の全部若しくは一部を自ら行うこととするとき、又は自ら行つていた登録事務の全部若しくは一部を行わないこととするとき。

第9条　この法律に規定するもののほか、免許の申請、歯科衛生士名簿の登録、訂正及び抹消、免許証又は免許証明書の交付、書換え交付、再交付、返納及び提出、住所の届出、指定登録機関及びその行う登録事務並びに登録事務の引継ぎに関する事項は、厚生労働省令で定める。

第10条　試験は、歯科衛生士として必要な知識及び技能について、これを行う。

第11条　試験は、厚生労働大臣が、毎年少くとも1回これを行う。

第11条の2　厚生労働大臣は、厚生労働省に置く歯科衛生士試験委員（次項において「試験委員」という。）に、試験の問題の作成及び採点を行わせる。

2　試験委員は、試験の問題の作成及び採点について、厳正を保持し不正の行為のないようにしなければならない。

第12条　試験は、次の各号のいずれかに該当する者でなければ、これを受けることができない。

一　文部科学大臣の指定した歯科衛生士学校を卒業した者

二　都道府県知事の指定した歯科衛生士養成所を卒業した者

三　外国の歯科衛生士学校を卒業し、又は外国において歯科衛生士免許を得た者で、厚生労働大臣が前二号に掲げる者と同等以上の知識及び技能を有すると認めたもの

第12条の2　厚生労働大臣は、試験に関して不正の行為があつた場合には、その不正の行為に関係のある者について、その受験を停止させ、又はその試験を無効とすることができる。

2　厚生労働大臣は、前項の規定による処分を受けた者について、期間を定めて試験を受けることができないものとすることができる。

第12条の3　試験を受けようとする者は、実費を勘案して政令で定める額の受験手数料を国に納付しなければならない。

2　前項の受験手数料は、これを納付した者が試験を受けない場合においても、返還しない。

第12条の4　厚生労働大臣は、厚生労働省令で定めるところにより、その指定する者（以下「指定試験機関」という。）に、試験の実施に関する事務（以下「試験事務」という。）を行わせることができる。

2　指定試験機関の指定は、厚生労働省令で定めるところにより、試験事務を行おうとする者の申請により行う。

第12条の5　指定試験機関は、試験の問題の作成及び採点を

歯科衛生士試験委員（次項，次条及び第12条の8において「試験委員」という。）に行わせなければならない。

2 指定試験機関は，試験委員を選任しようとするときは，厚生労働省令で定める要件を備える者のうちから選任しなければならない。

第12条の6 試験委員は，試験の問題の作成及び採点について，厳正を保持し不正の行為のないようにしなければならない。

第12条の7 指定試験機関が試験事務を行う場合において，指定試験機関は，試験に関して不正の行為があつたときは，その不正行為に関係のある者について，その受験を停止させることができる。

2 前項に定めるもののほか，指定試験機関が試験事務を行う場合における第12条の2及び第12条の3第1項の規定の適用については，第12条の2第1項中「その受験を停止させ，又はその試験」とあるのは「その試験」と，同条第2項中「前項」とあるのは「前項又は第12条の7第1項」と，第12条の3第1項中「国」とあるのは「指定試験機関」とする。

3 前項の規定により読み替えて適用する第12条の3第1項の規定により指定試験機関に納められた受験手数料は，指定試験機関の収入とする。

第12条の8 第8条の2第3項及び第4項，第8条の3から第8条の5まで，第8条の7から第8条の14まで並びに第8条の16から第8条の18までの規定は，指定試験機関について準用する。この場合において，これらの規定中「登録事務」とあるのは「試験事務」と，「登録事務規程」とあるのは「試験事務規程」と，第8条の2第3項中「前項」とあり，及び第8条第4項各号列記以外の部分中「第2項」とあるのは「第12条の4第2項」と，第8条の3及び第8条の7中「役員」とあるのは「役員（試験委員を含む。）」と，第8条の13第2項第三号中「又は前条」とあるのは「，前条又は第12条の5」と，第8条の14第1項及び第8条の18第一号中「第8条の2第1項」とあるのは「第12条の4第1項」と読み替えるものとする。

第12条の9 この法律に規定するもののほか，歯科衛生士学校又は歯科衛生士養成所の指定及びその取消しに関し必要な事項は政令で，試験科目，受験手続その他試験に関し必要な事項並びに指定試験機関及びその行う試験事務並びに試験事務の引継ぎに関し必要な事項は厚生労働省令で定める。

第13条 歯科衛生士でなければ，第2条第1項に規定する業をしてはならない。但し，歯科医師法（昭和23年法律第202号）の規定に基いてなす場合は，この限りでない。

第13条の2 歯科衛生士は，歯科診療の補助をなすに当つては，主治の歯科医師の指示があつた場合を除くほか，診療機械を使用し，医薬品を授与し，又は医薬品について指示をなし，その他歯科医師が行うのでなければ衛生上危害を生ずるおそれのある行為をしてはならない。ただし，臨時応急の手当をすることは，さしつかえない。

第13条の3 歯科衛生士は，歯科保健指導をなすに当つて

主治の歯科医師又は医師があるときは，その指示を受けなければならない。

第13条の4 歯科衛生士は，歯科保健指導の業務に関して就業地を管轄する保健所の長の指示を受けたときは，これに従わなければならない。ただし，前条の規定の適用を妨げない。

第13条の5 歯科衛生士は，その業務を行うに当たつては，歯科医師その他の歯科医療関係者との緊密な連携を図り，適正な歯科医療の確保に努めなければならない。

第13条の6 歯科衛生士は，正当な理由がなく，その業務上知り得た人の秘密を漏らしてはならない。歯科衛生士でなくなつた後においても，同様とする。

第13条の7 歯科衛生士でない者は，歯科衛生士又はこれに紛らわしい名称を使用してはならない。

第13条の8 この法律に規定する厚生労働大臣の権限は，厚生労働省令で定めるところにより，地方厚生局長に委任することができる。

2 前項の規定により地方厚生局長に委任された権限は，厚生労働省令で定めるところにより，地方厚生支局長に委任することができる。

第14条 次の各号のいずれかに該当する者は，1年以下の懲役若しくは50万円以下の罰金に処し，又はこれを併科する。

一 第13条の規定に違反した者

二 虚偽又は不正の事実に基づいて免許を受けた者

第15条 第8条の7第1項（第12条の8において準用する場合を含む。）の規定に違反した者は，1年以下の懲役又は50万円以下の罰金に処する。

第16条 第8条の13第2項（第12条の8において準用する場合を含む。）の規定による登録事務又は試験事務の停止の命令に違反したときは，その違反行為をした指定登録機関又は指定試験機関の役員又は職員は，1年以下の懲役又は50万円以下の罰金に処する。

第17条 第11条の2第2項又は第12条の6の規定に違反して，不正の採点をした者は，1年以下の懲役又は50万円以下の罰金に処する。

第18条 次の各号のいずれかに該当する者は，6月以下の懲役若しくは30万円以下の罰金に処し，又はこれを併科する。

一 第8条第1項の規定により業務の停止を命ぜられた者で，当該停止を命ぜられた期間中に，業務を行つたもの

二 第13条の2から第13条の4までの規定に違反した者

第19条 第13条の6の規定に違反した者は，50万円以下の罰金に処する。

2 前項の罪は，告訴がなければ公訴を提起することができない。

第20条 次の各号のいずれかに該当する者は，30万円以下の罰金に処する。

一 第6条第3項の規定に違反した者

二 第13条の7の規定に違反した者

第21条 次の各号のいずれかに該当するときは，その違反行

為をした指定登録機関又は指定試験機関の役員又は職員は，30万円以下の罰金に処する。

一　第8条の8（第12条の8において準用する場合を含む。）の規定に違反して帳簿を備えず，帳簿に記載せず，若しくは帳簿に虚偽の記載をし，又は帳簿を保存しなかつたとき。

二　第8条の10（第12条の8において準用する場合を含む。）の規定による報告をせず，又は虚偽の報告をしたとき。

三　第8条の11第1項（第12条の8において準用する場合を含む。）の規定による立入り若しくは検査を拒み，妨げ，若しくは忌避し，又は質問に対して陳述せず，若しくは虚偽の陳述をしたとき。

四　第8条の12（第12条の8において準用する場合を含む。）の許可を受けないで登録事務又は試験事務の全部を廃止したとき。

附　則　抄

理学療法士及び作業療法士法

（昭和40年法律第137号）
最新改正：平成26年法律第51号

第1章　総則

（この法律の目的）
第1条　この法律は，理学療法士及び作業療法士の資格を定めるとともに，その業務が，適正に運用されるように規制し，もつて医療の普及及び向上に寄与することを目的とする。

（定義）
第2条　この法律で「理学療法」とは，身体に障害のある者に対し，主としてその基本的動作能力の回復を図るため，治療体操その他の運動を行なわせ，及び電気刺激，マッサージ，温熱その他の物理的手段を加えることをいう。

2　この法律で「作業療法」とは，身体又は精神に障害のある者に対し，主としてその応用的動作能力又は社会的適応能力の回復を図るため，手芸，工作その他の作業を行なわせることをいう。

3　この法律で「理学療法士」とは，厚生労働大臣の免許を受けて，理学療法士の名称を用いて，医師の指示の下に，理学療法を行なうことを業とする者をいう。

4　この法律で「作業療法士」とは，厚生労働大臣の免許を受けて，作業療法士の名称を用いて，医師の指示の下に，作業療法を行なうことを業とする者をいう。

第2章　免許

（免許）
第3条　理学療法士又は作業療法士になろうとする者は，理学療法士国家試験又は作業療法士国家試験に合格し，厚生労働大臣の免許（以下「免許」という。）を受けなければ

ならない。

（欠格事由）
第4条　次の各号のいずれかに該当する者には，免許を与えないことがある。

一　罰金以上の刑に処せられた者

二　前号に該当する者を除くほか，理学療法士又は作業療法士の業務に関し犯罪又は不正の行為があつた者

三　心身の障害により理学療法士又は作業療法士の業務を適正に行うことができない者として厚生労働省令で定めるもの

四　麻薬，大麻又はあへんの中毒者

（理学療法士名簿及び作業療法士名簿）
第5条　厚生労働省に理学療法士名簿及び作業療法士名簿を備え，免許に関する事項を登録する。

（登録及び免許証の交付）
第6条　免許は，理学療法士国家試験又は作業療法士国家試験に合格した者の申請により，理学療法士名簿又は作業療法士名簿に登録することによつて行う。

2　厚生労働大臣は，免許を与えたときは，理学療法士免許証又は作業療法士免許証を交付する。

（意見の聴取）
第6条の2　厚生労働大臣は，免許を申請した者について，第4条第三号に掲げる者に該当すると認め，同条の規定により免許を与えないこととするときは，あらかじめ，当該申請者にその旨を通知し，その求めがあつたときは，厚生労働大臣の指定する職員にその意見を聴取させなければならない。

（免許の取消し等）
第7条　理学療法士又は作業療法士が，第4条各号のいずれかに該当するに至つたときは，厚生労働大臣は，その免許を取り消し，又は期間を定めて理学療法士又は作業療法士の名称の使用の停止を命ずることができる。

2　都道府県知事は，理学療法士又は作業療法士について前項の処分が行なわれる必要があると認めるときは，その旨を厚生労働大臣に具申しなければならない。

3　第1項の規定により免許を取り消された者であつても，その者がその取消しの理由となつた事項に該当しなくなつたとき，その他その後の事情により再び免許を与えるのが適当であると認められるに至つたときは，再免許を与えることができる。この場合においては，第6条の規定を準用する。

4　厚生労働大臣は，第1項又は前項に規定する処分をしようとするときは，あらかじめ，医道審議会の意見を聴かなければならない。

（政令への委任）
第8条　この章に規定するもののほか，免許の申請，理学療法士名簿及び作業療法士名簿の登録，訂正及び消除並びに免許証の交付，書換え交付，再交付，返納及び提出に関し必要な事項は，政令で定める。

第3章　試験

（試験の目的）

第9条　理学療法士国家試験又は作業療法士国家試験は，理学療法士又は作業療法士として必要な知識及び技能について行なう。

（試験の実施）

第10条　理学療法士国家試験及び作業療法士国家試験は，毎年少なくとも1回，厚生労働大臣が行なう。

（理学療法士国家試験の受験資格）

第11条　理学療法士国家試験は，次の各号のいずれかに該当する者でなければ，受けることができない。

　一　学校教育法（昭和22年法律第26号）第90条第1項の規定により大学に入学することができる者（この号の規定により文部科学大臣の指定した学校が大学である場合において，当該大学が同条第2項の規定により当該大学に入学させた者を含む。）で，文部科学省令・厚生労働省令で定める学校又は都道府県知事が指定した理学療法士養成施設において，3年以上理学療法士として必要な知識及び技能を修得したもの

　二　作業療法士その他政令で定める者で，文部科学省令・厚生労働省令で定める基準に適合するものとして，文部科学大臣が指定した学校又は都道府県知事が指定した理学療法士養成施設において，2年以上理学療法に関する知識及び技能を修得したもの

　三　外国の理学療法に関する学校若しくは養成施設を卒業し，又は外国で理学療法士の免許に相当する免許を受けた者で，厚生労働大臣が前二号に掲げる者と同等以上の知識及び技能を有すると認定したもの

（作業療法士国家試験の受験資格）

第12条　作業療法士国家試験は，次の各号のいずれかに該当する者でなければ，受けることができない。

　一　学校教育法第90条第1項の規定により大学に入学することができる者（この号の規定により文部科学大臣の指定した学校が大学である場合において，当該大学が同条第2項の規定により当該大学に入学させた者を含む。）で，文部科学省令・厚生労働省令で定める基準に適合するものとして，文部科学大臣が指定した学校又は都道府県知事が指定した作業療法士養成施設において，3年以上作業療法士として必要な知識及び技能を修得したもの

　二　理学療法士その他政令で定める者で，文部科学省令・厚生労働省令で定める基準に適合するものとして，文部科学大臣が指定した学校又は都道府県知事が指定した作業療法士養成施設において，2年以上作業療法に関する知識及び技能を修得したもの

　三　外国の作業療法に関する学校若しくは養成施設を卒業し，又は外国で作業療法士の免許に相当する免許を受けた者で，厚生労働大臣が前二号に掲げる者と同等以上の知識及び技能を有すると認定したもの

（医道審議会への諮問）

第12条の2　厚生労働大臣は，理学療法士国家試験又は作業療法士国家試験の科目若しくは実施若しくは合格者の決定の方法を定めようとするときは，あらかじめ，医道審議会の意見を聴かなければならない。

2　文部科学大臣又は厚生労働大臣は，第11条第一号若しくは第二号又は前条第一号若しくは第二号に規定する基準を定めようとするときは，あらかじめ，医道審議会の意見を聴かなければならない。

（不正行為の禁止）

第13条　理学療法士国家試験又は作業療法士国家試験に関して不正の行為があつた場合には，その不正行為に関係のある者について，その受験を停止させ，又はその試験を無効とすることができる。この場合においては，なお，その者について，期間を定めて理学療法士国家試験又は作業療法士国家試験を受けることを許さないことができる。

（政令及び厚生労働省令への委任）

第14条　この章に規定するもののほか，第11条第一号及び第二号の学校又は理学療法士養成施設の指定並びに第12条第一号及び第二号の学校又は作業療法士養成施設の指定に関し必要な事項は政令で，理学療法士国家試験又は作業療法士国家試験の科目，受験手続，受験手数料その他試験に関し必要な事項は厚生労働省令で定める。

第4章　業務等

（業務）

第15条　理学療法士又は作業療法士は，保健師助産師看護師法（昭和23年法律第203号）第31条第1項及び第32条の規定にかかわらず，診療の補助として理学療法又は作業療法を行なうことを業とすることができる。

2　理学療法士が，病院若しくは診療所において，又は医師の具体的な指示を受けて，理学療法として行なうマツサージについては，あん摩マツサージ指圧師，はり師，きゆう師等に関する法律（昭和22年法律第217号）第1条の規定は，適用しない。

3　前2項の規定は，第7条第1項の規定により理学療法士又は作業療法士の名称の使用の停止を命ぜられている者については，適用しない。

（秘密を守る義務）

第16条　理学療法士又は作業療法士は，正当な理由がある場合を除き，その業務上知り得た人の秘密を他に漏らしてはならない。理学療法士又は作業療法士でなくなつた後においても，同様とする。

（名称の使用制限）

第17条　理学療法士でない者は，理学療法士という名称又は機能療法士その他理学療法士にまぎらわしい名称を使用してはならない。

2　作業療法士でない者は，作業療法士という名称又は職能療法士その他作業療法士にまぎらわしい名称を使用してはならない。

（権限の委任）

第17条の2　この法律に規定する厚生労働大臣の権限は，厚

生労働省令で定めるところにより，地方厚生局長に委任することができる。

2　前項の規定により地方厚生局長に委任された権限は，厚生労働省令で定めるところにより，地方厚生支局長に委任することができる。

第5章　理学療法士作業療法士試験委員

（理学療法士作業療法士試験委員）

第18条　理学療法士国家試験及び作業療法士国家試験に関する事務をつかさどらせるため，厚生労働省に理学療法士作業療法士試験委員を置く。

2　理学療法士作業療法士試験委員に関し必要な事項は，政令で定める。

（試験事務担当者の不正行為の禁止）

第19条　理学療法士作業療法士試験委員その他理学療法士国家試験又は作業療法士国家試験に関する事務をつかさどる者は，その事務の施行に当たつて厳正を保持し，不正の行為がないようにしなければならない。

第6章　罰則

第20条　前条の規定に違反して，故意若しくは重大な過失により事前に試験問題を漏らし，又は故意に不正の採点をした者は，1年以下の懲役又は50万円以下の罰金に処する。

第21条　第16条の規定に違反した者は，50万円以下の罰金に処する。

2　前項の罪は，告訴がなければ公訴を提起することができない。

第22条　次の各号のいずれかに該当する者は，30万円以下の罰金に処する。

一　第7条第1項の規定により理学療法士又は作業療法士の名称の使用の停止を命ぜられた者で，当該停止を命ぜられた期間中に，理学療法士又は作業療法士の名称を使用したもの

二　第17条の規定に違反した者

附　則　抄

視能訓練士法

最新改正：平成26年法律第51号

第1章　総則

（目的）

第1条　この法律は，視能訓練士の資格を定めるとともに，その業務が適正に運用されるように規律し，もつて医療の普及及び向上に寄与することを目的とする。

（定義）

第2条　この法律で「視能訓練士」とは，厚生労働大臣の免許を受けて，視能訓練士の名称を用いて，医師の指示の下

に，両眼視機能に障害のある者に対するその両眼視機能の回復のための矯正訓練及びこれに必要な検査を行なうことを業とする者をいう。

第2章　免許

（免許）

第3条　視能訓練士になろうとする者は，視能訓練士国家試験（以下「試験」という。）に合格し，厚生労働大臣の免許（以下「免許」という。）を受けなければならない。

（欠格事由）

第4条　次の各号のいずれかに該当する者には，免許を与えないことがある。

一　罰金以上の刑に処せられた者

二　前号に該当する者を除くほか，視能訓練士の業務（第17条第1項に規定する業務を含む。第18条の2及び第19条において同じ。）に関し犯罪又は不正の行為があつた者

三　心身の障害により視能訓練士の業務を適正に行うことができない者として厚生労働省令で定めるもの

四　麻薬，大麻又はあへんの中毒者

（視能訓練士名簿）

第5条　厚生労働省に視能訓練士名簿を備え，免許に関する事項を登録する。

（登録及び免許証の交付）

第6条　免許は，試験に合格した者の申請により，視能訓練士名簿に登録することによつて行う。

2　厚生労働大臣は，免許を与えたときは，視能訓練士免許証を交付する。

（意見の聴取）

第7条　厚生労働大臣は，免許を申請した者について，第4条第三号に掲げる者に該当すると認め，同条の規定により免許を与えないこととするときは，あらかじめ，当該申請者にその旨を通知し，その求めがあつたときは，厚生労働大臣の指定する職員にその意見を聴取させなければならない。

（免許の取消し等）

第8条　視能訓練士が第4条各号のいずれかに該当するに至つたときは，厚生労働大臣は，その免許を取り消し，又は期間を定めて視能訓練士の名称の使用の停止を命ずることができる。

2　都道府県知事は，視能訓練士について前項の処分が行われる必要があると認めるときは，その旨を厚生労働大臣に具申しなければならない。

3　第1項の規定により免許を取り消された者であつても，その者がその取消しの理由となつた事項に該当しなくなつたとき，その他その後の事情により再び免許を与えるのが適当であると認められるに至つたときは，再免許を与えることができる。この場合においては，第6条の規定を準用する。

（政令への委任）

第9条　この章に規定するもののほか，免許の申請，視能訓

204

練士名簿の登録，訂正及び消除並びに視能訓練士免許証の交付，書換え交付，再交付，返納及び提出に関し必要な事項は，政令で定める。

第3章　試験

（試験の目的）

第10条　試験は，視能訓練士として必要な知識及び技能について行なう。

（試験の実施）

第11条　試験は，毎年少なくとも1回，厚生労働大臣が行なう。

（視能訓練士試験委員）

第12条　試験に関する事務をつかさどらせるため，厚生労働省に視能訓練士試験委員（以下「試験委員」という。）を置く。

2　試験委員に関し必要な事項は，政令で定める。

（試験事務担当者の不正行為の禁止）

第13条　試験委員その他試験に関する事務をつかさどる者は，その事務の施行に当たつて厳正を保持し，不正の行為がないようにしなければならない。

（受験資格）

第14条　試験は，次の各号のいずれかに該当する者でなければ，受けることができない。

一　学校教育法（昭和22年法律第26号）第90条第1項の規定により大学に入学することができる者（この号の規定により文部科学大臣の指定した学校が大学である場合において，当該大学が同条第2項の規定により当該大学に入学させた者を含む。）で，文部科学大臣が指定した学校又は都道府県知事が指定した視能訓練士養成所において，3年以上視能訓練士として必要な知識及び技能を修得したもの

二　学校教育法に基づく大学若しくは旧大学令（大正7年勅令第388号）に基づく大学又は厚生労働省令で定める学校若しくは養成所において2年以上修業し，かつ，厚生労働大臣の指定する科目を修めた者で，文部科学大臣が指定した学校又は都道府県知事が指定した視能訓練士養成所において，1年以上視能訓練士として必要な知識及び技能を修得したもの

三　外国の視能訓練に関する学校若しくは養成所を卒業し，又は外国で視能訓練士の免許に相当する免許を受けた者で，厚生労働大臣が前二号に掲げる者と同等以上の知識及び技能を有すると認定したもの

（不正行為の禁止）

第15条　試験に関して不正の行為があつた場合には，その不正行為に関係のある者について，その受験を停止させ，又はその試験を無効とすることができる。この場合においては，なお，その者について，期間を定めて試験を受けることを許さないことができる。

（政令及び厚生労働省令への委任）

第16条　この章に規定するもののほか，第14条第一号及び第二号の学校又は視能訓練士養成所の指定に関し必要な事項は政令で，試験科目，受験手続，受験手数料その他試験に関し必要な事項は厚生労働省令で定める。

第4章　業務等

（業務）

第17条　視能訓練士は，第2条に規定する業務のほか，医師の指示の下に，眼科に係る検査（人体に影響を及ぼす程度が高い検査として厚生労働省令で定めるものを除く。次項において「眼科検査」という。）を行うことを業とすることができる。

2　視能訓練士は，保健師助産師看護師法（昭和23年法律第203号）第31条第1項及び第32条の規定にかかわらず，診療の補助として両眼視機能の回復のための矯正訓練及びこれに必要な検査並びに眼科検査を行うことを業とすることができる。

3　前項の規定は，第8条第1項の規定により視能訓練士の名称の使用の停止を命ぜられている者については，適用しない。

（特定行為の制限）

第18条　視能訓練士は，医師の具体的な指示を受けなければ，厚生労働省令で定める矯正訓練又は検査を行なつてはならない。

（他の医療関係者との連携）

第18条の2　視能訓練士は，その業務を行うに当たつては，医師その他の医療関係者との緊密な連携を図り，適正な医療の確保に努めなければならない。

（秘密を守る義務）

第19条　視能訓練士は，正当な理由がある場合を除き，その業務上知り得た人の秘密を他に漏らしてはならない。視能訓練士でなくなつた後においても，同様とする。

（名称の使用制限）

第20条　視能訓練士でない者は，視能訓練士という名称又はこれに紛らわしい名称を使用してはならない。

（権限の委任）

第20条の2　この法律に規定する厚生労働大臣の権限は，厚生労働省令で定めるところにより，地方厚生局長に委任することができる。

2　前項の規定により地方厚生局長に委任された権限は，厚生労働省令で定めるところにより，地方厚生支局長に委任することができる。

（経過措置）

第20条の3　この法律の規定に基づき命令を制定し，又は改廃する場合においては，その命令で，その制定又は改廃に伴い合理的に必要と判断される範囲内において，所要の経過措置（罰則に関する経過措置を含む。）を定めることができる。

第5章　罰則

第21条　第13条の規定に違反して，故意若しくは重大な過失により事前に試験問題を漏らし，又は故意に不正の採点をした者は，1年以下の懲役又は50万円以下の罰金に処す

第22条　第18条の規定に違反した者は，6月以下の懲役若しくは30万円以下の罰金に処し，又はこれを併科する。

第23条　第19条の規定に違反した者は，50万円以下の罰金に処する。

2　前項の罪は，告訴がなければ公訴を提起することができない。

第24条　次の各号のいずれかに該当する者は，30万円以下の罰金に処する。

一　第8条第1項の規定により視能訓練士の名称の使用の停止を命ぜられた者で，当該停止を命ぜられた期間中に，視能訓練士の名称を使用したもの

二　第20条の規定に違反した者

附　則　抄

臨床検査技師等に関する法律

（昭和33年法律第76号）
最新改正：平成29年法律第57号

第1章　総則

（この法律の目的）

第1条　この法律は，臨床検査技師の資格等を定め，もつて医療及び公衆衛生の向上に寄与することを目的とする。

（定義）

第2条　この法律で「臨床検査技師」とは，厚生労働大臣の免許を受けて，臨床検査技師の名称を用いて，医師又は歯科医師の指示の下に，人体から排出され，又は採取した検体の検査として厚生労働省令で定めるもの（以下「検体検査」という。）及び厚生労働省令で定める生理学的検査を行うことを業とする者をいう。

第2章　免許

（免許）

第3条　臨床検査技師の免許（以下「免許」という。）は，臨床検査技師国家試験（以下「試験」という。）に合格した者に対して与える。

（欠格事由）

第4条　次の各号のいずれかに該当する者には，免許を与えないことができる。

一　心身の障害により臨床検査技師の業務を適正に行うことができない者として厚生労働省令で定めるもの

二　麻薬，あへん又は大麻の中毒者

三　第2条に規定する検査の業務に関し，犯罪又は不正の行為があつた者

（臨床検査技師名簿）

第5条　厚生労働省に臨床検査技師名簿を備え，免許に関する事項を登録する。

（登録及び免許証の交付）

第6条　免許は，試験に合格した者の申請により，厚生労働大臣が臨床検査技師名簿に登録することによつて行う。

2　厚生労働大臣は，免許を与えたときは，臨床検査技師免許証を交付する。

（意見の聴取）

第7条　厚生労働大臣は，免許を申請した者について，第4条第一号に掲げる者に該当すると認め，同条の規定により免許を与えないこととするときは，あらかじめ，当該申請者にその旨を通知し，その求めがあつたときは，厚生労働大臣の指定する職員にその意見を聴取させなければならない。

（免許の取消等）

第8条　臨床検査技師が第4条各号のいずれかに該当するに至つたときは，厚生労働大臣は，その免許を取り消し，又は期間を定めて臨床検査技師の名称の使用の停止を命ずることができる。

2　都道府県知事は，臨床検査技師について前項の処分が行われる必要があると認めるときは，その旨を厚生労働大臣に具申しなければならない。

3　第1項の規定による取消処分を受けた者であつても，その者がその取消しの理由となつた事項に該当しなくなつたとき，その他その後の事情により再び免許を与えるのが適当であると認められるに至つたときは，再免許を与えることができる。

（聴聞等の方法の特例）

第9条　前条第1項の規定による処分に係る行政手続法（平成5年法律第88号）第15条第1項又は第30条の通知は，聴聞の期日又は弁明を記載した書面の提出期限（口頭による弁明の機会の付与を行う場合には，その日時）の2週間前までにしなければならない。

（政令への委任）

第10条　この章に規定するもののほか，免許の申請，臨床検査技師名簿の登録，訂正及び消除並びに臨床検査技師免許証の交付，書換交付，再交付，返納及び提出に関して必要な事項は，政令で定める。

第3章　試験

（試験の目的）

第11条　試験は，第2条に規定する検査に必要な知識及び技能（同条に規定する検査のための血液を採取する行為で政令で定めるもの（以下「採血」という。）及び同条に規定する検査のための検体（血液を除く。）を採取する行為で政令で定めるもの（第20条の2第1項において「検体採取」という。）に必要な知識及び技能を含む。以下同じ。）について行う。

（試験の実施）

第12条　試験は，厚生労働大臣が毎年少くとも1回行う。

（試験委員）

第13条　試験の実施に関して必要な事務をつかさどらせるため，厚生労働省に臨床検査技師試験委員（以下「試験委員」という。）を置く。

2　試験委員に関して必要な事項は，政令で定める。

（試験委員等の不正行為の禁止）
第14条　試験委員その他試験に関する事務をつかさどる者は，その事務の施行に当つては厳正を保持し，不正の行為がないようにしなければならない。
（受験資格）
第15条　試験は，次の各号のいずれかに該当する者でなければ受けることができない。
一　学校教育法（昭和22年法律第26号）第90条第1項の規定により大学に入学することができる者（この号の規定により文部科学大臣の指定した学校が大学である場合において，当該大学が同条第2項の規定により当該大学に入学させた者を含む。）で，文部科学大臣が指定した学校又は都道府県知事が指定した臨床検査技師養成所において3年以上第2条に規定する検査に必要な知識及び技能を修得したもの
二　学校教育法に基づく大学又は旧大学令（大正7年勅令第388号）に基づく大学において医学，歯学，獣医学若しくは薬学の正規の課程を修めて卒業した者その他検体検査に必要な知識及び技能を有すると認められる者で，政令で定めるところにより前号に掲げる者と同等以上の知識及び技能を有すると認められるもの
三　外国の第2条に規定する検査に関する学校若しくは養成所を卒業し，又は外国で臨床検査技師の免許に相当する免許を受けた者で，厚生労働大臣が第一号に掲げる者と同等以上の知識及び技能を有すると認めたもの
（不正行為の禁止）
第16条　試験に関して不正の行為があつた場合には，その不正行為に関係のある者について，その受験を停止させ，又はその試験を無効とすることができる。この場合においては，なお，その者について，期間を定めて試験を受けることを許さないことができる。
（政令及び厚生労働省令への委任）
第17条　この章に規定するもののほか，第15条第一号の学校又は臨床検査技師養成所の指定に関して必要な事項は政令で，試験科目，受験手続，受験手数料その他試験に関して必要な事項は厚生労働省令で定める。

第4章　業務等

（信用失墜行為の禁止）
第18条　臨床検査技師は，臨床検査技師の信用を傷つけるような行為をしてはならない。
（秘密を守る義務）
第19条　臨床検査技師は，正当な理由がなく，その業務上取り扱つたことについて知り得た秘密を他に漏らしてはならない。臨床検査技師でなくなつた後においても，同様とする。
（名称の使用禁止）
第20条　臨床検査技師でない者は，臨床検査技師という名称又はこれに紛らわしい名称を使用してはならない。
（保健師助産師看護師法との関係）
第20条の2　臨床検査技師は，保健師助産師看護師法（昭和23年法律第203号）第31条第1項及び第32条の規定にかかわらず，診療の補助として採血及び検体採取（医師又は歯科医師の具体的な指示を受けて行うものに限る。）並びに第2条の厚生労働省令で定める生理学的検査を行うことを業とすることができる。
2　前項の規定は，第8条第1項の規定により臨床検査技師の名称の使用の停止を命ぜられている者については，適用しない。
（権限の委任）
第20条の2の2　この法律に規定する厚生労働大臣の権限は，厚生労働省令で定めるところにより，地方厚生局長に委任することができる。
2　前項の規定により地方厚生局長に委任された権限は，厚生労働省令で定めるところにより，地方厚生支局長に委任することができる。

第5章　衛生検査所

（登録）
第20条の3　衛生検査所（検体検査を業として行う場所（病院，診療所，助産所又は厚生労働大臣が定める施設内の場所を除く。）をいう。以下同じ。）を開設しようとする者は，その衛生検査所について，厚生労働省令で定めるところにより，その衛生検査所の所在地の都道府県知事（その所在地が保健所を設置する市又は特別区の区域にある場合においては，市長又は区長。以下この章において同じ。）の登録を受けなければならない。
2　都道府県知事は，前項の登録（以下「登録」という。）の申請があつた場合において，その申請に係る衛生検査所の構造設備，管理組織，検体検査の精度の確保の方法その他の事項が検体検査の業務を適正に行うために必要な厚生労働省令で定める基準に適合しないと認めるとき，又はその申請者が第20条の7の規定により登録を取り消され，取消しの日から2年を経過していないものであるときは，登録をしてはならない。
3　登録は，次の各号に掲げる事項について行うものとする。
一　申請者の氏名及び住所（法人にあつては，その名称及び主たる事務所の所在地）
二　衛生検査所の名称及び所在地
三　検体検査の業務の内容
（登録の変更等）
第20条の4　登録を受けた衛生検査所の開設者は，その衛生検査所について，前条第3項第三号に掲げる事項を変更しようとするときは，その衛生検査所の所在地の都道府県知事の登録の変更を受けなければならない。
2　前条第2項の規定は，前項の登録の変更について準用する。
3　登録を受けた衛生検査所の開設者は，その衛生検査所を廃止し，休止し，若しくは休止した衛生検査所を再開したとき，又は前条第3項第一号に掲げる事項若しくは衛生検査所の名称，構造設備，管理組織，検体検査の精度の確保

の方法その他厚生労働省令で定める事項を変更したとき
は、30日以内に、その衛生検査所の所在地の都道府県知事
にその旨を届け出なければならない。

4　衛生検査所を開設しようとする者又は登録を受けた衛生
検査所の検体検査の業務の管理を行う者は、その衛生検査
所に検体検査用放射性同位元素を備えようとするときその
他厚生労働省令で定める場合においては、厚生労働省令で
定めるところにより、その衛生検査所の所在地の都道府県
知事に届け出なければならない。

（報告及び検査）
第20条の5　都道府県知事は、この法律を施行するため必要
があると認めるときは、登録を受けた衛生検査所の開設者
に対し、必要な報告を命じ、又はその職員に、その衛生検
査所に立ち入り、その構造設備若しくは帳簿書類その他の
物件を検査させることができる。

2　前項の規定により立入検査をする職員は、その身分を示
す証明書を携帯し、関係人の請求があつたときは、これを
提示しなければならない。

3　第1項の権限は、犯罪捜査のために認められたものと解
してはならない。

（指示）
第20条の6　都道府県知事は、登録を受けた衛生検査所の検
体検査の業務が適正に行われていないため医療及び公衆衛
生の向上を阻害すると認めるときは、その開設者に対し、
その構造設備、管理組織又は検体検査の精度の確保の方法
の変更その他必要な指示をすることができる。

（登録の取消し等）
第20条の7　都道府県知事は、登録を受けた衛生検査所の構
造設備、管理組織、検体検査の精度の確保の方法その他の
事項が第20条の3第2項の厚生労働省令で定める基準に適
合しなくなつたとき、又は登録を受けた衛生検査所の開設
者が第20条の4第1項の規定による登録の変更を受けない
ときは、その衛生検査所の登録を取り消し、又は期間を定
めて、その業務の全部若しくは一部の停止を命ずることが
できる。

（聴聞等の方法の特例）
第20条の8　第9条の規定は、都道府県知事が前条の規定に
よる処分を行う場合に準用する。

（厚生労働省令への委任）
第20条の9　この章に規定するもののほか、衛生検査所の登
録に関して必要な事項は、厚生労働省令で定める。

第6章　雑則

（経過措置）
第20条の10　この法律の規定に基づき命令を制定し、又は改
廃する場合においては、その命令で、その制定又は改廃に
伴い合理的に必要と判断される範囲内において、所要の経
過措置（罰則に関する経過措置を含む。）を定めることが
できる。

第7章　罰則

第21条　第14条の規定に違反して故意若しくは重大な過失に
より事前に試験問題を漏らし、又は故意に不正の採点を
した者は、1年以下の懲役又は50万円以下の罰金に処す
る。

第22条　次の各号のいずれかに該当する者は、6月以下の懲
役又は30万円以下の罰金に処する。

一　第20条の3第1項の規定に違反した者

二　第20条の4第1項の規定に違反した者

三　第20条の7の規定による業務の停止命令に違反した者

第23条　第19条の規定に違反した者は、50万円以下の罰金に
処する。

2　前項の罪は、告訴がなければ公訴を提起することができ
ない。

第24条　次の各号のいずれかに該当する者は、30万円以下の
罰金に処する。

一　第8条第1項の規定により臨床検査技師の名称の使用
の停止を命ぜられた者で、当該停止を命ぜられた期間中
に、臨床検査技師の名称を使用したもの

二　第20条の規定に違反した者

三　第20条の4第3項の規定に違反した者

四　第20条の5第1項の規定による報告をせず、若しくは
虚偽の報告をし、又は同項の規定による検査を拒み、妨
げ、若しくは忌避した者

第25条　法人の代表者又は法人若しくは人の代理人、使用人
その他の従業者が、その法人又は人の業務に関し、第22条
又は前条第1項第三号若しくは第四号の違反行為をしたと
きは、行為者を罰するほか、その法人又は人に対しても各
本条の罰金刑を科する。

附　則　抄

臨床工学技士法

（昭和62法律第60号）
最新改正：平成26年法律第69号

第1章　総則

（目的）
第1条　この法律は、臨床工学技士の資格を定めるととも
に、その業務が適正に運用されるように規制し、もつて医
療の普及及び向上に寄与することを目的とする。

（定義）
第2条　この法律で「生命維持管理装置」とは、人の呼吸、
循環又は代謝の機能の一部を代替し、又は補助することが
目的とされている装置をいう。

2　この法律で「臨床工学技士」とは、厚生労働大臣の免許
を受けて、臨床工学技士の名称を用いて、医師の指示の下
に、生命維持管理装置の操作（生命維持管理装置の先端部
の身体への接続又は身体からの除去であつて政令で定める

ものを含む。以下同じ。）及び保守点検を行うことを業とする者をいう。

第2章　免許

（免許）

第3条　臨床工学技士になろうとする者は、臨床工学技士国家試験（以下「試験」という。）に合格し、厚生労働大臣の免許（以下「免許」という。）を受けなければならない。

（欠格事由）

第4条　次の各号のいずれかに該当する者には、免許を与えないことがある。

一　罰金以上の刑に処せられた者

二　前号に該当する者を除くほか、臨床工学技士の業務に関し犯罪又は不正の行為があつた者

三　心身の障害により臨床工学技士の業務を適正に行うことができない者として厚生労働省令で定めるもの

四　麻薬、大麻又はあへんの中毒者

（臨床工学技士名簿）

第5条　厚生労働省に臨床工学技士名簿を備え、免許に関する事項を登録する。

（登録及び免許証の交付）

第6条　免許は、試験に合格した者の申請により、臨床工学技士名簿に登録することによつて行う。

2　厚生労働大臣は、免許を与えたときは、臨床工学技士免許証を交付する。

（意見の聴取）

第7条　厚生労働大臣は、免許を申請した者について、第4条第三号に掲げる者に該当すると認め、同条の規定により免許を与えないこととするときは、あらかじめ、当該申請者にその旨を通知し、その求めがあつたときは、厚生労働大臣の指定する職員にその意見を聴取させなければならない。

（免許の取消し等）

第8条　臨床工学技士が第4条各号のいずれかに該当するに至つたときは、厚生労働大臣は、その免許を取り消し、又は期間を定めて臨床工学技士の名称の使用の停止を命ずることができる。

2　前項の規定により免許を取り消された者であつても、その者がその取消しの理由となつた事項に該当しなくなつたとき、その他その後の事情により再び免許を与えるのが適当であると認められるに至つたときは、再免許を与えることができる。この場合において、第6条の規定を準用する。

（省令への委任）

第9条　この章に規定するもののほか、免許の申請、臨床工学技士名簿の登録、訂正及び消除並びに臨床工学技士免許証の交付、書換え交付、再交付、返納及び提出に関し必要な事項は、厚生労働省令で定める。

第3章　試験

（試験の目的）

第10条　試験は、臨床工学技士として必要な知識及び技能について行う。

（試験の実施）

第11条　試験は、毎年1回以上、厚生労働大臣が行う。

（臨床工学技士試験委員）

第12条　試験の問題の作成及び採点を行わせるため、厚生労働省に臨床工学技士試験委員（次項及び次条において「試験委員」という。）を置く。

2　試験委員に関し必要な事項は、政令で定める。

（不正行為の禁止）

第13条　試験委員は、試験の問題の作成及び採点について、厳正を保持し不正の行為のないようにしなければならない。

（受験資格）

第14条　試験は、次の各号のいずれかに該当する者でなければ、受けることができない。

一　学校教育法（昭和22年法律第26号）第90条第1項の規定により大学に入学することができる者（この号の規定により文部科学大臣の指定した学校が大学である場合において、当該大学が同条第2項の規定により当該大学に入学させた者を含む。）で、文部科学大臣が指定した学校又は都道府県知事が指定した臨床工学技士養成所において、3年以上臨床工学技士として必要な知識及び技能を修得したもの

二　学校教育法に基づく大学若しくは高等専門学校、旧大学令（大正7年勅令第388号）に基づく大学又は厚生労働省令で定める学校、文教研施設若しくは養成所において2年（高等専門学校にあつては、5年）以上修業し、かつ、厚生労働大臣の指定する科目を修めた者で、文部科学大臣が指定した学校又は都道府県知事が指定した臨床工学技士養成所において、1年以上臨床工学技士として必要な知識及び技能を修得したもの

三　学校教育法に基づく大学若しくは高等専門学校、旧大学令に基づく大学又は厚生労働省令で定める学校、文教研施設若しくは養成所において1年（高等専門学校にあつては、4年）以上修業し、かつ、厚生労働大臣の指定する科目を修めた者で、文部科学大臣が指定した学校又は都道府県知事が指定した臨床工学技士養成所において、2年以上臨床工学技士として必要な知識及び技能を修得したもの

四　学校教育法に基づく大学（短期大学を除く。）又は旧大学令に基づく大学において厚生労働大臣が指定する科目を修めて卒業した者

五　外国の生命維持管理装置の操作及び保守点検に関する学校若しくは養成所を卒業し、又は外国で臨床工学技士の免許に相当する免許を受けた者で、厚生労働大臣が前各号に掲げる者と同等以上の知識及び技能を有すると認定したもの

（試験の無効等）

第15条　厚生労働大臣は、試験に関して不正の行為があつた場合には、その不正行為に関係のある者に対しては、その

受験を停止させ，又はその試験を無効とすることができる。

2　厚生労働大臣は，前項の規定による処分を受けた者に対し，期間を定めて試験を受けることができないものとすることができる。

（受験手数料）

第16条　試験を受けようとする者は，実費を勘案して政令で定める額の受験手数料を国に納付しなければならない。

2　前項の受験手数料は，これを納付した者が試験を受けない場合においても，返還しない。

（指定試験機関の指定）

第17条　厚生労働大臣は，厚生労働省令で定めるところにより，その指定する者（以下「指定試験機関」という。）に，試験の実施に関する事務（以下「試験事務」という。）を行わせることができる。

2　指定試験機関の指定は，厚生労働省令で定めるところにより，試験事務を行おうとする者の申請により行う。

3　厚生労働大臣は，他に指定を受けた者がなく，かつ，前項の申請が次の要件を満たしていると認めるときでなければ，指定試験機関の指定をしてはならない。

一　職員，設備，試験事務の実施の方法その他の事項についての試験事務の実施に関する計画が，試験事務の適正かつ確実な実施のために適切なものであること。

二　前号の試験事務の実施に関する計画の適正かつ確実な実施に必要な経理的及び技術的な基礎を有するものであること。

4　厚生労働大臣は，第2項の申請が次のいずれかに該当するときは，指定試験機関の指定をしてはならない。

一　申請者が，一般社団法人又は一般財団法人以外の者であること。

二　申請者が，その行う試験事務以外の業務により試験事務を公正に実施することができないおそれがあること。

三　申請者が，第30条の規定により指定を取り消され，その取消しの日から起算して2年を経過しない者であること。

四　申請者の役員のうちに，次のいずれかに該当する者があること。

イ　この法律に違反して，刑に処せられ，その執行を終わり，又は執行を受けることがなくなつた日から起算して2年を経過しない者

ロ　次条第2項の規定による命令により解任され，その解任の日から起算して2年を経過しない者

（指定試験機関の役員の選任及び解任）

第18条　指定試験機関の役員の選任及び解任は，厚生労働大臣の認可を受けなければ，その効力を生じない。

2　厚生労働大臣は，指定試験機関の役員が，この法律（この法律に基づく命令又は処分を含む。）若しくは第20条第1項に規定する試験事務規程に違反する行為をしたとき，又は試験事務に関し著しく不適当な行為をしたときは，指定試験機関に対し，当該役員の解任を命ずることができる。

（事業計画の認可等）

第19条　指定試験機関は，毎事業年度，事業計画及び収支予算を作成し，当該事業年度の開始前に（指定を受けた日の属する事業年度にあつては，その指定を受けた後遅滞なく），厚生労働大臣の認可を受けなければならない。これを変更しようとするときも，同様とする。

2　指定試験機関は，毎事業年度の経過後3月以内に，その事業年度の事業報告書及び収支決算書を作成し，厚生労働大臣に提出しなければならない。

（試験事務規程）

第20条　指定試験機関は，試験事務の開始前に，試験事務の実施に関する規程（以下「試験事務規程」という。）を定め，厚生労働大臣の認可を受けなければならない。これを変更しようとするときも，同様とする。

2　試験事務規程で定めるべき事項は，厚生労働省令で定める。

3　厚生労働大臣は，第1項の認可をした試験事務規程が試験事務の適正かつ確実な実施上不適当となつたと認めるときは，指定試験機関に対し，これを変更すべきことを命ずることができる。

（指定試験機関の臨床工学技士試験委員）

第21条　指定試験機関は，試験の問題の作成及び採点を臨床工学技士試験委員（次項から第4項まで，次条及び第24条第1項において「試験委員」という。）に行わせなければならない。

2　指定試験機関は，試験委員を選任しようとするときは，厚生労働省令で定める要件を備える者のうちから選任しなければならない。

3　指定試験機関は，試験委員を選任したときは，厚生労働省令で定めるところにより，厚生労働大臣にその旨を届け出なければならない。試験委員に変更があつたときも，同様とする。

4　第18条第2項の規定は，試験委員の解任について準用する。

第22条　試験委員は，試験の問題の作成及び採点について，厳正を保持し不正の行為のないようにしなければならない。

（受験の停止等）

第23条　指定試験機関が試験事務を行う場合において，指定試験機関は，試験に関して不正の行為があつたときは，その不正行為に関係のある者に対しては，その受験を停止させることができる。

2　前項に定めるもののほか，指定試験機関が試験事務を行う場合における第15条及び第16条第1項の規定の適用については，第15条第1項中「その受験を停止させ，又はその試験」とあるのは「その試験」と，同条第2項中「前項」とあるのは「前項又は第23条第1項」と，第16条第1項中「国」とあるのは「指定試験機関」とする。

3　前項の規定により読み替えて適用する第16条第1項の規定により指定試験機関に納められた受験手数料は，指定試験機関の収入とする。

（秘密保持義務等）

第24条　指定試験機関の役員若しくは職員（試験委員を含む。次項において同じ。）又はこれらの職にあつた者は，試験事務に関して知り得た秘密を漏らしてはならない。

2　試験事務に従事する指定試験機関の役員又は職員は，刑法（明治40年法律第45号）その他の罰則の適用については，法令により公務に従事する職員とみなす。

（帳簿の備付け等）

第25条　指定試験機関は，厚生労働省令で定めるところにより，試験事務に関する事項で厚生労働省令で定めるものを記載した帳簿を備え，これを保存しなければならない。

（監督命令）

第26条　厚生労働大臣は，この法律を施行するため必要があると認めるときは，指定試験機関に対し，試験事務に関し監督上必要な命令をすることができる。

（報告）

第27条　厚生労働大臣は，この法律を施行するため必要があると認めるときは，その必要な限度で，厚生労働省令で定めるところにより，指定試験機関に対し，報告をさせることができる。

（立入検査）

第28条　厚生労働大臣は，この法律を施行するため必要があると認めるときは，その必要な限度で，その職員に，指定試験機関の事務所に立ち入り，指定試験機関の帳簿，書類その他必要な物件を検査させ，又は関係者に質問させることができる。

2　前項の規定により立入検査を行う職員は，その身分を示す証明書を携帯し，かつ，関係者の請求があるときは，これを提示しなければならない。

3　第1項に規定する権限は，犯罪捜査のために認められたものと解釈してはならない。

（試験事務の休廃止）

第29条　指定試験機関は，厚生労働大臣の許可を受けなければ，試験事務の全部又は一部を休止し，又は廃止してはならない。

（指定の取消し等）

第30条　厚生労働大臣は，指定試験機関が第17条第4項各号（第三号を除く。）のいずれかに該当するに至つたときは，その指定を取り消さなければならない。

2　厚生労働大臣は，指定試験機関が次の各号のいずれかに該当するに至つたときは，その指定を取り消し，又は期間を定めて試験事務の全部若しくは一部の停止を命ずることができる。

一　第17条第3項各号の要件を満たさなくなつたと認められるとき。

二　第18条第2項（第21条第4項において準用する場合を含む。），第20条第3項又は第26条の規定による命令に違反したとき。

三　第19条，第21条第1項から第3項まで又は前条の規定に違反したとき。

四　第20条第1項の認可を受けた試験事務規程によらないで試験事務を行つたとき。

五　次条第1項の条件に違反したとき。

（指定等の条件）

第31条　第17条第1項，第18条第1項，第19条第1項，第20条第1項又は第29条の規定による指定，認可又は許可には，条件を付し，及びこれを変更することができる。

2　前項の条件は，当該指定，認可又は許可に係る事項の確実な実施を図るため必要な最小限度のものに限り，かつ，当該指定，認可又は許可を受ける者に不当な義務を課することとなるものであつてはならない。

第32条　削除

（指定試験機関がした処分等に係る審査請求）

第33条　指定試験機関が行う試験事務に係る処分又はその不作為について不服がある者は，厚生労働大臣に対し，審査請求をすることができる。この場合において，厚生労働大臣は，行政不服審査法（平成26年法律第68号）第25条第2項及び第3項，第46条第1項及び第2項，第47条並びに第49条第3項の規定の適用については，指定試験機関の上級行政庁とみなす。

（厚生労働大臣による試験事務の実施等）

第34条　厚生労働大臣は，指定試験機関の指定をしたときは，試験事務を行わないものとする。

2　厚生労働大臣は，指定試験機関が第29条の規定による許可を受けて試験事務の全部若しくは一部を休止したとき，第30条第2項の規定により指定試験機関に対し試験事務の全部若しくは一部の停止を命じたとき，又は指定試験機関が天災その他の事由により試験事務の全部若しくは一部を実施することが困難となつた場合において必要があると認めるときは，試験事務の全部又は一部を自ら行うものとする。

（公示）

第35条　厚生労働大臣は，次の場合には，その旨を官報に公示しなければならない。

一　第17条第1項の規定による指定をしたとき。

二　第29条の規定による許可をしたとき。

三　第30条の規定により指定を取り消し，又は試験事務の全部若しくは一部の停止を命じたとき。

四　前条第2項の規定により試験事務の全部若しくは一部を自ら行うこととするとき，又は自ら行つていた試験事務の全部若しくは一部を行わないこととするとき。

（試験の細目等）

第36条　この章に定めるもののほか，試験科目，受験手続，試験事務の引継ぎその他試験及び指定試験機関に関し必要な事項は厚生労働省令で，第14条第一号から第三号までの規定による学校又は臨床工学技士養成所の指定に関し必要な事項は文部科学省令，厚生労働省令で定める。

第4章　業務等

（業務）

第37条　臨床工学技士は，保健師助産師看護師法（昭和23年法律第203号）第31条第1項及び第32条の規定にかかわら

ず，診療の補助として生命維持管理装置の操作を行うことを業とすることができる。

2　前項の規定は，第8条第1項の規定により臨床工学技士の名称の使用の停止を命ぜられている者については，適用しない。

（特定行為の制限）

第38条　臨床工学技士は，医師の具体的な指示を受けなければ，厚生労働省令で定める生命維持管理装置の操作を行つてはならない。

（他の医療関係者との連携）

第39条　臨床工学技士は，その業務を行うに当たつては，医師その他の医療関係者との緊密な連携を図り，適正な医療の確保に努めなければならない。

（秘密を守る義務）

第40条　臨床工学技士は，正当な理由がなく，その業務上知り得た人の秘密を漏らしてはならない。臨床工学技士でなくなつた後においても，同様とする。

（名称の使用制限）

第41条　臨床工学技士でない者は，臨床工学技士又はこれに紛らわしい名称を使用してはならない。

（権限の委任）

第41条の2　この法律に規定する厚生労働大臣の権限は，厚生労働省令で定めるところにより，地方厚生局長に委任することができる。

2　前項の規定により地方厚生局長に委任された権限は，厚生労働省令で定めるところにより，地方厚生支局長に委任することができる。

（経過措置）

第42条　この法律の規定に基づき命令を制定し，又は改廃する場合においては，その命令で，その制定又は改廃に伴い合理的に必要と判断される範囲内において，所要の経過措置（罰則に関する経過措置を含む。）を定めることができる。

第5章　罰則

第43条　第13条又は第22条の規定に違反して，不正の採点をした者は，1年以下の懲役又は50万円以下の罰金に処する。

第44条　第24条第1項の規定に違反した者は，1年以下の懲役又は50万円以下の罰金に処する。

第45条　第30条第2項の規定による試験事務の停止の命令に違反したときは，その違反行為をした指定試験機関の役員又は職員は，1年以下の懲役又は50万円以下の罰金に処する。

第46条　第38条の規定に違反した者は，6月以下の懲役若しくは30万円以下の罰金に処し，又はこれを併科する。

第47条　第40条の規定に違反した者は，50万円以下の罰金に処する。

2　前項の罪は，告訴がなければ公訴を提起することができない。

第48条　次の各号のいずれかに該当する者は，30万円以下の罰金に処する。

一　第8条第1項の規定により臨床工学技士の名称の使用の停止を命ぜられた者で，当該停止を命ぜられた期間中に，臨床工学技士の名称を使用したもの

二　第41条の規定に違反した者

第49条　次の各号のいずれかに該当するときは，その違反行為をした指定試験機関の役員又は職員は，30万円以下の罰金に処する。

一　第25条の規定に違反して帳簿を備えず，帳簿に記載せず，若しくは帳簿に虚偽の記載をし，又は帳簿を保存しなかつたとき。

二　第27条の規定による報告をせず，又は虚偽の報告をしたとき。

三　第28条第1項の規定による立入り若しくは検査を拒み，妨げ，若しくは忌避し，又は質問に対して陳述をせず，若しくは虚偽の陳述をしたとき。

四　第29条の許可を受けないで試験事務の全部を廃止したとき。

附　則　抄

義肢装具士法

（昭和62年法律第61号）
最新改正：平成26年法律第69号

第1章　総則

（目的）

第1条　この法律は，義肢装具士の資格を定めるとともに，その業務が適正に運用されるように規律し，もつて医療の普及及び向上に寄与することを目的とする。

（定義）

第2条　この法律で「義肢」とは，上肢又は下肢の全部又は一部に欠損のある者に装着して，その欠損を補てんし，又はその欠損により失われた機能を代替するための器具器械をいう。

2　この法律で「装具」とは，上肢若しくは下肢の全部若しくは一部又は体幹の機能に障害のある者に装着して，当該機能を回復させ，若しくはその低下を抑制し，又は当該機能を補完するための器具器械をいう。

3　この法律で「義肢装具士」とは，厚生労働大臣の免許を受けて，義肢装具士の名称を用いて，医師の指示の下に，義肢及び装具の装着部位の採型並びに義肢及び装具の製作及び身体への適合（以下「義肢装具の製作適合等」という。）を行うことを業とする者をいう。

第2章　免許

（免許）

第3条　義肢装具士になろうとする者は，義肢装具士国家試験（以下「試験」という。）に合格し，厚生労働大臣の免許（以下「免許」という。）を受けなければならない。

義肢装具士法

（欠格事由）
第4条　次の各号のいずれかに該当する者には，免許を与えないことがある。
　一　罰金以上の刑に処せられた者
　二　前号に該当する者を除くほか，義肢装具士の業務に関し犯罪又は不正の行為があつた者
　三　心身の障害により義肢装具士の業務を適正に行うことができない者として厚生労働省令で定めるもの
　四　麻薬，大麻又はあへんの中毒者
（義肢装具士名簿）
第5条　厚生労働省に義肢装具士名簿を備え，免許に関する事項を登録する。
（登録及び免許証の交付）
第6条　免許は，試験に合格した者の申請により，義肢装具士名簿に登録することによつて行う。
2　厚生労働大臣は，免許を与えたときは，義肢装具士免許証を交付する。
（意見の聴取）
第7条　厚生労働大臣は，免許を申請した者について，第4条第三号に掲げる者に該当すると認め，同条の規定により免許を与えないこととするときは，あらかじめ，当該申請者にその旨を通知し，その求めがあつたときは，厚生労働大臣の指定する職員にその意見を聴取させなければならない。
（免許の取消し等）
第8条　義肢装具士が第4条各号のいずれかに該当するに至つたときは，厚生労働大臣は，その免許を取り消し，又は期間を定めて義肢装具士の名称の使用の停止を命ずることができる。
2　前項の規定により免許を取り消された者であつても，その者がその取消しの理由となつた事項に該当しなくなつたとき，その他その後の事情により再び免許を与えるのが適当であると認められるに至つたときは，再免許を与えることができる。この場合において，第6条の規定を準用する。
（省令への委任）
第9条　この章に規定するもののほか，免許の申請，義肢装具士名簿の登録，訂正及び消除並びに義肢装具士免許証の交付，書換え交付，再交付，返納及び提出に関し必要な事項は，厚生労働省令で定める。

第3章　試験

（試験の目的）
第10条　試験は，義肢装具士として必要な知識及び技能について行う。
（試験の実施）
第11条　試験は，毎年1回以上，厚生労働大臣が行う。
（義肢装具士試験委員）
第12条　試験の問題の作成及び採点を行わせるため，厚生労働省に義肢装具士試験委員（次項及び次条において「試験委員」という。）を置く。

2　試験委員に関し必要な事項は，政令で定める。
（不正行為の禁止）
第13条　試験委員は，試験の問題の作成及び採点について，厳正を保持し不正の行為のないようにしなければならない。
（受験資格）
第14条　試験は，次の各号のいずれかに該当する者でなければ，受けることができない。
　一　学校教育法（昭和22年法律第26号）第90条第1項の規定により大学に入学することができる者（この号の規定により文部科学大臣の指定した学校が大学である場合において，当該大学が同条第2項の規定により当該大学に入学させた者を含む。）で，文部科学大臣が指定した学校又は都道府県知事が指定した義肢装具士養成所において，3年以上義肢装具士として必要な知識及び技能を修得したもの
　二　学校教育法に基づく大学若しくは高等専門学校，旧大学令（大正7年勅令第388号）に基づく大学又は厚生労働省令で定める学校，文教研修施設若しくは養成所において1年（高等専門学校にあつては，4年）以上修業し，かつ，厚生労働大臣の指定する科目を修めた者で，文部科学大臣が指定した学校又は都道府県知事が指定した義肢装具士養成所において，2年以上義肢装具士として必要な知識及び技能を修得したもの
　三　職業能力開発促進法（昭和44年法律第64号）第44条第1項の規定に基づく義肢及び装具の製作に係る技能検定に合格した者（厚生労働省令で定める者に限る。）で，文部科学大臣が指定した学校又は都道府県知事が指定した義肢装具士養成所において，1年以上義肢装具士として必要な知識及び技能を修得したもの
　四　外国の義肢装具の製作適合等に関する学校若しくは養成所を卒業し，又は外国で義肢装具士の免許に相当する免許を受けた者で，厚生労働大臣が前三号に掲げる者と同等以上の知識及び技能を有すると認定したもの
（試験の無効等）
第15条　厚生労働大臣は，試験に関して不正の行為があつた場合には，その不正行為に関係のある者に対しては，その受験を停止させ，又はその試験を無効とすることができる。
2　厚生労働大臣は，前項の規定による処分を受けた者に対し，期間を定めて試験を受けることができないものとすることができる。
（受験手数料）
第16条　試験を受けようとする者は，実費を勘案して政令で定める額の受験手数料を国に納付しなければならない。
2　前項の受験手数料は，これを納付した者が試験を受けない場合においても，返還しない。
（指定試験機関の指定）
第17条　厚生労働大臣は，厚生労働省令で定めるところにより，その指定する者（以下「指定試験機関」という。）に，試験の実施に関する事務（以下「試験事務」という。）を

213

行わせることができる。

2　指定試験機関の指定は，厚生労働省令で定めるところにより，試験事務を行おうとする者の申請により行う。

3　厚生労働大臣は，他に指定を受けた者がなく，かつ，前項の申請が次の要件を満たしていると認めるときでなければ，指定試験機関の指定をしてはならない。

一　職員，設備，試験事務の実施の方法その他の事項についての試験事務の実施に関する計画が，試験事務の適正かつ確実な実施のために適切なものであること。

二　前号の試験事務の実施に関する計画の適正かつ確実な実施に必要な経理的及び技術的な基礎を有するものであること。

4　厚生労働大臣は，第2項の申請が次のいずれかに該当するときは，指定試験機関の指定をしてはならない。

一　申請者が，一般社団法人又は一般財団法人以外の者であること。

二　申請者が，その行う試験事務以外の業務により試験事務を公正に実施することができないおそれがあること。

三　申請者が，第30条の規定により指定を取り消され，その取消しの日から起算して2年を経過しない者であること。

四　申請者の役員のうちに，次のいずれかに該当する者があること。

イ　この法律に違反して，刑に処せられ，その執行を終わり，又は執行を受けることがなくなつた日から起算して2年を経過しない者

ロ　次条第2項の規定による命令により解任され，その解任の日から起算して2年を経過しない者

（指定試験機関の役員の選任及び解任）

第18条　指定試験機関の役員の選任及び解任は，厚生労働大臣の認可を受けなければ，その効力を生じない。

2　厚生労働大臣は，指定試験機関の役員が，この法律（この法律に基づく命令又は処分を含む。）若しくは第20条第1項に規定する試験事務規程に違反する行為をしたとき，又は試験事務に関し著しく不適当な行為をしたときは，指定試験機関に対し，当該役員の解任を命ずることができる。

（事業計画の認可等）

第19条　指定試験機関は，毎事業年度，事業計画及び収支予算を作成し，当該事業年度の開始前に（指定を受けた日の属する事業年度にあつては，その指定を受けた後遅滞なく），厚生労働大臣の認可を受けなければならない。これを変更しようとするときも，同様とする。

2　指定試験機関は，毎事業年度の経過後3月以内に，その事業年度の事業報告書及び収支決算書を作成し，厚生労働大臣に提出しなければならない。

（試験事務規程）

第20条　指定試験機関は，試験事務の開始前に，試験事務の実施に関する規程（以下「試験事務規程」という。）を定め，厚生労働大臣の認可を受けなければならない。これを変更しようとするときも，同様とする。

2　試験事務規程で定めるべき事項は，厚生労働省令で定める。

3　厚生労働大臣は，第1項の認可をした試験事務規程が試験事務の適正かつ確実な実施上不適当となつたと認めるときは，指定試験機関に対し，これを変更すべきことを命ずることができる。

（指定試験機関の義肢装具士試験委員）

第21条　指定試験機関は，試験の問題の作成及び採点を義肢装具士試験委員（次項から第4項まで，次条及び第24条第1項において「試験委員」という。）に行わせなければならない。

2　指定試験機関は，試験委員を選任しようとするときは，厚生労働省令で定める要件を備える者のうちから選任しなければならない。

3　指定試験機関は，試験委員を選任したときは，厚生労働省令で定めるところにより，厚生労働大臣にその旨を届け出なければならない。試験委員に変更があつたときも，同様とする。

4　第18条第2項の規定は，試験委員の解任について準用する。

第22条　試験委員は，試験の問題の作成及び採点について，厳正を保持し不正の行為のないようにしなければならない。

（受験の停止等）

第23条　指定試験機関が試験事務を行う場合において，指定試験機関は，試験に関して不正の行為があつたときは，その不正行為に関係のある者に対しては，その受験を停止させることができる。

2　前項に定めるもののほか，指定試験機関が試験事務を行う場合における第15条及び第16条第1項の規定の適用については，第15条第1項中「その受験を停止させ，又はその試験」とあるのは「その試験」と，同条第2項中「前項」とあるのは「前項又は第23条第1項」と，第16条第1項中「国」とあるのは「指定試験機関」とする。

3　前項の規定により読み替えて適用する第16条第1項の規定により指定試験機関に納められた受験手数料は，指定試験機関の収入とする。

（秘密保持義務等）

第24条　指定試験機関の役員若しくは職員（試験委員を含む。次項において同じ。）又はこれらの職にあつた者は，試験事務に関して知り得た秘密を漏らしてはならない。

2　試験事務に従事する指定試験機関の役員又は職員は，刑法（明治40年法律第45号）その他の罰則の適用については，法令により公務に従事する職員とみなす。

（帳簿の備付け等）

第25条　指定試験機関は，厚生労働省令で定めるところにより，試験事務に関する事項で厚生労働省令で定めるものを記載した帳簿を備え，これを保存しなければならない。

（監督命令）

第26条　厚生労働大臣は，この法律を施行するため必要があると認めるときは，指定試験機関に対し，試験事務に関し

監督上必要な命令をすることができる。
（報告）
第27条　厚生労働大臣は、この法律を施行するため必要があると認めるときは、その必要な限度で、厚生労働省令で定めるところにより、指定試験機関に対し、報告をさせることができる。
（立入検査）
第28条　厚生労働大臣は、この法律を施行するため必要があると認めるときは、その必要な限度で、その職員に、指定試験機関の事務所に立ち入り、指定試験機関の帳簿、書類その他必要な物件を検査させ、又は関係者に質問させることができる。
2　前項の規定により立入検査を行う職員は、その身分を示す証明書を携帯し、かつ、関係者の請求があるときは、これを提示しなければならない。
3　第1項に規定する権限は、犯罪捜査のために認められたものと解釈してはならない。
（試験事務の休廃止）
第29条　指定試験機関は、厚生労働大臣の許可を受けなければ、試験事務の全部又は一部を休止し、又は廃止してはならない。
（指定の取消し等）
第30条　厚生労働大臣は、指定試験機関が第17条第4項各号（第三号を除く。）のいずれかに該当するに至つたときは、その指定を取り消さなければならない。
2　厚生労働大臣は、指定試験機関が次の各号のいずれかに該当するに至つたときは、その指定を取り消し、又は期間を定めて試験事務の全部若しくは一部の停止を命ずることができる。
　一　第17条第3項各号の要件を満たさなくなつたと認められるとき。
　二　第18条第2項（第21条第4項において準用する場合を含む。）、第20条第3項又は第26条の規定による命令に違反したとき。
　三　第19条、第21条第1項から第3項まで又は前条の規定に違反したとき。
　四　第20条第1項の認可を受けた試験事務規程によらないで試験事務を行つたとき。
　五　次条第1項の条件に違反したとき。
（指定等の条件）
第31条　第17条第1項、第18条第1項、第19条第1項、第20条第1項又は第29条の規定による指定、認可又は許可には、条件を付し、及びこれを変更することができる。
2　前項の条件は、当該指定、認可又は許可に係る事項の確実な実施を図るため必要な最小限度のものに限り、かつ、当該指定、認可又は許可を受ける者に不当な義務を課することとなるものであつてはならない。
第32条　削除
（指定試験機関がした処分等に係る審査請求）
第33条　指定試験機関が行う試験事務に係る処分又はその不作為について不服がある者は、厚生労働大臣に対し、審査

請求をすることができる。この場合において、厚生労働大臣は、行政不服審査法（平成26年法律第68号）第25条第2項及び第3項、第46条第1項及び第2項、第47条並びに第49条第3項の規定の適用については、指定試験機関の上級行政庁とみなす。
（厚生労働大臣による試験事務の実施等）
第34条　厚生労働大臣は、指定試験機関の指定をしたときは、試験事務を行なわないものとする。
2　厚生労働大臣は、指定試験機関が第29条の規定による許可を受けて試験事務の全部若しくは一部を休止したとき、第30条第2項の規定により指定試験機関に対し試験事務の全部若しくは一部の停止を命じたとき、又は指定試験機関が天災その他の事由により試験事務の全部若しくは一部を実施することが困難となつた場合において必要があると認めるときは、試験事務の全部又は一部を自ら行うものとする。
（公示）
第35条　厚生労働大臣は、次の場合には、その旨を官報に公示しなければならない。
　一　第17条第1項の規定による指定をしたとき。
　二　第29条の規定による許可をしたとき。
　三　第30条の規定により指定を取り消し、又は試験事務の全部若しくは一部の停止を命じたとき。
　四　前条第2項の規定により試験事務の全部若しくは一部を自ら行うこととするとき、又は自ら行つていた試験事務の全部若しくは一部を行わないこととするとき。
（試験の細目等）
第36条　この章に定めるもののほか、試験科目、受験手続、試験事務の引継ぎその他試験及び指定試験機関に関し必要な事項は厚生労働省令で、第14条第一号から第三号までの規定による学校又は義肢装具士養成所の指定に関し必要な事項は文部科学省令、厚生労働省令で定める。

第4章　業務等

（業務）
第37条　義肢装具士は、保健師助産師看護師法（昭和23年法律第203号）第31条第1項及び第32条の規定にかかわらず、診療の補助として義肢及び装具の装着部位の採型並びに義肢及び装具の身体への適合を行うことを業とすることができる。
2　前項の規定は、第8条第1項の規定により義肢装具士の名称の使用の停止を命ぜられている者については、適用しない。
（特定行為の制限）
第38条　義肢装具士は、医師の具体的な指示を受けなければ、厚生労働省令で定める義肢及び装具の装着部位の採型並びに義肢及び装具の身体への適合を行つてはならない。
（他の医療関係者との連携）
第39条　義肢装具士は、その業務を行うに当たつては、医師その他の医療関係者との緊密な連携を図り、適正な医療の確保に努めなければならない。

（秘密を守る義務）

第40条 義肢装具士は，正当な理由がなく，その業務上知り得た人の秘密を漏らしてはならない。義肢装具士でなくなつた後においても，同様とする。

（名称の使用制限）

第41条 義肢装具士でない者は，義肢装具士又はこれに紛らわしい名称を使用してはならない。

（権限の委任）

第41条の2 この法律に規定する厚生労働大臣の権限は，厚生労働省令で定めるところにより，地方厚生局長に委任することができる。

2 前項の規定により地方厚生局長に委任された権限は，厚生労働省令で定めるところにより，地方厚生支局長に委任することができる。

（経過措置）

第42条 この法律の規定に基づき命令を制定し，又は改廃する場合においては，その命令で，その制定又は改廃に伴い合理的に必要と判断される範囲内において，所要の経過措置（罰則に関する経過措置を含む。）を定めることができる。

第5章 罰則

第43条 第13条又は第22条の規定に違反して，不正の採点をした者は，1年以下の懲役又は50万円以下の罰金に処する。

第44条 第24条第1項の規定に違反した者は，1年以下の懲役又は50万円以下の罰金に処する。

第45条 第30条第2項の規定による試験事務の停止の命令に違反したときは，その違反行為をした指定試験機関の役員又は職員は，1年以下の懲役又は50万円以下の罰金に処する。

第46条 第38条の規定に違反した者は，6月以下の懲役若しくは30万円以下の罰金に処し，又はこれを併科する。

第47条 第40条の規定に違反した者は，50万円以下の罰金に処する。

2 前項の罪は，告訴がなければ公訴を提起することができない。

第48条 次の各号のいずれかに該当する者は，30万円以下の罰金に処する。

一 第8条第1項の規定により義肢装具士の名称の使用の停止を命ぜられた者で，当該停止を命ぜられた期間中に，義肢装具士の名称を使用したもの

二 第41条の規定に違反した者

第49条 次の各号のいずれかに該当するときは，その違反行為をした指定試験機関の役員又は職員は，30万円以下の罰金に処する。

一 第25条の規定に違反して帳簿を備えず，帳簿に記載せず，若しくは帳簿に虚偽の記載をし，又は帳簿を保存しなかつたとき。

二 第27条の規定による報告をせず，又は虚偽の報告をしたとき。

三 第28条第1項の規定による立入り若しくは検査を拒み，妨げ，若しくは忌避し，又は質問に対して陳述をせず，若しくは虚偽の陳述をしたとき。

四 第29条の許可を受けないで試験事務の全部を廃止したとき。

附　則　抄

救急救命士法

（平成3年法律第36号）

最新改正：平成26年法律第69号

第1章 総則

（目的）

第1条 この法律は，救急救命士の資格を定めるとともに，その業務が適正に運用されるように規律し，もって医療の普及及び向上に寄与することを目的とする。

（定義）

第2条 この法律で「救急救命処置」とは，その症状が著しく悪化するおそれがあり，又はその生命が危険な状態にある傷病者（以下この項及び第44条第2項において「重度傷病者」という。）が病院又は診療所に搬送されるまでの間に，当該重度傷病者に対して行われる気道の確保，心拍の回復その他の処置であって，当該重度傷病者の症状の著しい悪化を防止し，又はその生命の危険を回避するために緊急に必要なものをいう。

2 この法律で「救急救命士」とは，厚生労働大臣の免許を受けて，救急救命士の名称を用いて，医師の指示の下に，救急救命処置を行うことを業とする者をいう。

第2章 免許

（免許）

第3条 救急救命士になろうとする者は，救急救命士国家試験（以下「試験」という。）に合格し，厚生労働大臣の免許（第34条第五号を除き，以下「免許」という。）を受けなければならない。

（欠格事由）

第4条 次の各号のいずれかに該当する者には，免許を与えないことがある。

一 罰金以上の刑に処せられた者

二 前号に該当する者を除くほか，救急救命士の業務に関し犯罪又は不正の行為があった者

三 心身の障害により救急救命士の業務を適正に行うことができない者として厚生労働省令で定めるもの

四 麻薬，大麻又はあへんの中毒者

（救急救命士名簿）

第5条 厚生労働省に救急救命士名簿を備え，免許に関する事項を登録する。

（登録及び免許証の交付）

第6条 免許は，試験に合格した者の申請により，救急救命

士名簿に登録することによって行う。

2 厚生労働大臣は，免許を与えたときは，救急救命士免許証を交付する。

（意見の聴取）

第7条 厚生労働大臣は，免許を申請した者について，第4条第三号に掲げる者に該当すると認め，同条の規定により免許を与えないこととするときは，あらかじめ，当該申請者にその旨を通知し，その求めがあったときは，厚生労働大臣の指定する職員にその意見を聴取させなければならない。

（救急救命士名簿の訂正）

第8条 救急救命士は，救急救命士名簿に登録された免許に関する事項に変更があったときは，30日以内に，当該事項の変更を厚生労働大臣に申請しなければならない。

（免許の取消し等）

第9条 救急救命士が第4条各号のいずれかに該当するに至ったときは，厚生労働大臣は，その免許を取り消し，又は期間を定めて救急救命士の名称の使用の停止を命ずることができる。

2 前項の規定により免許を取り消された者であっても，その者がその取消しの理由となった事項に該当しなくなったとき，その他その後の事情により再び免許を与えるのが適当であると認められるに至ったときは，再免許を与えることができる。この場合において，第6条の規定を準用する。

（登録の消除）

第10条 厚生労働大臣は，免許がその効力を失ったときは，救急救命士名簿に登録されたその免許に関する事項を消除しなければならない。

（免許証の再交付手数料）

第11条 救急救命士免許証の再交付を受けようとする者は，実費を勘案して政令で定める額の手数料を国に納付しなければならない。

（指定登録機関の指定）

第12条 厚生労働大臣は，厚生労働省令で定めるところにより，その指定する者（以下「指定登録機関」という。）に，救急救命士名簿の登録の実施に関する事務（以下「登録事務」という。）を行わせることができる。

2 指定登録機関の指定は，厚生労働省令で定めるところにより，登録事務を行おうとする者の申請により行う。

3 厚生労働大臣は，他に第1項の規定による指定を受けた者がなく，かつ，前項の申請が次の要件を満たしていると認めるときでなければ，指定登録機関の指定をしてはならない。

一 職員，設備，登録事務の実施の方法その他の事項についての登録事務の実施に関する計画が，登録事務の適正かつ確実な実施のために適切なものであること。

二 前号の登録事務の実施に関する計画の適正かつ確実な実施に必要な経理的及び技術的な基礎を有するものであること。

4 厚生労働大臣は，第2項の申請が次のいずれかに該当す

るときは，指定登録機関の指定をしてはならない。

一 申請者が，一般社団法人又は一般財団法人以外の者であること。

二 申請者が，その行う登録事務以外の業務により登録事務を公正に実施することができないおそれがあること。

三 申請者が，第23条の規定により指定を取り消され，その取消しの日から起算して2年を経過しない者であること。

四 申請者の役員のうちに，次のいずれかに該当する者があること。

　イ この法律に違反して，刑に処せられ，その執行を終わり，又は執行を受けることがなくなった日から起算して2年を経過しない者

　ロ 次条第2項の規定による命令により解任され，その解任の日から起算して2年を経過しない者

（指定登録機関の役員の選任及び解任）

第13条 指定登録機関の役員の選任及び解任は，厚生労働大臣の認可を受けなければ，その効力を生じない。

2 厚生労働大臣は，指定登録機関の役員が，この法律（この法律に基づく命令又は処分を含む。）若しくは第15条第1項に規定する登録事務規程に違反する行為をしたとき，又は登録事務に関し著しく不適当な行為をしたときは，指定登録機関に対し，当該役員の解任を命ずることができる。

（事業計画の認可等）

第14条 指定登録機関は，毎事業年度，事業計画及び収支予算を作成し，当該事業年度の開始前に（第12条第1項の規定による指定を受けた日の属する事業年度にあっては，その指定を受けた後遅滞なく），厚生労働大臣の認可を受けなければならない。これを変更しようとするときも，同様とする。

2 指定登録機関は，毎事業年度の経過後3月以内に，その事業年度の事業報告書及び収支決算書を作成し，厚生労働大臣に提出しなければならない。

（登録事務規程）

第15条 指定登録機関は，登録事務の開始前に，登録事務の実施に関する規程（以下「登録事務規程」という。）を定め，厚生労働大臣の認可を受けなければならない。これを変更しようとするときも，同様とする。

2 登録事務規程で定めるべき事項は，厚生労働省令で定める。

3 厚生労働大臣は，第1項の認可をした登録事務規程が登録事務の適正かつ確実な実施上不適当となったと認めるときは，指定登録機関に対し，これを変更すべきことを命ずることができる。

（規定の適用等）

第16条 指定登録機関が登録事務を行う場合における第5条，第6条第2項（第9条第2項において準用する場合を含む。），第8条，第10条及び第11条の規定の適用については，第5条中「厚生労働省」とあるのは「指定登録機関」と，第6条第2項中「厚生労働大臣」とあるのは「指定登

録機関」と，「免許を与えたときは，救急救命士免許証」とあるのは「前項の規定による登録をしたときは，当該登録に係る者に救急救命士免許証明書」と，第8条及び第10条中「厚生労働大臣」とあるのは「指定登録機関」と，第11条中「救急救命士免許証」とあるのは「救急救命士免許証明書」と，「国」とあるのは「指定登録機関」とする。

2 指定登録機関が登録事務を行う場合において，救急救命士免許名簿に免許に関する事項の登録を受けようとする者又は救急救命士免許証明書の書換え交付を受けようとする者は，実費を勘案して政令で定める額の手数料を指定登録機関に納付しなければならない。

3 第1項の規定により読み替えて適用する第11条及び前項の規定により指定登録機関に納められた手数料は，指定登録機関の収入とする。

（秘密保持義務等）

第17条 指定登録機関の役員若しくは職員又はこれらの職にあった者は，登録事務に関して知り得た秘密を漏らしてはならない。

2 登録事務に従事する指定登録機関の役員又は職員は，刑法（明治40年法律第45号）その他の罰則の適用については，法令により公務に従事する職員とみなす。

（帳簿の備付け等）

第18条 指定登録機関は，厚生労働省令で定めるところにより，帳簿を備え付け，これに登録事務に関する事項で厚生労働省令で定めるものを記載し，及びこれを保存しなければならない。

（監督命令）

第19条 厚生労働大臣は，この法律を施行するため必要があると認めるときは，指定登録機関に対し，登録事務に関し監督上必要な命令をすることができる。

（報告）

第20条 厚生労働大臣は，この法律を施行するため必要があると認めるときは，その必要な限度で，厚生労働省令で定めるところにより，指定登録機関に対し，報告をさせることができる。

（立入検査）

第21条 厚生労働大臣は，この法律を施行するため必要があると認めるときは，その必要な限度で，その職員に，指定登録機関の事務所に立ち入り，指定登録機関の帳簿，書類その他必要な物件を検査させ，又は関係者に質問させることができる。

2 前項の規定により立入検査を行う職員は，その身分を示す証明書を携帯し，かつ，関係者の請求があるときは，これを提示しなければならない。

3 第1項に規定する権限は，犯罪捜査のために認められたものと解釈してはならない。

（登録事務の休廃止）

第22条 指定登録機関は，厚生労働大臣の許可を受けなければ，登録事務の全部又は一部を休止し，又は廃止してはならない。

（指定の取消し等）

第23条 厚生労働大臣は，指定登録機関が第12条第4項各号（第三号を除く。）のいずれかに該当するに至ったときは，その指定を取り消さなければならない。

2 厚生労働大臣は，指定登録機関が次の各号のいずれかに該当するに至ったときは，その指定を取り消し，又は期間を定めて登録事務の全部若しくは一部の停止を命ずることができる。

一 第12条第3項各号の要件を満たさなくなったと認められるとき。

二 第13条第2項，第15条第3項又は第19条の規定による命令に違反したとき。

三 第14条又は前条の規定に違反したとき。

四 第15条第1項の認可を受けた登録事務規程によらないで登録事務を行ったとき。

五 次条第1項の条件に違反したとき。

（指定等の条件）

第24条 第12条第1項，第13条第1項，第14条第1項，第15条第1項又は第22条の規定による指定，認可又は許可には，条件を付し，及びこれを変更することができる。

2 前項の条件は，当該指定，認可又は許可に係る事項の確実な実施を図るため必要な最小限度のものに限り，かつ，当該指定，認可又は許可を受ける者に不当な義務を課することとなるものであってはならない。

第25条 削除

（指定登録機関がした処分等に係る審査請求）

第26条 指定登録機関が行う登録事務に係る処分又はその不作為について不服がある者は，厚生労働大臣に対し，審査請求をすることができる。この場合において，厚生労働大臣は，行政不服審査法（平成26年法律第68号）第25条第2項及び第3項，第46条第1項及び第2項，第47条並びに第49条第3項の規定の適用については，指定登録機関の上級行政庁とみなす。

（厚生労働大臣による登録事務の実施等）

第27条 厚生労働大臣は，指定登録機関の指定をしたときは，登録事務を行わないものとする。

2 厚生労働大臣は，指定登録機関が第22条の規定による許可を受けて登録事務の全部若しくは一部を休止したとき，第23条第2項の規定により指定登録機関に対し登録事務の全部若しくは一部の停止を命じたとき，又は指定登録機関が天災その他の事由により登録事務の全部若しくは一部を実施することが困難となった場合において必要があると認めるときは，登録事務の全部又は一部を自ら行うものとする。

（公示）

第28条 厚生労働大臣は，次の場合には，その旨を官報に公示しなければならない。

一 第12条第1項の規定による指定をしたとき。

二 第22条の規定による許可をしたとき。

三 第23条の規定により指定を取り消し，又は登録事務の全部若しくは一部の停止を命じたとき。

四 前条第2項の規定により登録事務の全部若しくは一部

を自ら行うこととするとき，又は自ら行っていた登録事
務の全部若しくは一部を行わないこととするとき。

（厚生労働省令への委任）
第29条　この章に規定するもののほか，免許の申請，救急救
命士名簿の登録，訂正及び消除，救急救命士免許証又は救
急救命士免許証明書の交付，書換え交付及び再交付，第27
条第2項の規定により厚生労働大臣が登録事務の全部又は
一部を行う場合における登録事務の引継ぎその他免許及び
指定登録機関に関し必要な事項は，厚生労働省令で定め
る。

第3章　試験

（試験）
第30条　試験は，救急救命士として必要な知識及び技能につ
いて行う。

（試験の実施）
第31条　試験は，毎年1回以上，厚生労働大臣が行う。

（救急救命士試験委員）
第32条　試験の問題の作成及び採点を行わせるため，厚生労
働省に救急救命士試験委員（次項及び次条において「試験
委員」という。）を置く。
2　試験委員に関し必要な事項は，政令で定める。

（不正行為の禁止）
第33条　試験委員は，試験の問題の作成及び採点について，
厳正を保持し不正の行為のないようにしなければならな
い。

（受験資格）
第34条　試験は，次の各号のいずれかに該当する者でなけれ
ば，受けることができない。
　一　学校教育法（昭和22年法律第26号）第90条第1項の規
定により大学に入学することができる者（この号の規定
により文部科学大臣の指定した学校が大学である場合に
おいて，当該大学が同条第2項の規定により当該大学に
入学させた者を含む。）で，文部科学大臣が指定した学
校又は都道府県知事が指定した救急救命士養成所におい
て，2年以上救急救命士として必要な知識及び技能を修
得したもの
　二　学校教育法に基づく大学若しくは高等専門学校，旧大
学令（大正7年勅令第388号）に基づく大学又は厚生労
働省令で定める学校，文教研修施設若しくは養成所にお
いて1年（高等専門学校にあっては，4年）以上修業
し，かつ，厚生労働大臣の指定する科目を修めた者で，
文部科学大臣が指定した学校又は都道府県知事が指定し
た救急救命士養成所において，1年以上救急救命士とし
て必要な知識及び技能を修得したもの
　三　学校教育法に基づく大学（短期大学を除く。）又は旧
大学令に基づく大学において厚生労働大臣の指定する科
目を修めて卒業した者
　四　消防法（昭和23年法律第186号）第2条第9項に規定
する救急業務（以下この号において「救急業務」とい
う。）に関する講習で厚生労働省令で定めるものの課程

を修了し，及び厚生労働省令で定める期間以上救急業務
に従事した者（学校教育法第90条第1項の規定により大
学に入学することができるもの（この号の規定により文
部科学大臣の指定した学校が大学である場合において，
当該大学が同条第2項の規定により当該大学に入学させ
た者を含む。）に限る。）であって，文部科学大臣が指定
した学校又は都道府県知事が指定した救急救命士養成所
において，1年（当該学校又は救急救命士養成所のうち
厚生労働省令で定めるものにあっては，6月）以上救急
救命士として必要な知識及び技能を修得したもの
　五　外国の救急救命処置に関する学校若しくは養成所を卒
業し，又は外国で救急救命士に係る厚生労働大臣の免許
に相当する免許を受けた者で，厚生労働大臣が前各号に
掲げる者と同等以上の知識及び技能を有すると認定した
もの

（試験の無効等）
第35条　厚生労働大臣は，試験に関して不正の行為があった
場合には，その不正行為に関係のある者に対しては，その
受験を停止させ，又はその試験を無効とすることができ
る。
2　厚生労働大臣は，前項の規定による処分を受けた者に対
し，期間を定めて試験を受けることができないものとする
ことができる。

（受験手数料）
第36条　試験を受けようとする者は，実費を勘案して政令で
定める額の受験手数料を国に納付しなければならない。
2　前項の受験手数料は，これを納付した者が試験を受けな
い場合においても，返還しない。

（指定試験機関の指定）
第37条　厚生労働大臣は，厚生労働省令で定めるところによ
り，その指定する者（以下「指定試験機関」という。）に，
試験の実施に関する事務（以下「試験事務」という。）を
行わせることができる。
2　指定試験機関の指定は，厚生労働省令で定めるところに
より，試験事務を行おうとする者の申請により行う。

（指定試験機関の救急救命士試験委員）
第38条　指定試験機関は，試験の問題の作成及び採点を救急
救命士試験委員（次項及び第3項並びに次条並びに第41条
において読み替えて準用する第13条第2項及び第17条にお
いて「試験委員」という。）に行わせなければならない。
2　指定試験機関は，試験委員を選任しようとするときは，
厚生労働省令で定める要件を備える者のうちから選任しな
ければならない。
3　指定試験機関は，試験委員を選任したときは，厚生労働
省令で定めるところにより，厚生労働大臣にその旨を届け
出なければならない。試験委員に変更があったときも，同
様とする。
第39条　試験委員は，試験の問題の作成及び採点について，
厳正を保持し不正の行為のないようにしなければならな
い。

（受験の停止等）

第40条 指定試験機関が試験事務を行う場合において，指定試験機関は，試験に関して不正の行為があったときは，その不正行為に関係のある者に対しては，その受験を停止させることができる。

2 前項に定めるもののほか，指定試験機関が試験事務を行う場合における第35条及び第36条第1項の規定の適用については，第35条第1項中「その受験を停止させ，又はその試験」とあるのは「その試験」と，同条第2項中「前項」とあるのは「前項又は第40条第1項」と，第36条第1項中「国」とあるのは「指定試験機関」とする。

3 前項の規定により読み替えて適用する第36条第1項の規定により指定試験機関に納められた受験手数料は，指定試験機関の収入とする。

（準用）
第41条 第12条第3項及び第4項，第13条から第15条まで，第17条から第24条まで並びに第26条から第28条までの規定は，指定試験機関について準用する。この場合において，これらの規定中「登録事務」とあるのは「試験事務」と，「登録事務規程」とあるのは「試験事務規程」と，第12条第3項中「第1項」とあるのは「第37条第1項」と，「前項」とあるのは「第37条第2項」と，同条第4項各号列記以外の部分中「第2項」とあるのは「第37条第2項」と，第13条第2項中「役員」とあるのは「役員（試験委員を含む。）」と，第14条第1項中「第12条第1項」とあるのは「第37条第1項」と，第17条中「役員」とあるのは「役員（試験委員を含む。）」と，第23条第2項第三号中「又は前条」とあるのは「，前条又は第38条」と，第24条第1項及び第28条第一号中「第12条第1項」とあるのは「第37条第1項」と読み替えるほか，これらの規定に関し必要な技術的読替えは，政令で定める。

（試験の細目等）
第42条 この章に規定するもののほか，試験科目，受験手続，試験事務の引継ぎその他試験及び指定試験機関に関し必要な事項は厚生労働省令で，第34条第一号，第二号及び第四号の規定による学校又は救急救命士養成所の指定に関し必要な事項は文部科学省令，厚生労働省令で定める。

第4章 業務等

（業務）
第43条 救急救命士は，保健師助産師看護師法（昭和23年法律第203号）第31条第1項及び第32条の規定にかかわらず，診療の補助として救急救命処置を行うことを業とすることができる。

2 前項の規定は，第9条第1項の規定により救急救命士の名称の使用の停止を命ぜられている者については，適用しない。

（特定行為等の制限）
第44条 救急救命士は，医師の具体的な指示を受けなければ，厚生労働省令で定める救急救命処置を行ってはならない。

2 救急救命士は，救急用自動車その他の重度傷病者を搬送するためのものであって厚生労働省令で定めるもの（以下この項及び第53条第二号において「救急用自動車等」という。）以外の場所においてその業務を行ってはならない。ただし，病院又は診療所への搬送のため重度傷病者を救急用自動車に乗せるまでの間において救急救命処置を行うことが必要と認められる場合は，この限りでない。

（他の医療関係者との連携）
第45条 救急救命士は，その業務を行うに当たっては，医師その他の医療関係者との緊密な連携を図り，適正な医療の確保に努めなければならない。

（救急救命処置録）
第46条 救急救命士は，救急救命処置を行ったときは，遅滞なく厚生労働省令で定める事項を救急救命処置録に記載しなければならない。

2 前項の救急救命処置録であって，厚生労働省令で定める機関に勤務する救急救命士のした救急救命処置に関するものはその機関につき厚生労働大臣が指定する者において，その他の救急救命処置に関するものはその救急救命士において，その記載の日から5年間，これを保存しなければならない。

（秘密を守る義務）
第47条 救急救命士は，正当な理由がなく，その業務上知り得た人の秘密を漏らしてはならない。救急救命士でなくなった後においても，同様とする。

（名称の使用制限）
第48条 救急救命士でない者は，救急救命士又はこれに紛らわしい名称を使用してはならない。

（権限の委任）
第48条の2 この法律に規定する厚生労働大臣の権限は，厚生労働省令で定めるところにより，地方厚生局長に委任することができる。

2 前項の規定により地方厚生局長に委任された権限は，厚生労働省令で定めるところにより，地方厚生支局長に委任することができる。

（経過措置）
第49条 この法律の規定に基づき命令を制定し，又は改廃する場合においては，その命令で，その制定又は改廃に伴い合理的に必要と判断される範囲内において，所要の経過措置（罰則に関する経過措置を含む。）を定めることができる。

第5章 罰則

第50条 第17条第1項（第41条において準用する場合を含む。）の規定に違反して，登録事務又は試験事務に関して知り得た秘密を漏らした者は，1年以下の懲役又は50万円以下の罰金に処する。

第51条 第23条第2項（第41条において準用する場合を含む。）の規定による登録事務又は試験事務の停止の命令に違反したときは，その違反行為をした指定登録機関又は指定試験機関の役員又は職員は，1年以下の懲役又は50万円以下の罰金に処する。

第52条　第33条又は第39条の規定に違反して，不正の採点をした者は，1年以下の懲役又は50万円以下の罰金に処する。

第53条　次の各号のいずれかに該当する者は，6月以下の懲役若しくは30万円以下の罰金に処し，又はこれを併科する。

一　第44条第1項の規定に違反して，同項の規定に基づく厚生労働省令の規定で定める救急救命処置を行った者

二　第44条第2項の規定に違反して，救急用自動車等以外の場所で業務を行った者

第54条　第47条の規定に違反して，業務上知り得た人の秘密を漏らした者は，50万円以下の罰金に処する。

2　前項の罪は，告訴がなければ公訴を提起することができない。

第55条　次の各号のいずれかに該当する者は，30万円以下の罰金に処する。

一　第9条第1項の規定により救急救命士の名称の使用の停止を命ぜられた者で，当該停止を命ぜられた期間中に，救急救命士の名称を使用したもの

二　第46条第1項の規定に違反して，救急救命処置録に記載せず，又は救急救命処置録に虚偽の記載をした者

三　第46条第2項の規定に違反して，救急救命処置録を保存しなかった者

四　第48条の規定に違反して，救急救命士又はこれに紛らわしい名称を使用した者

第56条　次の各号のいずれかに該当するときは，その違反行為をした指定登録機関又は指定試験機関の役員又は職員は，30万円以下の罰金に処する。

一　第18条（第41条において準用する場合を含む。）の規定に違反して，帳簿を備え付けず，帳簿に記載せず，若しくは帳簿に虚偽の記載をし，又は帳簿を保存しなかったとき。

二　第20条（第41条において準用する場合を含む。）の規定による報告をせず，又は虚偽の報告をしたとき。

三　第21条第1項（第41条において準用する場合を含む。以下この号において同じ。）の規定による立入り若しくは検査を拒み，妨げ，若しくは忌避し，又は同項の規定による質問に対して陳述をせず，若しくは虚偽の陳述をしたとき。

四　第22条（第41条において準用する場合を含む。）の許可を受けないで登録事務又は試験事務の全部を廃止したとき。

附　則　抄

言語聴覚士法

（平成9年法律第132号）

最新改正：平成26年法律第69号

第1章　総則

（目的）

第1条　この法律は，言語聴覚士の資格を定めるとともに，その業務が適正に運用されるように規律し，もって医療の普及及び向上に寄与することを目的とする。

（定義）

第2条　この法律で「言語聴覚士」とは，厚生労働大臣の免許を受けて，言語聴覚士の名称を用いて，音声機能，言語機能又は聴覚に障害のある者についてその機能の維持向上を図るため，言語訓練その他の訓練，これに必要な検査及び助言，指導その他の援助を行うことを業とする者をいう。

第2章　免許

（免許）

第3条　言語聴覚士になろうとする者は，言語聴覚士国家試験（以下「試験」という。）に合格し，厚生労働大臣の免許（第33条第六号を除き，以下「免許」という。）を受けなければならない。

（欠格事由）

第4条　次の各号のいずれかに該当する者には，免許を与えないことがある。

一　罰金以上の刑に処せられた者

二　前号に該当する者を除くほか，言語聴覚士の業務に関し犯罪又は不正の行為があった者

三　心身の障害により言語聴覚士の業務を適正に行うことができない者として厚生労働省令で定めるもの

四　麻薬，大麻又はあへんの中毒者

（言語聴覚士名簿）

第5条　厚生労働省に言語聴覚士名簿を備え，免許に関する事項を登録する。

（登録及び免許証の交付）

第6条　免許は，試験に合格した者の申請により，言語聴覚士名簿に登録することによって行う。

2　厚生労働大臣は，免許を与えたときは，言語聴覚士免許証を交付する。

（意見の聴取）

第7条　厚生労働大臣は，免許を申請した者について，第4条第三号に掲げる者に該当すると認め，同条の規定により免許を与えないこととするときは，あらかじめ，当該申請者にその旨を通知し，その求めがあったときは，厚生労働大臣の指定する職員にその意見を聴取させなければならない。

（言語聴覚士名簿の訂正）

第8条　言語聴覚士は，言語聴覚士名簿に登録された免許に関する事項に変更があったときは，30日以内に，当該事項の変更を厚生労働大臣に申請しなければならない。

（免許の取消し等）

第9条　言語聴覚士が第4条各号のいずれかに該当するに至ったときは，厚生労働大臣は，その免許を取り消し，又

は期間を定めて言語聴覚士の名称の使用の停止を命ずることができる。

2　前項の規定により免許を取り消された者であっても, その者がその取消しの理由となった事項に該当しなくなったとき, その他その後の事情により再び免許を与えるのが適当であると認められるに至ったときは, 再免許を与えることができる。この場合においては, 第6条の規定を準用する。

（登録の消除）

第10条　厚生労働大臣は, 免許がその効力を失ったときは, 言語聴覚士名簿に登録されたその免許に関する事項を消除しなければならない。

（免許証の再交付手数料）

第11条　言語聴覚士免許証の再交付を受けようとする者は, 実費を勘案して政令で定める額の手数料を国に納付しなければならない。

（指定登録機関の指定）

第12条　厚生労働大臣は, 厚生労働省令で定めるところにより, その指定する者（以下「指定登録機関」という。）に, 言語聴覚士の登録の実施等に関する事務（以下「登録事務」という。）を行わせることができる。

2　指定登録機関の指定は, 厚生労働省令で定めるところにより, 登録事務を行おうとする者の申請により行う。

3　厚生労働大臣は, 他に第1項の規定による指定を受けた者がなく, かつ, 前項の申請が次の要件を満たしていると認めるときでなければ, 指定登録機関の指定をしてはならない。

一　職員, 設備, 登録事務の実施の方法その他の事項についての登録事務の実施に関する計画が, 登録事務の適正かつ確実な実施のために適切なものであること。

二　前号の登録事務の実施に関する計画の適正かつ確実な実施に必要な経理的及び技術的な基礎を有するものであること。

4　厚生労働大臣は, 第2項の申請が次のいずれかに該当するときは, 指定登録機関の指定をしてはならない。

一　申請者が, 一般社団法人又は一般財団法人以外の者であること。

二　申請者がその行う登録事務以外の業務により登録事務を公正に実施することができないおそれがあること。

三　申請者が, 第23条の規定により指定を取り消され, その取消しの日から起算して2年を経過しない者であること。

四　申請者の役員のうちに, 次のいずれかに該当する者があること。

　イ　この法律に違反して, 刑に処せられ, その執行を終わり, 又は執行を受けることがなくなった日から起算して2年を経過しない者

　ロ　次条第2項の規定による命令により解任され, その解任の日から起算して2年を経過しない者

（指定登録機関の役員の選任及び解任）

第13条　指定登録機関の役員の選任及び解任は, 厚生労働大臣の認可を受けなければ, その効力を生じない。

2　厚生労働大臣は, 指定登録機関の役員が, この法律（この法律に基づく命令又は処分を含む。）若しくは第15条第1項に規定する登録事務規程に違反する行為をしたとき, 又は登録事務に関し著しく不適当な行為をしたときは, 指定登録機関に対し, 当該役員の解任を命ずることができる。

（事業計画の認可等）

第14条　指定登録機関は, 毎事業年度, 事業計画及び収支予算を作成し, 当該事業年度の開始前に（第12条第1項の規定による指定を受けた日の属する事業年度にあっては, その指定を受けた後遅滞なく）, 厚生労働大臣の認可を受けなければならない。これを変更しようとするときも, 同様とする。

2　指定登録機関は, 毎事業年度の経過後3月以内に, その事業年度の事業報告書及び収支決算書を作成し, 厚生労働大臣に提出しなければならない。

（登録事務規程）

第15条　指定登録機関は, 登録事務の開始前に, 登録事務の実施に関する規程（以下「登録事務規程」という。）を定め, 厚生労働大臣の認可を受けなければならない。これを変更しようとするときも, 同様とする。

2　登録事務規程で定めるべき事項は, 厚生労働省令で定める。

3　厚生労働大臣は, 第1項の認可をした登録事務規程が登録事務の適正かつ確実な実施上不適当となったと認めるときは, 指定登録機関に対し, これを変更すべきことを命ずることができる。

（規定の適用等）

第16条　指定登録機関が登録事務を行う場合における第5条, 第6条第2項（第9条第2項において準用する場合を含む。）, 第8条, 第10条及び第11条の規定の適用については, 第5条中「厚生労働省」とあるのは「指定登録機関」と, 第6条第2項中「厚生労働大臣」とあるのは「指定登録機関」と, 「免許を与えたときは, 言語聴覚士免許証」とあるのは「前項の規定による登録をしたときは, 当該登録に係る者に言語聴覚士免許証明書」と, 第8条及び第10条中「厚生労働大臣」とあるのは「指定登録機関」と, 第11条中「言語聴覚士免許証」とあるのは「言語聴覚士免許証明書」と, 「国」とあるのは「指定登録機関」とする。

2　指定登録機関が登録事務を行う場合において, 言語聴覚士名簿に免許に関する事項の登録を受けようとする者又は言語聴覚士免許証明書の書換え交付を受けようとする者は, 実費を勘案して政令で定める額の手数料を指定登録機関に納付しなければならない。

3　第1項の規定により読み替えて適用する第11条及び前項の規定により指定登録機関に納められた手数料は, 指定登録機関の収入とする。

（秘密保持義務等）

第17条　指定登録機関の役員若しくは職員又はこれらの職にあった者は, 登録事務に関して知り得た秘密を漏らしては

ならない。

2 登録事務に従事する指定登録機関の役員又は職員は，刑法（明治40年法律第45号）その他の罰則の適用については，法令により公務に従事する職員とみなす。

（帳簿の備付け等）

第18条 指定登録機関は，厚生労働省令で定めるところにより，帳簿を備え付け，これに登録事務に関する事項で厚生労働省令で定めるものを記載し，及びこれを保存しなければならない。

（監督命令）

第19条 厚生労働大臣は，この法律を施行するため必要があると認めるときは，指定登録機関に対し，登録事務に関し監督上必要な命令をすることができる。

（報告）

第20条 厚生労働大臣は，この法律を施行するため必要があると認めるときは，その必要な限度で，厚生労働省令で定めるところにより，指定登録機関に対し，報告をさせることができる。

（立入検査）

第21条 厚生労働大臣は，この法律を施行するため必要があると認めるときは，その必要な限度で，その職員に，指定登録機関の事務所に立ち入り，指定登録機関の帳簿，書類その他必要な物件を検査させ，又は関係者に質問させることができる。

2 前項の規定により立入検査を行う職員は，その身分を示す証明書を携帯し，かつ，関係者の請求があるときは，これを提示しなければならない。

3 第1項に規定する権限は，犯罪捜査のために認められたものと解釈してはならない。

（登録事務の休廃止）

第22条 指定登録機関は，厚生労働大臣の許可を受けなければ，登録事務の全部又は一部を休止し，又は廃止してはならない。

（指定の取消し等）

第23条 厚生労働大臣は，指定登録機関が第12条第4項各号（第三号を除く。）のいずれかに該当するに至ったときは，その指定を取り消さなければならない。

2 厚生労働大臣は，指定登録機関が次の各号のいずれかに該当するに至ったときは，その指定を取り消し，又は期間を定めて登録事務の全部若しくは一部の停止を命ずることができる。

　一 第12条第3項各号の要件を満たさなくなったと認められるとき。

　二 第13条第2項，第15条第3項又は第19条の規定による命令に違反したとき。

　三 第14条又は前条の規定に違反したとき。

　四 第15条第1項の認可を受けた登録事務規程によらないで登録事務を行ったとき。

　五 次条第1項の条件に違反したとき。

（指定等の条件）

第24条 第12条第1項，第13条第1項，第14条第1項，第15

条第1項又は第22条の規定による指定，認可又は許可には，条件を付し，及びこれを変更することができる。

2 前項の条件は，当該指定，認可又は許可に係る事項の確実な実施を図るため必要な最小限度のものに限り，かつ，当該指定，認可又は許可を受ける者に不当な義務を課することとなるものであってはならない。

（指定登録機関がした処分等に係る審査請求）

第25条 指定登録機関が行う登録事務に係る処分又はその不作為について不服がある者は，厚生労働大臣に対し，審査請求をすることができる。この場合において，厚生労働大臣は，行政不服審査法（平成26年法律第68号）第25条第2項及び第3項，第46条第1項及び第2項，第47条並びに第49条第3項の規定の適用については，指定登録機関の上級行政庁とみなす。

（厚生労働大臣による登録事務の実施等）

第26条 厚生労働大臣は，指定登録機関の指定をしたときは，登録事務を行わないものとする。

2 厚生労働大臣は，指定登録機関が第22条の規定による許可を受けて登録事務の全部若しくは一部を休止したとき，第23条第2項の規定により指定登録機関に対し登録事務の全部若しくは一部の停止を命じたとき，又は指定登録機関が天災その他の事由により登録事務の全部若しくは一部を実施することが困難となった場合において必要があると認めるときは，登録事務の全部又は一部を自ら行うものとする。

（公示）

第27条 厚生労働大臣は，次の場合には，その旨を官報に公示しなければならない。

　一 第12条第1項の規定による指定をしたとき。

　二 第22条の規定による許可をしたとき。

　三 第23条の規定により指定を取り消し，又は登録事務の全部若しくは一部の停止を命じたとき。

　四 前条第2項の規定により登録事務の全部若しくは一部を自ら行うこととするとき，又は自ら行っていた登録事務の全部若しくは一部を行わないこととするとき。

（厚生労働省令への委任）

第28条 この章に規定するもののほか，免許の申請，言語聴覚士名簿の登録，訂正及び消除，言語聴覚士免許証又は言語聴覚士免許証明書の交付，書換え交付及び再交付，第26条第2項の規定により厚生労働大臣が登録事務の全部又は一部を行う場合における登録事務の引継ぎその他免許及び指定登録機関に関し必要な事項は，厚生労働省令で定める。

第3章　試験

（試験）

第29条 試験は，言語聴覚士として必要な知識及び技能について行う。

（試験の実施）

第30条 試験は，毎年1回以上，厚生労働大臣が行う。

（言語聴覚士試験委員）

第31条　試験の問題の作成及び採点を行わせるため，厚生労働省に言語聴覚士試験委員（次項及び次条において「試験委員」という。）を置く。

2　試験委員に関し必要な事項は，政令で定める。

（不正行為の禁止）

第32条　試験委員は，試験の問題の作成及び採点について，厳正を保持し不正の行為のないようにしなければならない。

（受験資格）

第33条　試験は，次の各号のいずれかに該当する者でなければ，受けることができない。

　一　学校教育法（昭和22年法律第26号）第90条第1項の規定により大学に入学することができる者（この号の規定により文部科学大臣の指定した学校が大学である場合において，当該大学が同条第2項の規定により当該大学に入学させた者を含む。）その他その者に準ずるものとして厚生労働省令で定める者で，文部科学大臣が指定した学校又は都道府県知事が指定した言語聴覚士養成所において，3年以上言語聴覚士として必要な知識及び技能を修得したもの

　二　学校教育法に基づく大学若しくは高等専門学校，旧大学令（大正7年勅令第388号）に基づく大学又は厚生労働省令で定める学校，文教研修施設若しくは養成所において2年（高等専門学校にあっては，5年）以上修業し，かつ，厚生労働大臣の指定する科目を修めた者で，文部科学大臣が指定した学校又は都道府県知事が指定した言語聴覚士養成所において，1年以上言語聴覚士として必要な知識及び技能を修得したもの

　三　学校教育法に基づく大学若しくは高等専門学校，旧大学令に基づく大学又は厚生労働省令で定める学校，文教研修施設若しくは養成所において1年（高等専門学校にあっては，4年）以上修業し，かつ，厚生労働大臣の指定する科目を修めた者で，文部科学大臣が指定した学校又は都道府県知事が指定した言語聴覚士養成所において，2年以上言語聴覚士として必要な知識及び技能を修得したもの

　四　学校教育法に基づく大学（短期大学を除く。）又は旧大学令に基づく大学において厚生労働大臣の指定する科目を修めて卒業した者その他その者に準ずるものとして厚生労働省令で定める者

　五　学校教育法に基づく大学（短期大学を除く。）又は旧大学令に基づく大学を卒業した者その他その者に準ずるものとして厚生労働省令で定める者で，文部科学大臣が指定した学校又は都道府県知事が指定した言語聴覚士養成所において，2年以上言語聴覚士として必要な知識及び技能を修得したもの

　六　外国の第2条に規定する業務に関する学校若しくは養成所を卒業し，又は外国で言語聴覚士に係る厚生労働大臣の免許に相当する免許を受けた者で，厚生労働大臣が前各号に掲げる者と同等以上の知識及び技能を有すると認定したもの

（試験の無効等）

第34条　厚生労働大臣は，試験に関して不正の行為があった場合には，その不正行為に関係のある者に対しては，その受験を停止させ，又はその試験を無効とすることができる。

2　厚生労働大臣は，前項の規定による処分を受けた者に対し，期間を定めて試験を受けることができないものとすることができる。

（受験手数料）

第35条　試験を受けようとする者は，実費を勘案して政令で定める額の受験手数料を国に納付しなければならない。

2　前項の受験手数料は，これを納付した者が試験を受けない場合においても，返還しない。

（指定試験機関の指定）

第36条　厚生労働大臣は，厚生労働省令で定めるところにより，その指定する者（以下「指定試験機関」という。）に，試験の実施に関する事務（以下「試験事務」という。）を行わせることができる。

2　指定試験機関の指定は，厚生労働省令で定めるところにより，試験事務を行おうとする者の申請により行う。

（指定試験機関の言語聴覚士試験委員）

第37条　指定試験機関は，試験の問題の作成及び採点を言語聴覚士試験委員（次項及び第3項並びに次条並びに第40条において読み替えて準用する第13条第2項及び第17条において「試験委員」という。）に行わせなければならない。

2　指定試験機関は，試験委員を選任しようとするときは，厚生労働省令で定める要件を備える者のうちから選任しなければならない。

3　指定試験機関は，試験委員を選任したときは，厚生労働省令で定めるところにより，厚生労働大臣にその旨を届け出なければならない。試験委員に変更があったときも，同様とする。

第38条　試験委員は，試験の問題の作成及び採点について，厳正を保持し不正の行為のないようにしなければならない。

（受験の停止等）

第39条　指定試験機関が試験事務を行う場合において，指定試験機関は，試験に関して不正の行為があったときは，その不正行為に関係のある者に対しては，その受験を停止させることができる。

2　前項に定めるもののほか，指定試験機関が試験事務を行う場合における第34条及び第35条第1項の規定の適用については，第34条第1項中「その受験を停止させ，又はその試験」とあるのは「その試験」と，同条第2項中「前項」とあるのは「前項又は第39条第1項」と，第35条第1項中「国」とあるのは「指定試験機関」とする。

3　前項の規定により読み替えて適用する第35条第1項の規定により指定試験機関に納められた受験手数料は，指定試験機関の収入とする。

（準用）

第40条　第12条第3項及び第4項，第13条から第15条まで並

224

びに第17条から第27条までの規定は，指定試験機関について準用する。この場合において，これらの規定中「登録事務」とあるのは「試験事務」と，「登録事務規程」とあるのは「試験事務規程」と，第12条第3項中「第1項」とあるのは「第36条第1項」と，「前項」とあるのは「同条第2項」と，同条第4項中「第2項の申請」とあるのは「第36条第2項の申請」と，第13条第2項中「役員」とあるのは「役員（試験委員を含む。）」と，第14条第1項中「第12条第1項」とあるのは「第36条第1項」と，第17条中「役員」とあるのは「役員（試験委員を含む。）」と，第23条第2項第三号中「又は前条」とあるのは「，前条又は第37条」と，第24条第1項及び第27条第一号中「第12条第1項」とあるのは「第36条第1項」と読み替えるものとする。

（試験の細目等）

第41条 この章に規定するもののほか，試験科目，受験手続，試験事務の引継ぎその他試験及び指定試験機関に関し必要な事項は厚生労働省令で，第33条第一号から第三号まで及び第五号の規定による学校又は言語聴覚士養成所の指定に関し必要な事項は文部科学省令，厚生労働省令で定める。

第4章　業務等

（業務）

第42条 言語聴覚士は，保健師助産師看護師法（昭和23年法律第203号）第31条第1項及び第32条の規定にかかわらず，診療の補助として，医師又は歯科医師の指示の下に，嚥下訓練，人工内耳の調整その他厚生労働省令で定める行為を行うことを業とすることができる。

2　前項の規定は，第9条第1項の規定により言語聴覚士の名称の使用の停止を命ぜられている者については，適用しない。

（連携等）

第43条 言語聴覚士は，その業務を行うに当たっては，医師，歯科医師その他の医療関係者との緊密な連携を図り，適正な医療の確保に努めなければならない。

2　言語聴覚士は，その業務を行うに当たって，音声機能，言語機能又は聴覚に障害のある者に主治の医師又は歯科医師があるときは，その指導を受けなければならない。

3　言語聴覚士は，その業務を行うに当たっては，音声機能，言語機能又は聴覚に障害のある者の福祉に関する業務を行う者その他の関係者との連携を保たなければならない。

（秘密を守る義務）

第44条 言語聴覚士は，正当な理由がなく，その業務上知り得た人の秘密を漏らしてはならない。言語聴覚士でなくなった後においても，同様とする。

（名称の使用制限）

第45条 言語聴覚士でない者は，言語聴覚士又はこれに紛らわしい名称を使用してはならない。

（権限の委任）

第45条の2 この法律に規定する厚生労働大臣の権限は，厚生労働省令で定めるところにより，地方厚生局長に委任することができる。

2　前項の規定により地方厚生局長に委任された権限は，厚生労働省令で定めるところにより，地方厚生支局長に委任することができる。

（経過措置）

第46条 この法律の規定に基づき命令を制定し，又は改廃する場合においては，その命令で，その制定又は改廃に伴い合理的に必要と判断される範囲内において，所要の経過措置（罰則に関する経過措置を含む。）を定めることができる。

第5章　罰則

第47条 第17条第1項（第40条において準用する場合を含む。）の規定に違反して，登録事務又は試験事務に関して知り得た秘密を漏らした者は，1年以下の懲役又は50万円以下の罰金に処する。

第48条 第23条第2項（第40条において準用する場合を含む。）の規定による登録事務又は試験事務の停止の命令に違反したときは，その違反行為をした指定登録機関又は指定試験機関の役員又は職員は，1年以下の懲役又は50万円以下の罰金に処する。

第49条 第32条又は第38条の規定に違反して，不正の採点をした者は，1年以下の懲役又は50万円以下の罰金に処する。

第50条 第44条の規定に違反して，業務上知り得た人の秘密を漏らした者は，50万円以下の罰金に処する。

2　前項の罪は，告訴がなければ公訴を提起することができない。

第51条 次の各号のいずれかに該当する者は，30万円以下の罰金に処する。

一　第9条第1項の規定により言語聴覚士の名称の使用の停止を命ぜられた者で，当該停止を命ぜられた期間中に，言語聴覚士の名称を使用したもの

二　第45条の規定に違反して，言語聴覚士又はこれに紛らわしい名称を使用した者

第52条 次の各号のいずれかに該当するときは，その違反行為をした指定登録機関又は指定試験機関の役員又は職員は，30万円以下の罰金に処する。

一　第18条（第40条において準用する場合を含む。）の規定に違反して，帳簿を備え付けず，帳簿に記載せず，若しくは帳簿に虚偽の記載をし，又は帳簿を保存しなかったとき。

二　第20条（第40条において準用する場合を含む。）の規定による報告をせず，又は虚偽の報告をしたとき。

三　第21条第1項（第40条において準用する場合を含む。以下この号において同じ。）の規定による立入り若しくは検査を拒み，妨げ，若しくは忌避し，又は同項の規定による質問に対して陳述をせず，若しくは虚偽の陳述をしたとき。

四　第22条（第40条において準用する場合を含む。）の許
　可を受けないで登録事務又は試験事務の全部を廃止した
　とき。

附　則　抄

歯科技工士法

（昭和30年法律第168号）
最新改正：令和元年法律第37号

第1章　総則

（この法律の目的）

第1条　この法律は、歯科技工士の資格を定めるとともに、
歯科技工の業務が適正に運用されるように規律し、もつて
歯科医療の普及及び向上に寄与することを目的とする。

（用語の定義）

第2条　この法律において、「歯科技工」とは、特定人に対
する歯科医療の用に供する補てつ物、充てん物又は矯正装
置を作成し、修理し、又は加工することをいう。ただし、
歯科医師（歯科医業を行うことができる医師を含む。以下
同じ。）がその診療中の患者のために自ら行う行為を除く。

2　この法律において、「歯科技工士」とは、厚生労働大臣
の免許を受けて、歯科技工を業とする者をいう。

3　この法律において、「歯科技工所」とは、歯科医師又は
歯科技工士が業として歯科技工を行う場所をいう。ただ
し、病院又は診療所内の場所であつて、当該病院又は診療
所において診療中の患者以外の者のための歯科技工が行わ
れないものを除く。

第2章　免許

（免許）

第3条　歯科技工士の免許（以下「免許」という。）は、歯
科技工士国家試験（以下「試験」という。）に合格した者
に対して与える。

（欠格事由）

第4条　次の各号のいずれかに該当する者には、免許を与え
ないことができる。

　一　歯科医療又は歯科技工の業務に関する犯罪又は不正の
　　行為があつた者

　二　心身の障害により歯科技工士の業務を適正に行うこと
　　ができない者として厚生労働省令で定めるもの

　三　麻薬、あへん又は大麻の中毒者

（歯科技工士名簿）

第5条　厚生労働省に歯科技工士名簿を備え、免許に関する
事項を登録する。

（登録、免許証の交付及び届出）

第6条　免許は、試験に合格した者の申請により、歯科技工
士名簿に登録することによつて行う。

2　厚生労働大臣は、免許を与えたときは、歯科技工士免許
証（以下「免許証」という。）を交付する。

3　業務に従事する歯科技工士は、厚生労働省令で定める2
年ごとの年の12月31日現在における氏名、住所その他厚生
労働省令で定める事項を、当該年の翌年1月15日までに、
その就業地の都道府県知事に届け出なければならない。

（意見の聴取）

第7条　厚生労働大臣は、免許を申請した者について、第4
条第二号に掲げる者に該当すると認め、同条の規定により
免許を与えないこととするときは、あらかじめ、当該申請
者にその旨を通知し、その求めがあつたときは、厚生労働
大臣の指定する職員にその意見を聴取させなければならな
い。

（免許の取消等）

第8条　歯科技工士が、第4条各号のいずれかに該当するに
至つたときは、厚生労働大臣は、その免許を取り消し、又
は期間を定めてその業務の停止を命ずることができる。

2　都道府県知事は、歯科技工士について前項の処分が行わ
れる必要があると認めるときは、その旨を厚生労働大臣に
具申しなければならない。

3　第1項の規定により免許を取り消された者であつても、
その者がその取消しの理由となつた事項に該当しなくなつ
たとき、その他その後の事情により再び免許を与えるのが
適当であると認められるに至つたときは、再免許を与える
ことができる。この場合においては、第6条第1項及び第
2項の規定を準用する。

（聴聞等の方法の特例）

第9条　前条第1項の規定による処分に係る行政手続法（平
成5年法律第88号）第15条第1項又は第30条の通知は、聴
聞の期日又は弁明を記載した書面の提出期限（口頭による
弁明の機会の付与を行う場合には、その日時）の2週間前
までにしなければならない。

（指定登録機関の指定）

第9条の2　厚生労働大臣は、厚生労働省令で定めるところ
により、その指定する者（以下「指定登録機関」という。）
に、歯科技工士の登録の実施及びこれに関連する事務（以
下「登録事務」という。）を行わせることができる。

2　指定登録機関の指定は、厚生労働省令で定めるところに
より、登録事務を行おうとする者の申請により行う。

3　厚生労働大臣は、他に第1項の規定による指定を受けた
者がなく、かつ、前項の申請が次の要件を満たしていると
認めるときでなければ、指定登録機関の指定をしてはなら
ない。

　一　職員、設備、登録事務の実施の方法その他の事項につ
　　いての登録事務の実施に関する計画が、登録事務の適正
　　かつ確実な実施のために適切なものであること。

　二　前号の登録事務の実施に関する計画の適正かつ確実な
　　実施に必要な経理的及び技術的な基礎を有するものであ
　　ること。

4　厚生労働大臣は、第2項の申請が次の各号のいずれかに
該当するときは、指定登録機関の指定をしてはならない。

　一　申請者が、一般社団法人又は一般財団法人以外の者で
　　あること。

二　申請者が，その行う登録事務以外の業務により登録事務を公正に実施することができないおそれがあること。

三　申請者が，第9条の13の規定により指定を取り消され，その取消しの日から起算して2年を経過しない者であること。

四　申請者の役員のうちに，次のいずれかに該当する者があること。

　イ　この法律に違反して，刑に処せられ，その執行を終わり，又は執行を受けることがなくなつた日から起算して2年を経過しない者

　ロ　次条第2項の規定による命令により解任され，その解任の日から起算して2年を経過しない者

（指定登録機関の役員の選任及び解任）

第9条の3　指定登録機関の役員の選任及び解任は，厚生労働大臣の認可を受けなければ，その効力を生じない。

2　厚生労働大臣は，指定登録機関の役員が，この法律（この法律に基づく命令又は処分を含む。）若しくは第9条の5第1項に規定する登録事務規程に違反する行為をしたとき，又は登録事務に関し著しく不適当な行為をしたときは，指定登録機関に対し，当該役員の解任を命ずることができる。

（事業計画の認可等）

第9条の4　指定登録機関は，毎事業年度，事業計画及び収支予算を作成し，当該事業年度の開始前に（第9条の2第1項の規定による指定を受けた日の属する事業年度にあつては，その指定を受けた後遅滞なく），厚生労働大臣の認可を受けなければならない。これを変更しようとするときも，同様とする。

2　指定登録機関は，毎事業年度の経過後3月以内に，その事業年度の事業報告書及び収支決算書を作成し，厚生労働大臣に提出しなければならない。

（登録事務規程）

第9条の5　指定登録機関は，登録事務の開始前に，登録事務の実施に関する規程（以下「登録事務規程」という。）を定め，厚生労働大臣の認可を受けなければならない。これを変更しようとするときも，同様とする。

2　登録事務規程で定めるべき事項は，厚生労働省令で定める。

3　厚生労働大臣は，第1項の認可をした登録事務規程が登録事務の適正かつ確実な実施上不適当となつたと認めるときは，指定登録機関に対し，当該登録事務規程を変更すべきことを命ずることができる。

（規定の適用等）

第9条の6　指定登録機関が登録事務を行う場合における第5条及び第6条第2項（第8条第3項において準用する場合を含む。）の規定の適用については，第5条中「厚生労働省」とあるのは「指定登録機関」と，第6条第2項中「厚生労働大臣」とあるのは「指定登録機関」と，「免許を与えたときは，歯科技工士免許証（以下「免許証」という。）」とあるのは「前項の規定による登録をしたときは，当該登録に係る者に歯科技工士免許証明書」とする。

2　指定登録機関が登録事務を行う場合において，歯科技工士名簿に免許に関する事項の登録を受けようとする者又は歯科技工士免許証明書（以下「免許証明書」という。）の書換交付を受けようとする者は，実費を勘案して政令で定める額の手数料を指定登録機関に納付しなければならない。

3　前項の規定により指定登録機関に納められた手数料は，指定登録機関の収入とする。

（秘密保持義務等）

第9条の7　指定登録機関の役員若しくは職員又はこれらの者であつた者は，登録事務に関して知り得た秘密を漏らしてはならない。

2　登録事務に従事する指定登録機関の役員又は職員は，刑法（明治40年法律第45号）その他の罰則の適用については，法令により公務に従事する職員とみなす。

（帳簿の備付け等）

第9条の8　指定登録機関は，厚生労働省令で定めるところにより，帳簿を備え付け，これに登録事務に関する事項で厚生労働省令で定めるものを記載し，及びこれを保存しなければならない。

（監督命令）

第9条の9　厚生労働大臣は，この法律を施行するため必要があると認めるときは，指定登録機関に対し，登録事務に関し監督上必要な命令をすることができる。

（報告）

第9条の10　厚生労働大臣は，この法律を施行するため必要があると認めるときは，その必要の限度において，厚生労働省令で定めるところにより，指定登録機関に対し，報告をさせることができる。

（立入検査）

第9条の11　厚生労働大臣は，この法律を施行するため必要があると認めるときは，その必要の限度において，当該職員に，指定登録機関の事務所に立ち入り，指定登録機関の帳簿，書類その他必要な物件を検査させ，又は関係者に質問させることができる。

2　前項の規定により立入検査を行う職員は，その身分を示す証明書を携帯し，かつ，関係者にこれを提示しなければならない。

3　第1項に規定する権限は，犯罪捜査のために認められたものと解釈してはならない。

（登録事務の休廃止）

第9条の12　指定登録機関は，厚生労働大臣の許可を受けなければ，登録事務の全部又は一部を休止し，又は廃止してはならない。

（指定の取消し等）

第9条の13　厚生労働大臣は，指定登録機関が第9条の2第4項各号（第三号を除く。）のいずれかに該当するに至つたときは，その指定を取り消さなければならない。

2　厚生労働大臣は，指定登録機関が次の各号のいずれかに該当するに至つたときは，その指定を取り消し，又は期間を定めて登録事務の全部若しくは一部の停止を命ずること

ができる。
一　第9条の2第3項各号の要件を満たさなくなつたと認められるとき。
二　第9条の3第2項、第9条の5第3項又は第9条の9の規定による命令に違反したとき。
三　第9条の4又は前条の規定に違反したとき。
四　第9条の5第1項の認可を受けた登録事務規程によらないで登録事務を行つたとき。
五　次条第1項の条件に違反したとき。

（指定等の条件）
第9条の14　第9条の2第1項、第9条の3第1項、第9条の4第1項、第9条の5第1項若しくは第9条の12の規定による指定、認可又は許可には、条件を付し、及びこれを変更することができる。
2　前項の条件は、当該指定、認可又は許可に係る事項の確実な実施を図るため必要な最小限度のものに限り、かつ、当該指定、認可又は許可を受ける者に不当な義務を課することとなるものであつてはならない。

（指定登録機関がした処分等に係る審査請求）
第9条の15　指定登録機関が行う登録事務に係る処分又はその不作為について不服がある者は、厚生労働大臣に対し、審査請求をすることができる。この場合において、厚生労働大臣は、行政不服審査法（平成26年法律第68号）第25条第2項及び第3項、第46条第1項及び第2項、第47条並びに第49条第3項の規定の適用については、指定登録機関の上級行政庁とみなす。

（厚生労働大臣による登録事務の実施等）
第9条の16　厚生労働大臣は、指定登録機関の指定をしたときは、登録事務を行わないものとする。
2　厚生労働大臣は、指定登録機関が第9条の12の規定による許可を受けて登録事務の全部若しくは一部を休止したとき、第9条の13第2項の規定により指定登録機関に対し登録事務の全部若しくは一部の停止を命じたとき、又は指定登録機関が天災その他の事由により登録事務の全部若しくは一部を実施することが困難となつた場合において必要があると認めるときは、登録事務の全部又は一部を自ら行うものとする。

（公示）
第9条の17　厚生労働大臣は、次に掲げる場合には、その旨を官報に公示しなければならない。
一　第9条の2第1項の規定による指定をしたとき。
二　第9条の12の規定による許可をしたとき。
三　第9条の13の規定により指定を取り消し、又は登録事務の全部若しくは一部の停止を命じたとき。
四　前条第2項の規定により登録事務の全部若しくは一部を自ら行うこととするとき、又は自ら行つていた登録事務の全部若しくは一部を行わないこととするとき。

（政令及び厚生労働省令への委任）
第10条　この章に規定するもののほか、免許の申請、歯科技工士名簿の登録、訂正及び消除、免許証明書の交付、書換交付、再交付、返納及び提出並びに住所の届出

に関する事項は政令で、第9条の16第2項の規定により厚生労働大臣が登録事務の全部又は一部を行う場合における登録事務の引継ぎその他指定登録機関に関し必要な事項は厚生労働省令で定める。

第3章　試験

（試験の目的）
第11条　試験は、歯科技工士として必要な知識及び技能について行う。

（試験の実施）
第12条　試験は、厚生労働大臣が、毎年少なくとも1回行う。

（歯科技工士試験委員）
第12条の2　厚生労働大臣は、厚生労働省に置く歯科技工士試験委員（次項及び次条において「試験委員」という。）に、試験の問題の作成及び採点を行わせる。
2　試験委員に関し必要な事項は、政令で定める。

（不正行為の禁止）
第13条　試験委員は、試験の問題の作成及び採点について、厳正を保持し、不正の行為のないようにしなければならない。

（受験資格）
第14条　試験は、次の各号のいずれかに該当する者でなければ、受けることができない。
一　文部科学大臣の指定した歯科技工士学校を卒業した者
二　都道府県知事の指定した歯科技工士養成所を卒業した者
三　歯科医師国家試験又は歯科医師国家試験予備試験を受けることができる者
四　外国の歯科技工士学校若しくは歯科技工士養成所を卒業し、又は外国で歯科技工士の免許を受けた者で、厚生労働大臣が前三号に掲げる者と同等以上の知識及び技能を有すると認めたもの

（試験の無効等）
第15条　厚生労働大臣は、試験に関して不正の行為があつた場合には、その不正行為に関係のある者に対しては、その受験を停止させ、又はその試験を無効とすることができる。
2　厚生労働大臣は、前項の規定による処分を受けた者に対し、期間を定めて試験を受けることができないものとすることができる。

（受験手数料）
第15条の2　試験を受けようとする者は、実費を勘案して政令で定める額の受験手数料を国に納付しなければならない。
2　前項の受験手数料は、これを納付した者が試験を受けない場合においても、返還しない。

（指定試験機関の指定）
第15条の3　厚生労働大臣は、厚生労働省令で定めるところにより、その指定する者（以下「指定試験機関」という。）に、試験の実施に関する事務（以下「試験事務」という。）

を行わせることができる。

2　指定試験機関の指定は、厚生労働省令で定めるところにより、試験事務を行おうとする者の申請により行う。

（指定試験機関の歯科技工士試験委員）

第15条の4　指定試験機関は、試験の問題の作成及び採点を歯科技工士試験委員（次項及び第3項並びに次条並びに第15条の7において読み替えて準用する第9条の3第2項及び第9条の7において「試験委員」という。）に行わせなければならない。

2　指定試験機関は、試験委員を選任しようとするときは、厚生労働省令で定める要件を備える者のうちから選任しなければならない。

3　指定試験機関は、試験委員を選任したときは、厚生労働省令で定めるところにより、厚生労働大臣にその旨を届け出なければならない。試験委員に変更があつたときも、同様とする。

第15条の5　試験委員は、試験の問題の作成及び採点について、厳正を保持し、不正の行為のないようにしなければならない。

（受験の停止等）

第15条の6　指定試験機関が試験事務を行う場合において、指定試験機関は、試験に関して不正の行為があつたときは、その不正行為に関係のある者に対しては、その受験を停止させることができる。

2　前項に定めるもののほか、指定試験機関が試験事務を行う場合における第15条及び第15条の2第1項の規定の適用については、第15条第1項中「その受験を停止させ、又はその試験」とあるのは「その試験」と、同条第2項中「前項」とあるのは「前項又は第15条の6第1項」と、第15条の2第1項中「国」とあるのは「指定試験機関」とする。

3　前項の規定により読み替えて適用する第15条の2第1項の規定により指定試験機関に納められた受験手数料は、指定試験機関の収入とする。

（準用）

第15条の7　第9条の2第3項及び第4項、第9条の3から第9条の5まで並びに第9条の7から第9条の17までの規定は、指定試験機関について準用する。この場合において、第9条の2第3項中「第1項」とあり、並びに第9条の4第1項、第9条の14第1項及び第9条の17第一号中「第9条の2第1項」とあるのは「第15条の3第1項」と、第9条の3第3項各号及び第9条の7中「第9条の9まで」、第9条の12（見出しを含む。）、第9条の15、第9条の16（見出しを含む。）並びに第9条の17第三号及び第四号中「登録事務」とあるのは「試験事務」と、第9条の2第3項中「前項」とあるのは「同条第2項」と、同条第4項中「第2項の申請」とあるのは「第15条の3第2項の申請」と、第9条の3の見出し中「役員」とあるのは「役員等」と、同条第2項及び第9条の7中「役員」とあるのは「役員（試験委員を含む。）」と、同項、第9条の5（見出しを含む。）及び第9条の13第2項第四号中「登録事務規程」とあるのは「試験事務規程」と、第9

条の3第2項中「登録事務に」とあるのは「試験事務に」と、第9条の5第1項及び第3項並びに第9条の13第2項中「登録事務の」とあるのは「試験事務の」と、同項第三号中「又は前条」とあるのは「、前条又は第15条の4」と、同項第四号中「登録事務を」とあるのは「試験事務を」と読み替えるものとする。

（政令及び厚生労働省令への委任）

第16条　この章に規定するもののほか、第14条第一号又は第二号に規定する歯科技工士学校又は歯科技工士養成所の指定に関し必要な事項は政令で、試験手続、前条において読み替えて準用する第9条の16第2項の規定により厚生労働大臣が試験事務の全部又は一部を行う場合における試験事務の引継ぎその他試験及び指定試験機関に関し必要な事項は厚生労働省令で定める。

第4章　業務

（禁止行為）

第17条　歯科医師又は歯科技工士でなければ、業として歯科技工を行つてはならない。

2　歯科医師法（昭和23年法律第202号）第7条第1項の規定により歯科医業の停止を命ぜられた歯科医師は、業として歯科技工を行つてはならない。

（歯科技工指示書）

第18条　歯科医師又は歯科技工士は、厚生労働省令で定める事項を記載した歯科医師の指示書によらなければ、業として歯科技工を行つてはならない。ただし、病院又は診療所内の場所において、かつ、患者の治療を担当する歯科医師の直接の指示に基いて行う場合は、この限りでない。

（指示書の保存義務）

第19条　病院、診療所又は歯科技工所の管理者は、当該病院、診療所又は歯科技工所で行われた歯科技工に係る前条の指示書を、当該歯科技工が終了した日から起算して2年間、保存しなければならない。

（業務上の注意）

第20条　歯科技工士は、その業務を行うに当つては、印象採得、咬（こう）合採得、試適、装着その他歯科医師が行うのでなければ衛生上危害を生ずるおそれのある行為をしてはならない。

（秘密を守る義務）

第20条の2　歯科技工士は、正当な理由がなく、その業務上知り得た人の秘密を漏らしてはならない。歯科技工士でなくなつた後においても、同様とする。

第5章　歯科技工所

（届出）

第21条　歯科技工所を開設した者は、開設後10日以内に、開設の場所、管理者の氏名その他厚生労働省令で定める事項を歯科技工所の所在地の都道府県知事（その所在地が保健所を設置する市又は特別区の区域にある場合にあつては、市長又は区長。第26条第1項を除き、以下この章において同じ。）に届け出なければならない。届け出た事項のうち

厚生労働省令で定める事項に変更を生じたときも、同様とする。

2　歯科技工所の開設者は、その歯科技工所を休止し、又は廃止したときは、10日以内に、その旨を都道府県知事に届け出なければならない。休止した歯科技工所を再開したときも、同様とする。

（管理者）

第22条　歯科技工所の開設者は、自ら歯科医師又は歯科技工士であつてその歯科技工所の管理者となる場合を除くほか、その歯科技工所に歯科医師又は歯科技工士たる管理者を置かなければならない。

（管理者の義務）

第23条　歯科技工所の管理者は、その歯科技工所に勤務する歯科技工士その他の従業者を監督し、その業務遂行に欠けるところがないように必要な注意をしなければならない。

（改善命令）

第24条　都道府県知事は、歯科技工所の構造設備が不完全であつて、当該歯科技工所で作成し、修理し、又は加工される補てつ物、充てん物又は矯正装置が衛生上有害なものとなるおそれがあると認めるときは、その開設者に対し、相当の期間を定めて、その構造設備を改善すべき旨を命ずることができる。

（使用の禁止）

第25条　都道府県知事は、歯科技工所の開設者が前条の規定に基く命令に従わないときは、その開設者に対し、当該命令に係る構造設備の改善を行うまでの間、その歯科技工所の全部又は一部の使用を禁止することができる。第9条の規定は、この場合において準用する。

（広告の制限）

第26条　歯科技工の業又は歯科技工所に関しては、文書その他いかなる方法によるを問わず、何人も、次に掲げる事項を除くほか、広告をしてはならない。

　一　歯科医師又は歯科技工士である旨

　二　歯科技工に従事する歯科医師又は歯科技工士の氏名

　三　歯科技工所の名称、電話番号及び所在の場所を表示する事項

　四　その他都道府県知事の許可を受けた事項

2　前項各号に掲げる事項を広告するに当つても、歯科医師若しくは歯科技工士の技能、経歴若しくは学位に関する事項にわたり、又はその内容が虚偽にわたつてはならない。

（報告の徴収及び立入検査）

第27条　都道府県知事は、必要があると認めるときは、歯科技工所の開設者若しくは管理者に対し、必要な報告を命じ、又は当該職員に、歯科技工所に立ち入り、その清潔保持の状況、構造設備若しくは指示書その他の帳簿書類（その作成又は保存に代えて電磁的記録（電子的方式、磁気的方式その他人の知覚によつては認識することができない方式で作られる記録であつて、電子計算機による情報処理の用に供されるものをいう。）の作成又は保存がされている場合における当該電磁的記録を含む。）を検査させることができる。

2　前項の規定によつて立入検査をする当該職員は、その身分を示す証明書を携帯し、かつ、関係人の請求があるときは、これを提示しなければならない。

3　第1項の規定による権限は、犯罪捜査のために認められたものと解してはならない。

第5章の2　雑則

（権限の委任）

第27条の2　この法律に規定する厚生労働大臣の権限は、厚生労働省令で定めるところにより、地方厚生局長に委任することができる。

2　前項の規定により地方厚生局長に委任された権限は、厚生労働省令で定めるところにより、地方厚生支局長に委任することができる。

第6章　罰則

第28条　次の各号のいずれかに該当する者は、1年以下の懲役若しくは50万円以下の罰金に処し、又はこれを併科する。

　一　第17条第1項の規定に違反した者

　二　虚偽又は不正の事実に基づいて免許を受けた者

第28条の2　第9条の7第1項（第15条の7において準用する場合を含む。）の規定に違反して、登録事務又は試験事務に関して知り得た秘密を漏らした者は、1年以下の懲役又は50万円以下の罰金に処する。

第28条の3　第9条の13第2項（第15条の7において準用する場合を含む。）の規定による登録事務又は試験事務の停止の命令に違反したときは、その違反行為をした指定登録機関又は指定試験機関の役員又は職員は、1年以下の懲役又は50万円以下の罰金に処する。

第29条　第13条又は第15条の5の規定に違反して、不正の採点をした者は、1年以下の懲役又は50万円以下の罰金に処する。

第30条　次の各号のいずれかに該当する者は、6箇月以下の懲役若しくは30万円以下の罰金に処し、又はこれを併科する。

　一　第8条第1項の規定により業務の停止を命ぜられた者で、当該停止を命ぜられた期間中に、業務を行つたもの

　二　第17条第2項の規定に違反した者

　三　第25条の規定による処分に違反した者

第31条　第20条の2の規定に違反して、業務上知り得た人の秘密を漏らした者は、50万円以下の罰金に処する。

2　前項の罪は、告訴がなければ公訴を提起することができない。

第32条　次の各号のいずれかに該当する者は、30万円以下の罰金に処する。

　一　第6条第3項の規定に違反した者

　二　第18条の規定に違反した者

　三　第19条、第21条第1項若しくは第2項、第22条又は第26条の規定に違反した者

　四　第27条第1項の規定による報告を怠り、若しくは虚偽

の報告をし，又は当該職員の検査を拒み，妨げ，若しくは忌避した者

第32条の2 次の各号のいずれかに該当するときは，その違反行為をした指定登録機関又は指定試験機関の役員又は職員は，30万円以下の罰金に処する。

一　第9条の8（第15条の7において準用する場合を含む。）の規定に違反して，帳簿を備え付けず，帳簿に記載せず，若しくは帳簿に虚偽の記載をし，又は帳簿を保存しなかつたとき。

二　第9条の10（第15条の7において準用する場合を含む。）の規定による報告をせず，又は虚偽の報告をしたとき。

三　第9条の11第1項（第15条の7において準用する場合を含む。以下この号において同じ。）の規定による立入り若しくは検査を拒み，妨げ，若しくは忌避し，又は同項の規定による質問に対して陳述をせず，若しくは虚偽の陳述をしたとき。

四　第9条の12（第15条の7において準用する場合を含む。）の許可を受けないで登録事務又は試験事務の全部を廃止したとき。

第33条 法人の代表者又は法人若しくは人の代理人，使用人その他の従業者が，その法人又は人の業務に関して，第30条第三号又は第32条第三号若しくは第四号の違反行為をしたときは，行為者を罰するほか，その法人又は人に対しても，各本条の罰金刑を科する。

附　則　抄

あん摩マツサージ指圧師，はり師，きゆう師等に関する法律

（昭和22年法律第217号）
最新改正：平成26年法律第69号

第1条 医師以外の者で，あん摩，マツサージ若しくは指圧，はり又はきゆうを業としようとする者は，それぞれ，あん摩マツサージ指圧師免許，はり師免許又はきゆう師免許（以下免許という。）を受けなければならない。

第2条 免許は，学校教育法（昭和22年法律第26号）第90条第1項の規定により大学に入学することのできる者（この項の規定により文部科学大臣の認定した学校が大学である場合において，当該大学が同条第2項の規定により当該大学に入学させた者を含む。）で，3年以上，文部科学省令・厚生労働省令で定める基準に適合するものとして，文部科学大臣の認定した学校又は次の各号に掲げる者の認定した当該各号に定める養成施設において解剖学，生理学，病理学，衛生学その他あん摩マツサージ指圧師，はり師又はきゆう師となるのに必要な知識及び技能を修得したものであつて，厚生労働大臣の行うあん摩マツサージ指圧師国家試験，はり師国家試験又はきゆう師国家試験（以下「試験」という。）に合格した者に対して，厚生労働大臣が，これを与える。

一　厚生労働大臣　あん摩マツサージ指圧師の養成施設，あん摩マツサージ指圧師及びはり師の養成施設，あん摩マツサージ指圧師及びきゆう師の養成施設又はあん摩マツサージ指圧師，はり師及びきゆう師の養成施設

二　都道府県知事　はり師の養成施設，きゆう師の養成施設又ははり師及びきゆう師の養成施設

2　前項の認定を申請するには，申請書に，教育課程，生徒の定員その他文部科学省令・厚生労働省令で定める事項を記載した書類を添付して，文部科学省令・厚生労働省令の定めるところにより，これを文部科学大臣，厚生労働大臣又は養成施設の所在地の都道府県知事に提出しなければならない。

3　第1項の学校又は養成施設の設置者は，前項に規定する事項のうち教育課程，生徒の定員その他文部科学省令・厚生労働省令で定める事項を変更しようとするときは，文部科学省令・厚生労働省令の定めるところにより，あらかじめ，文部科学大臣，厚生労働大臣又は同項の都道府県知事の承認を受けなければならない。

4　文部科学大臣又は厚生労働大臣は，第1項に規定する基準を定めようとするときは，あらかじめ，医道審議会の意見を聴かなければならない。

5　厚生労働大臣は，厚生労働省に置くあん摩マツサージ指圧師，はり師及びきゆう師試験委員（次項において「試験委員」という。）に，試験の問題の作成及び採点を行わせる。

6　試験委員は，試験の問題の作成及び採点について，厳正を保持し不正の行為のないようにしなければならない。

7　試験を受けようとする者は，実費を勘案して政令で定める額の受験手数料を国に納付しなければならない。

8　前項の受験手数料は，これを納付した者が試験を受けない場合においても，返還しない。

9　厚生労働大臣は，試験に関して不正の行為があつた場合には，その不正行為に関係のある者について，その受験を停止させ，又はその試験を無効とすることができる。

10　厚生労働大臣は，前項の規定による処分を受けた者について，期間を定めて試験を受けることができないものとすることができる。

第3条 次の各号のいずれかに該当する者には，免許を与えないことがある。

一　心身の障害によりあん摩マツサージ指圧師，はり師又はきゆう師の業務を適正に行うことができない者として厚生労働省令で定めるもの

二　麻薬，大麻又はあへんの中毒者

三　罰金以上の刑に処せられた者

四　前号に該当する者を除くほか，第1条に規定する業務に関し犯罪又は不正の行為があつた者

第3条の2 厚生労働省にあん摩マツサージ指圧師名簿，はり師名簿及びきゆう師名簿を備え，それぞれ，あん摩マツサージ指圧師，はり師又はきゆう師（以下「施術者」という。）の免許に関する事項を登録する。

第3条の3 免許は，試験に合格した者の申請により，あん

摩マツサージ指圧師名簿，はり師名簿又はきゆう師名簿に
登録することによつて行う。

2　厚生労働大臣は，免許を与えたときは，あん摩マツサー
ジ指圧師免許証，はり師免許証又はきゆう師免許証（以下
「免許証」という。）を交付する。

第３条の３の２　厚生労働大臣は，免許を申請した者につい
て，第３条第一号に掲げる者に該当すると認め，同条の規
定により免許を与えないこととするときは，あらかじめ，
当該申請者にその旨を通知し，その求めがあつたときは，
厚生労働大臣の指定する職員にその意見を聴取させなけれ
ばならない。

第３条の４　厚生労働大臣は，厚生労働省令の定めるところ
により，その指定する者（以下「指定試験機関」という。）
に，試験の実施に関する事務（以下「試験事務」という。）
を行わせることができる。

2　指定試験機関の指定は，厚生労働省令の定めるところに
より，試験事務を行おうとする者の申請により行う。

3　厚生労働大臣は，他に指定を受けた者がなく，かつ，前
項の申請が次の各号に掲げる要件を満たしていると認める
ときでなければ，指定試験機関の指定をしてはならない。

　一　職員，設備，試験事務の実施の方法その他の事項につ
いての試験事務の実施に関する計画が，試験事務の適正
かつ確実な実施のために適切なものであること。

　二　前号の試験事務の実施に関する計画の適正かつ確実な
実施に必要な経理的及び技術的な基礎を有するものであ
ること。

4　厚生労働大臣は，第２項の申請が次の各号のいずれかに
該当するときは，指定試験機関の指定をしてはならない。

　一　申請者が，一般社団法人又は一般財団法人以外の者で
あること。

　二　申請者が，その行う試験事務以外の業務により試験事
務を公正に実施することができないおそれがあること。

　三　申請者が，第３条の17の規定により指定を取り消さ
れ，その取消しの日から起算して２年を経過しない者で
あること。

　四　申請者の役員のうちに，次のいずれかに該当する者が
あること。

　　イ　この法律に違反して，刑に処せられ，その執行を終
わり，又は執行を受けることがなくなつた日から起算
して２年を経過しない者

　　ロ　次条第２項の規定による命令により解任され，その
解任の日から起算して２年を経過しない者

第３条の５　指定試験機関の役員の選任及び解任は，厚生労
働大臣の認可を受けなければ，その効力を生じない。

2　厚生労働大臣は，指定試験機関の役員が，この法律（こ
の法律に基づく命令又は処分を含む。）若しくは第３条の
７第１項に規定する試験事務規程に違反する行為をしたと
き，又は試験事務に関し著しく不適当な行為をしたとき
は，指定試験機関に対し，当該役員の解任を命ずることが
できる。

第３条の６　指定試験機関は，毎事業年度，事業計画及び収

支予算を作成し，当該事業年度の開始前に（指定を受けた
日の属する事業年度にあつては，その指定を受けた後遅滞
なく），厚生労働大臣の認可を受けなければならない。こ
れを変更しようとするときも，同様とする。

2　指定試験機関は，毎事業年度の経過後３月以内に，その
事業年度の事業報告書及び収支決算書を作成し，厚生労働
大臣に提出しなければならない。

第３条の７　指定試験機関は，試験事務の開始前に，試験事
務の実施に関する規程（以下「試験事務規程」という。）
を定め，厚生労働大臣の認可を受けなければならない。
これを変更しようとするときも，同様とする。

2　試験事務規程で定めるべき事項は，厚生労働省令で定め
る。

3　厚生労働大臣は，第１項の認可をした試験事務規程が試
験事務の適正かつ確実な実施上不適当となつたと認めると
きは，指定試験機関に対し，これを変更すべきことを命ず
ることができる。

第３条の８　指定試験機関は，試験の問題の作成及び採点を
あん摩マツサージ指圧師，はり師及びきゆう師試験委員
（次項から第４項まで，次条及び第３条の11第１項において
「試験委員」という。）に行わせなければならない。

2　指定試験機関は，試験委員を選任しようとするときは，
厚生労働省令で定める要件を備える者のうちから選任しな
ければならない。

3　指定試験機関は，試験委員を選任したときは，厚生労働
省令の定めるところにより，厚生労働大臣にその旨を届け
出なければならない。試験委員に変更があつたときも，同
様とする。

4　第３条の５第２項の規定は，試験委員の解任について準
用する。

第３条の９　試験委員は，試験の問題の作成及び採点につい
て，厳正を保持し不正の行為のないようにしなければなら
ない。

第３条の10　指定試験機関が試験事務を行う場合において，
指定試験機関は，試験に関して不正の行為があつたとき
は，その不正行為に関係のある者について，その受験を停
止させることができる。

2　前項に定めるもののほか，指定試験機関が試験事務を行
う場合における第２条第７項，第９項及び第10項の適用に
ついては，同条第７項中「国」とあるのは「指定試験機
関」と，同条第９項中「その受験を停止させ，又はその試
験」とあるのは「その試験」と，同条第10項中「前項」と
あるのは「前項又は第３条の10第１項」とする。

3　前項の規定により読み替えて適用する第２条第７項の規
定により指定試験機関に納められた受験手数料は，指定試
験機関の収入とする。

第３条の11　指定試験機関の役員若しくは職員（試験委員を
含む。次項において同じ。）又はこれらの職にあつた者は，
試験事務に関して知り得た秘密を漏らしてはならない。

2　試験事務に従事する指定試験機関の役員又は職員は，刑
法（明治40年法律第45号）その他の罰則の適用について

232

は，法令により公務に従事する職員とみなす。

第3条の12 指定試験機関は，厚生労働省令の定めるところにより，試験事務に関する事項で厚生労働省令で定めるものを記載した帳簿を備え，これを保存しなければならない。

第3条の13 厚生労働大臣は，この法律を施行するため必要があると認めるときは，指定試験機関に対し，試験事務に関し監督上必要な命令をすることができる。

第3条の14 厚生労働大臣は，この法律を施行するため必要があると認めるときは，その必要な限度で，厚生労働省令の定めるところにより，指定試験機関に対し，報告をさせることができる。

第3条の15 厚生労働大臣は，この法律を施行するため必要があると認めるときは，その必要な限度で，その職員に，指定試験機関の事務所に立ち入り，指定試験機関の帳簿，書類その他必要な物件を検査させ，又は関係者に質問させることができる。

2 前項の規定により立入検査を行う職員は，その身分を示す証明書を携帯し，かつ，関係者の請求があるときは，これを提示しなければならない。

3 第1項に規定する権限は，犯罪捜査のために認められたものと解釈してはならない。

第3条の16 指定試験機関は，厚生労働大臣の許可を受けなければ，試験事務の全部又は一部を休止し，又は廃止してはならない。

第3条の17 厚生労働大臣は，指定試験機関が第3条の4第4項各号（第三号を除く。）のいずれかに該当するに至つたときは，その指定を取り消さなければならない。

2 厚生労働大臣は，指定試験機関が次の各号のいずれかに該当するに至つたときは，その指定を取り消し，又は期間を定めて試験事務の全部若しくは一部の停止を命ずることができる。

一 第3条の4第3項各号に掲げる要件を満たさなくなつたと認めるとき。

二 第3条の5第2項（第3条の8第4項において準用する場合を含む。），第3条の7第3項又は第3条の13の規定による命令に違反したとき。

三 第3条の6，第3条の8第1項から第3項まで又は前条の規定に違反したとき。

四 第3条の7第1項の認可を受けた試験事務規程によらないで試験事務を行つたとき。

五 次条第1項の条件に違反したとき。

第3条の18 第3条の4第1項，第3条の5第1項，第3条の6第1項，第3条の7第1項又は第3条の16の規定による指定，認可又は許可には，条件を付し，及びこれを変更することができる。

2 前項の条件は，当該指定，認可又は許可に係る事項の確実な実施を図るため必要な最小限度のものに限り，かつ，当該指定，認可又は許可を受ける者に不当な義務を課することとなるものであつてはならない。

第3条の19 削除

第3条の20 指定試験機関が行う試験事務に係る処分又はその不作為について不服がある者は，厚生労働大臣に対し，審査請求をすることができる。この場合において，厚生労働大臣は，行政不服審査法（平成26年法律第68号）第25条第2項及び第3項，第46条第1項及び第2項，第47条並びに第49条第3項の規定の適用については，指定試験機関の上級行政庁とみなす。

第3条の21 厚生労働大臣は，指定試験機関の指定をしたときは，試験事務を行わないものとする。

2 厚生労働大臣は，指定試験機関が第3条の16の規定による許可を受けて試験事務の全部若しくは一部を休止したとき，第3条の17第2項の規定により指定試験機関に対し試験事務の全部若しくは一部の停止を命じたとき，又は指定試験機関が天災その他の事由により試験事務の全部若しくは一部を実施することが困難となつた場合において必要があると認めるときは，試験事務の全部又は一部を自ら行うものとする。

第3条の22 厚生労働大臣は，次に掲げる場合には，その旨を官報に公示しなければならない。

一 第3条の4第1項の規定による指定をしたとき。

二 第3条の16の規定による許可をしたとき。

三 第3条の17の規定により指定を取り消し，又は試験事務の全部若しくは一部の停止を命じたとき。

四 前条第2項の規定により試験事務の全部若しくは一部を自ら行うこととするとき，又は自ら行つていた試験事務の全部若しくは一部を行わないこととするとき。

第3条の23 厚生労働大臣は，厚生労働省令の定めるところにより，その指定する者（以下「指定登録機関」という。）に，あん摩マツサージ指圧師，はり師及びきゆう師の登録の実施等に関する事務（以下「登録事務」という。）を行わせることができる。

2 指定登録機関の指定は，厚生労働省令の定めるところにより，登録事務を行おうとする者の申請により行う。

第3条の24 指定登録機関が登録事務を行う場合における第3条の2及び第3条の3第2項の規定の適用については，第3条の2中「厚生労働省」とあるのは「指定登録機関」と，第3条の3第2項中「厚生労働大臣が」と，「あん摩マツサージ指圧師免許証，はり師免許証又はきゆう師免許証（以下「免許証」という。）」とあるのは「指定登録機関は，あん摩マツサージ指圧師免許証明書，はり師免許証明書又はきゆう師免許証明書」とする。

2 指定登録機関が登録事務を行う場合において，あん摩マツサージ指圧師，はり師若しくはきゆう師の登録又は免許証若しくはあん摩マツサージ指圧師免許証明書，はり師免許証明書若しくはきゆう師免許証明書（以下「免許証明書」という。）の記載事項の変更若しくは再交付を受けようとする者は，実費を勘案して政令で定める額の手数料を指定登録機関に納付しなければならない。

3 前項の規定により指定登録機関に納められた手数料は，指定登録機関の収入とする。

第3条の25　第3条の4第3項及び第4項，第3条の5から第3条の7まで，第3条の11から第3条の18まで並びに第3条の20から第3条の22までの規定は，指定登録機関について準用する。この場合において，これらの規定中「試験事務」とあるのは「登録事務」と，「試験事務規程」とあるのは「登録事務規程」と，第3条の4第3項中「前項」とあり，及び同条第4項各号列記以外の部分中「第2項」とあるのは「第3条の23第2項」と，第3条の11第1項中「職員（試験委員を含む。次項において同じ。）」とあるのは「職員」と，第3条の17第2項第二号中「第3条の5第2項（第3条の8第4項において準用する場合を含む。）」とあるのは「第3条の5第2項」と，同項第三号中「，第3条の8第1項から第3項まで又は前条」とあるのは「又は前条」と，第3条の18第1項及び第3条の22第一号中「第3条の4第1項」とあるのは「第3条の23第1項」と読み替えるものとする。

第4条　施術者は，外科手術を行い，又は薬品を投与し，若しくはその指示をする等の行為をしてはならない。

第5条　あん摩マツサージ指圧師は，医師の同意を得た場合の外，脱臼又は骨折の患部に施術をしてはならない。

第6条　はり師は，はりを施そうとするときは，はり，手指及び施術の局部を消毒しなければならない。

第7条　あん摩業，マツサージ業，指圧業，はり業若しくはきゆう業又はこれらの施術所に関しては，何人も，いかなる方法によるを問わず，左に掲げる事項以外の事項について，広告をしてはならない。

一　施術者である旨並びに施術者の氏名及び住所
二　第1条に規定する業務の種類
三　施術所の名称，電話番号及び所在の場所を表示する事項
四　施術日又は施術時間
五　その他厚生労働大臣が指定する事項

2　前項第一号乃至第三号に掲げる事項について広告をする場合にも，その内容は，施術者の技能，施術方法又は経歴に関する事項にわたつてはならない。

第7条の2　施術者は，正当な理由がなく，その業務上知り得た人の秘密を漏らしてはならない。施術者でなくなつた後においても，同様とする。

第8条　都道府県知事（地域保健法（昭和22年法律第101号）第5条第1項の政令で定める市（以下「保健所を設置する市」という。）又は特別区にあつては，市長又は区長。第12条の3及び第13条の2を除き，以下同じ。）は，衛生上害を生ずるおそれがあると認めるときは，施術者に対し，その業務に関して必要な指示をすることができる。

2　医師の団体は，前項の指示に関して，都道府県知事に，意見を述べることができる。

第9条　施術者が，第3条各号の一に掲げる者に該当するときは，厚生労働大臣は期間を定めてその業務を停止し，又はその免許を取り消すことができる。

2　前項の規定により免許を取り消された者であつても，その者がその取消しの理由となつた事項に該当しなくなつた

とき，その他その後の事情により再び免許を与えることが適当であると認められるに至つたときは，再免許を与えることができる。

第9条の2　施術所を開設した者は，開設後10日以内に，開設の場所，業務に従事する施術者の氏名その他厚生労働省令で定める事項を施術所の所在地の都道府県知事に届け出なければならない。その届出事項に変更を生じたときも，同様とする。

2　施術所の開設者は，その施術所を休止し，又は廃止したときは，その日から10日以内に，その旨を前項の都道府県知事に届け出なければならない。休止した施術所を再開したときも，同様とする。

第9条の3　専ら出張のみによつてその業務に従事する施術者は，その業務を開始したときは，その旨を住所地の都道府県知事に届け出なければならない。その業務を休止し，若しくは廃止したとき又は休止した業務を再開したときも，同様とする。

第9条の4　施術者は，その住所地（当該施術者が施術所の開設者又は勤務者である場合にあつては，その施術所の所在地。以下この条において同じ。）が保健所を設置する市又は特別区の区域内にある場合にあつては当該保健所を設置する市又は特別区の区域外に，その他の場合にあつてはその住所地が属する都道府県（当該都道府県の区域内の保健所を設置する市又は特別区の区域を除く。）の区域外に滞在して業務を行おうとするときは，あらかじめ，業務を行う場所，施術者の氏名その他厚生労働省令で定める事項を，滞在して業務を行おうとする地の都道府県知事に届け出なければならない。

第9条の5　施術所の構造設備は，厚生労働省令で定める基準に適合したものでなければならない。

2　施術所の開設者は，その施術所につき，厚生労働省令で定める衛生上必要な措置を講じなければならない。

第10条　都道府県知事は，施術者若しくは施術所の開設者から必要な報告を提出させ，又は当該職員にその施術所に臨検し，その構造設備若しくは前条第2項の規定による衛生上の措置の実施状況を検査させることができる。

2　前項の規定によつて臨検検査をする当該職員は，その身分を示す証票を携帯しなければならない。

3　第1項の規定による臨検検査の権限は，犯罪捜査のために認められたものと解釈してはならない。

第11条　この法律に規定するもののほか，学校又は養成施設の認定の取消しその他認定に関して必要な事項は政令で，試験科目，受験手続その他試験に関して必要な事項，免許の申請，免許証又は免許証明書の交付，書換え交付，再交付，返納及び提出並びにあん摩マツサージ指圧師名簿，はり師名簿及びきゆう師名簿の登録，訂正及び消除に関して必要な事項並びに指定試験機関及びその行う試験事務並びに試験事務の引継ぎ並びに指定登録機関及びその行う登録事務並びに登録事務の引継ぎに関して必要な事項は厚生労働省令でこれを定める。

2　都道府県知事は，施術所の構造設備が第9条の5第1項

の基準に適合していないと認めるとき，又は施術所につき同条第2項の衛生上の措置が講じられていないと認めるときは，その開設者に対し，期間を定めて，その施術所の全部若しくは一部の使用を制限し，若しくは禁止し，又はその構造設備を改善し，若しくは衛生上必要な措置を講ずべき旨を命ずることができる。

第12条 何人も，第1条に掲げるものを除く外，医業類似行為を業としてはならない。ただし，柔道整復を業とする場合については，柔道整復師法（昭和45年法律第19号）の定めるところによる。

第12条の2 この法律の公布の際引き続き3箇月以上第1条に掲げるもの以外の医業類似行為を業としていた者であつて，あん摩師，はり師，きゆう師及び柔道整復師法等の一部を改正する法律（昭和39年法律第120号。以下一部改正法律という。）による改正前の第19条第1項の規定による届出をしていたものは，前条の規定にかかわらず，当該医業類似行為を業とすることができる。ただし，その者が第1条に規定する免許（柔道整復師の免許を含む。）を有する場合は，この限りでない。

2 第4条，第7条から第8条まで及び第9条の2から第11条までの規定は，前項に規定する者又はその施術所について準用する。この場合において，第8条第1項中「都道府県知事（地域保健法（昭和22年法律第101号）第5条第1項の政令で定める市（以下「保健所を設置する市」という。）又は特別区にあつては，市長又は区長。第12条の3及び第13条の2を除き，以下同じ。）」とあるのは「都道府県知事，地域保健法第5条第1項の政令で定める市（以下「保健所を設置する市」という。）の市長又は特別区の区長」と，同条第2項中「都道府県知事」とあるのは「都道府県知事，保健所を設置する市の市長又は特別区の区長」と，第9条の2第1項中「都道府県知事」とあるのは「都道府県知事（保健所を設置する市又は特別区にあつては，市長又は区長。以下同じ。）」と読み替えるものとする。

第12条の3 都道府県知事は，前条第1項に規定する者の行う医業類似行為が衛生上特に害があると認めるとき，又はその者が次の各号のいずれかに掲げる者に該当するときは，期間を定めてその業務を停止し，又はその業務の全部若しくは一部を禁止することができる。

一 心身の障害により前条第1項に規定する医業類似行為の業務を適正に行うことができない者として厚生労働省令で定めるもの

二 麻薬，大麻又はあへんの中毒者

三 罰金以上の刑に処せられた者

四 前号に該当する者を除くほか，前条第1項に規定する医業類似行為の業務に関し犯罪又は不正の行為があつた者

2 前項の規定による業務の停止又は禁止に関して必要な事項は，政令で定める。

第13条 第8条第1項（第12条の2第2項の規定により準用される場合を含む。）の規定により都道府県知事，保健所を設置する市の市長又は特別区の区長の権限に属するもの

とされている事務は，緊急の必要があると厚生労働大臣が認める場合にあつては，厚生労働大臣又は都道府県知事，保健所を設置する市の市長若しくは特別区の区長が行うものとする。この場合においては，この法律の規定中都道府県知事，保健所を設置する市の市長又は特別区の区長に関する規定（当該事務に係るものに限る。）は，厚生労働大臣に関する規定として厚生労働大臣に適用があるものとする。

2 前項の場合において，厚生労働大臣又は都道府県知事，保健所を設置する市の市長若しくは特別区の区長が当該事務を行うときは，相互に密接な連携の下に行うものとする。

第13条の2 この法律に規定する厚生労働大臣の権限は，厚生労働省令で定めるところにより，地方厚生局長に委任することができる。

2 前項の規定により地方厚生局長に委任された権限は，厚生労働省令で定めるところにより，地方厚生支局長に委任することができる。

第13条の3 この法律の規定に基づき命令を制定し，又は改廃する場合においては，その命令で，その制定又は改廃に伴い合理的に必要と判断される範囲内において，所要の経過措置（罰則に関する経過措置を含む。）を定めることができる。

第13条の4 第2条第6項又は第3条の9の規定に違反して，不正の採点をした者は，1年以下の懲役又は50万円以下の罰金に処する。

第13条の5 第3条の11第1項（第3条の25において準用する場合を含む。）の規定に違反した者は，1年以下の懲役又は50万円以下の罰金に処する。

第13条の6 第3条の17第2項（第3条の25において準用する場合を含む。）の規定による試験事務又は登録事務の停止の命令に違反したときは，その違反行為をした指定試験機関又は指定登録機関の役員又は職員は，1年以下の懲役又は50万円以下の罰金に処する。

第13条の7 次の各号のいずれかに該当する者は，50万円以下の罰金に処する。

一 第1条の規定に違反して，あん摩，マツサージ若しくは指圧又ははりきゆうを業とした者

二 虚偽又は不正の事実に基づいてあん摩マツサージ指圧師免許，はり師免許又はきゆう師免許を受けた者

三 第7条の2（第12条の2第2項において準用する場合を含む。）の規定に違反した者

四 第12条の規定に違反した者

五 第12条の3の規定に基づく業務禁止の処分に違反した者

2 前項第三号の罪は，告訴がなければ公訴を提起することができない。

第13条の8 次の各号のいずれかに該当する者は，30万円以下の罰金に処する。

一 第5条又は第7条（第12条の2第2項において準用する場合を含む。）の規定に違反した者

二 第6条の規定に違反した者

三 第8条第1項（第12条の2第2項において準用する場合を含む。）の規定に基づく指示に違反した者

四 第9条第1項の規定により業務の停止を命ぜられた者で，当該停止を命ぜられた期間中に，業務を行つたもの

五 第9条の2第1項又は第2項（第12条の2第2項において準用する場合を含む。）の規定による届出をせず，又は虚偽の届出をした者

六 第10条第1項（第12条の2第2項において準用する場合を含む。）の規定による報告をせず，若しくは虚偽の報告をし，又は検査を拒み，妨げ，若しくは忌避した者

七 第11条第2項（第12条の2第2項において準用する場合を含む。）の規定に基づく処分又は命令に違反した者

八 第12条の3の規定に基づく業務停止の処分に違反した者

第13条の9 次の各号のいずれかに該当するときは，その違反行為をした指定試験機関又は指定登録機関の役員又は職員は，30万円以下の罰金に処する。

一 第3条の12（第3条の25において準用する場合を含む。）の規定に違反して帳簿を備えず，帳簿に記載せず，若しくは帳簿に虚偽の記載をし，又は帳簿を保存しなかつたとき。

二 第3条の14（第3条の25において準用する場合を含む。）の規定による報告をせず，又は虚偽の報告をしたとき。

三 第3条の15第1項（第3条の25において準用する場合を含む。）の規定による立入り若しくは検査を拒み，妨げ，若しくは忌避し，又は質問に対して陳述をせず，若しくは虚偽の陳述をしたとき。

四 第3条の16（第3条の25において準用する場合を含む。）の許可を受けないで試験事務又は登録事務の全部を廃止したとき。

第14条 法人の代表者又は法人若しくは人の代理人，使用人その他の従業者が，その法人又は人の業務に関して，第13条の8第一号又は第五号から第七号までの違反行為をしたときは，行為者を罰するほか，その法人又は人に対しても，各本条の刑を科する。

　　　　　附　則　抄

柔道整復師法

（昭和45年法律第19号）

最新改正：平成26年法律第69号

第1章　総則

（目的）

第1条 この法律は，柔道整復師の資格を定めるとともに，その業務が適正に運用されるように規律することを目的とする。

（定義）

第2条 この法律において「柔道整復師」とは，厚生労働大臣の免許を受けて，柔道整復を業とする者をいう。

2 この法律において「施術所」とは，柔道整復師が柔道整復の業務を行なう場所をいう。

第2章　免許

（免許）

第3条 柔道整復師の免許（以下「免許」という。）は，柔道整復師国家試験（以下「試験」という。）に合格した者に対して，厚生労働大臣が与える。

（欠格事由）

第4条 次の各号のいずれかに該当する者には，免許を与えないことがある。

一 心身の障害により柔道整復師の業務を適正に行うことができない者として厚生労働省令で定めるもの

二 麻薬，大麻又はあへんの中毒者

三 罰金以上の刑に処せられた者

四 前号に該当する者を除くほか，柔道整復の業務に関し犯罪又は不正の行為があつた者

（柔道整復師名簿）

第5条 厚生労働省に柔道整復師名簿を備え，免許に関する事項を登録する。

（登録及び免許証の交付）

第6条 免許は，試験に合格した者の申請により，柔道整復師名簿に登録することによつて行う。

2 厚生労働大臣は，免許を与えたときは，柔道整復師免許証（以下「免許証」という。）を交付する。

（意見の聴取）

第7条 厚生労働大臣は，免許を申請した者について，第4条第一号に掲げる者に該当すると認め，同条の規定により免許を与えないこととするときは，あらかじめ，当該申請者にその旨を通知し，その求めがあつたときは，厚生労働大臣の指定する職員にその意見を聴取させなければならない。

（免許の取消し等）

第8条 柔道整復師が，第4条各号のいずれかに該当するに至つたときは，厚生労働大臣は，その免許を取り消し，又は期間を定めてその業務の停止を命ずることができる。

2 前項の規定により免許を取り消された者であつても，その者がその取消しの理由となつた事項に該当しなくなつたとき，その他その後の事情により再び免許を与えることが適当であると認められるに至つたときは，再免許を与えることができる。

（指定登録機関の指定等）

第8条の2 厚生労働大臣は，厚生労働省令で定めるところにより，その指定する者（以下「指定登録機関」という。）に，柔道整復師の登録の実施等に関する事務（以下「登録事務」という。）を行わせることができる。

2 指定登録機関の指定は，厚生労働省令で定めるところにより，登録事務を行おうとする者の申請により行う。

3 厚生労働大臣は，他に指定を受けた者がなく，かつ，前

項の申請が次の各号に掲げる要件を満たしていると認める
ときでなければ，指定登録機関の指定をしてはならない。
　一　職員，設備，登録事務の実施の方法その他の事項につ
　　いての登録事務の実施に関する計画が，登録事務の適正
　　かつ確実な実施のために適切なものであること。
　二　前号の登録事務の実施に関する計画の適正かつ確実な
　　実施に必要な経理的及び技術的な基礎を有するものであ
　　ること。
4　厚生労働大臣は，第2項の申請が次の各号のいずれかに
　該当するときは，指定登録機関の指定をしてはならない。
　一　申請者が，一般社団法人又は一般財団法人以外の者で
　　あること。
　二　申請者が，その行う登録事務以外の業務により登録事
　　務を公正に実施することができないおそれがあること。
　三　申請者が，第8条の13の規定により指定を取り消さ
　　れ，その取消しの日から起算して2年を経過しない者で
　　あること。
　四　申請者の役員のうちに，次のいずれかに該当する者が
　　あること。
　　イ　この法律に違反して，刑に処せられ，その執行を終
　　　わり，又は執行を受けることがなくなつた日から起算
　　　して2年を経過しない者
　　ロ　次条第2項の規定による命令により解任され，その
　　　解任の日から起算して2年を経過しない者
（指定登録機関の役員の選任及び解任）
第8条の3　指定登録機関の役員の選任及び解任は，厚生労
　働大臣の認可を受けなければ，その効力を生じない。
2　厚生労働大臣は，指定登録機関の役員が，この法律（こ
　の法律に基づく命令又は処分を含む。）若しくは第8条の
　5第1項に規定する登録事務規程に違反する行為をしたと
　き，又は登録事務に関し著しく不適当な行為をしたとき
　は，指定登録機関に対し，当該役員の解任を命ずることが
　できる。
（事業計画の認可等）
第8条の4　指定登録機関は，毎事業年度，事業計画及び収
　支予算を作成し，当該事業年度の開始前に（指定を受けた
　日の属する事業年度にあつては，その指定を受けた後遅滞
　なく），厚生労働大臣の認可を受けなければならない。こ
　れを変更しようとするときも，同様とする。
2　指定登録機関は，毎事業年度の経過後3月以内に，その
　事業年度の事業報告書及び収支決算書を作成し，厚生労働
　大臣に提出しなければならない。
（登録事務規程）
第8条の5　指定登録機関は，登録事務の開始前に，登録事
　務の実施に関する規程（以下「登録事務規程」という。）
　を定め，厚生労働大臣の認可を受けなければならない。こ
　れを変更しようとするときも，同様とする。
2　登録事務規程で定めるべき事項は，厚生労働省令で定め
　る。
3　厚生労働大臣は，第1項の認可をした登録事務規程が登
　録事務の適正かつ確実な実施上不適当となつたと認めると

きは，指定登録機関に対し，これを変更すべきことを命ず
ることができる。
（指定登録機関が登録事務を行う場合の規定の適用等）
第8条の6　指定登録機関が登録事務を行う場合における第
　5条及び第6条第2項の規定の適用については，第5条中
　「厚生労働省」とあるのは「指定登録機関」と，第6条第
　2項中「厚生労働大臣は，」とあるのは「厚生労働大臣が」
　と，「柔道整復師免許証（以下「免許証」という。）」とあ
　るのは「指定登録機関は，柔道整復師免許証明書」とす
　る。
2　指定登録機関が登録事務を行う場合において，柔道整復
　師の登録又は免許証若しくは柔道整復師免許証明書（以下
　「免許証明書」という。）の記載事項の変更若しくは再交付
　を受けようとする者は，実費を勘案して政令で定める額の
　手数料を指定登録機関に納付しなければならない。
3　前項の規定により指定登録機関に納められた手数料は，
　指定登録機関の収入とする。
（秘密保持義務等）
第8条の7　指定登録機関の役員若しくは職員又はこれらの
　職にあつた者は，登録事務に関して知り得た秘密を漏らし
　てはならない。
2　登録事務に従事する指定登録機関の役員又は職員は，刑
　法（明治40年法律第45号）その他の罰則の適用について
　は，法令により公務に従事する職員とみなす。
（帳簿の備付け等）
第8条の8　指定登録機関は，厚生労働省令で定めるところ
　により，登録事務に関する事項で厚生労働省令で定めるも
　のを記載した帳簿を備え，これを保存しなければならな
　い。
（監督命令）
第8条の9　厚生労働大臣は，この法律を施行するため必要
　があると認めるときは，指定登録機関に対し，登録事務に
　関し監督上必要な命令をすることができる。
（報告）
第8条の10　厚生労働大臣は，この法律を施行するため必要
　があると認めるときは，その必要な限度で，厚生労働省令
　で定めるところにより，指定登録機関に対し，報告をさせ
　ることができる。
（立入検査）
第8条の11　厚生労働大臣は，この法律を施行するため必要
　があると認めるときは，その必要な限度で，その職員に，
　指定登録機関の事務所に立ち入り，指定登録機関の帳簿，
　書類その他必要な物件を検査させ，又は関係者に質問させ
　ることができる。
2　前項の規定により立入検査を行う職員は，その身分を示
　す証明書を携帯し，かつ，関係者の請求があるときは，こ
　れを提示しなければならない。
3　第1項に規定する権限は，犯罪捜査のために認められた
　ものと解釈してはならない。
（登録事務の休廃止）
第8条の12　指定登録機関は，厚生労働大臣の許可を受けな

ければ，登録事務の全部又は一部を休止し，又は廃止して
はならない。
（指定の取消し等）
第8条の13　厚生労働大臣は，指定登録機関が第8条の2第
4項各号（第三号を除く。）のいずれかに該当するに至つ
たときは，その指定を取り消さなければならない。
2　厚生労働大臣は，指定登録機関が次の各号のいずれかに
該当するに至つたときは，その指定を取り消し，又は期間
を定めて登録事務の全部若しくは一部の停止を命ずること
ができる。
　一　第8条の2第3項各号に掲げる要件を満たさなくなつ
　　たと認められるとき。
　二　第8条の3第2項，第8条の5第3項又は第8条の9
　　の規定による命令に違反したとき。
　三　第8条の4又は前条の規定に違反したとき。
　四　第8条の5第1項の認可を受けた登録事務規程によら
　　ないで登録事務を行つたとき。
　五　次条第1項の条件に違反したとき。
（指定等の条件）
第8条の14　第8条の2第1項，第8条の3第1項，第8条
の4第1項，第8条の5第1項又は第8条の12の規定によ
る指定，認可又は許可には，条件を付し，及びこれを変更
することができる。
2　前項の条件は，当該指定，認可又は許可に係る事項の確
実な実施を図るため必要な最小限度のものに限り，かつ，
当該指定，認可又は許可を受ける者に不当な義務を課する
こととなるものであつてはならない。
第8条の15　削除
（指定登録機関がした処分等に係る審査請求）
第8条の16　指定登録機関が行う登録事務に係る処分又はそ
の不作為について不服がある者は，厚生労働大臣に対し，
審査請求をすることができる。この場合において，厚生労
働大臣は，行政不服審査法（平成26年法律第68号）第25条
第2項及び第3項，第46条第1項及び第2項，第47条並び
に第49条第3項の規定の適用については，指定登録機関の
上級行政庁とみなす。
（厚生労働大臣による登録事務の実施等）
第8条の17　厚生労働大臣は，指定登録機関の指定をしたと
きは，登録事務を行わないものとする。
2　厚生労働大臣は，指定登録機関が第8条の12の規定に
よる許可を受けて登録事務の全部若しくは一部を休止した
とき，第8条の13第2項の規定により指定登録機関に対し登
録事務の全部若しくは一部の停止を命じたとき，又は指定
登録機関が天災その他の事由により登録事務の全部若しく
は一部を実施することが困難となつた場合において必要が
あると認めるときは，登録事務の全部又は一部を自ら行う
ものとする。
（公示）
第8条の18　厚生労働大臣は，次に掲げる場合には，その旨
を官報に公示しなければならない。
　一　第8条の2第1項の規定による指定をしたとき。

　二　第8条の12の規定による許可をしたとき。
　三　第8条の13の規定により指定を取り消し，又は登録事
　　務の全部若しくは一部の停止を命じたとき。
　四　前条第2項の規定により登録事務の全部若しくは一部
　　を自ら行うこととするとき，又は自ら行つていた登録事
　　務の全部若しくは一部を行わないこととするとき。
（厚生労働省令への委任）
第9条　この章に規定するもののほか，免許の申請，免許証
又は免許証明書の交付，書換え交付，再交付，返納及び提
出，柔道整復師名簿の登録，訂正及び消除並びに指定登録
機関及びその行う登録事務並びに登録事務の引継ぎに関し
必要な事項は，厚生労働省令で定める。

第3章　試験

（試験の実施）
第10条　試験は，柔道整復師として必要な知識及び技能につ
いて，厚生労働大臣が行う。
（柔道整復師試験委員）
第11条　厚生労働大臣は，厚生労働省に置く柔道整復師試験
委員（次項において「試験委員」という。）に試験の問題
の作成及び採点を行わせる。
2　試験委員は，試験の問題の作成及び採点について，厳正
を保持し不正の行為のないようにしなければならない。
（受験資格）
第12条　試験は，学校教育法（昭和22年法律第26号）第90条
第1項の規定により大学に入学することのできる者（この
項の規定により文部科学大臣の指定した学校が大学である
場合において，当該大学が同条第2項の規定により当該大
学に入学させた者を含む。）で，3年以上，文部科学省令・
厚生労働省令で定める基準に適合するものとして，文部科
学大臣の指定した学校又は都道府県知事の指定した柔道整
復師養成施設において解剖学，生理学，病理学，衛生学そ
の他柔道整復師となるのに必要な知識及び技能を修得した
ものでなければ，受けることができない。
2　文部科学大臣又は厚生労働大臣は，前項に規定する基準
を定めようとするときは，あらかじめ，医道審議会の意見
を聴かなければならない。
（不正行為者の受験停止等）
第13条　厚生労働大臣は，試験に関して不正の行為があつた
場合には，その不正行為に関係のある者について，その受
験を停止させ，又はその試験を無効とすることができる。
2　厚生労働大臣は，前項の規定による処分を受けた者につ
いて，期間を定めて試験を受けることができないものとす
ることができる。
（受験手数料）
第13条の2　試験を受けようとする者は，実費を勘案して政
令で定める額の受験手数料を国に納付しなければならない。
2　前項の受験手数料は，これを納付した者が試験を受け
ない場合においても，返還しない。
（指定試験機関の指定）

第13条の3　厚生労働大臣は，厚生労働省令で定めるところにより，その指定する者（以下「指定試験機関」という。）に，試験の実施に関する事務（以下「試験事務」という。）を行わせることができる。

2　指定試験機関の指定は，厚生労働省令で定めるところにより，試験事務を行おうとする者の申請により行う。

（指定試験機関の柔道整復師試験委員）

第13条の4　指定試験機関は，試験の問題の作成及び採点を柔道整復師試験委員（次項及び第3項，次条並びに第13条の7において「試験委員」という。）に行わせなければならない。

2　指定試験機関は，試験委員を選任しようとするときは，厚生労働省令で定める要件を備える者のうちから選任しなければならない。

3　指定試験機関は，試験委員を選任したときは，厚生労働省令で定めるところにより，厚生労働大臣にその旨を届け出なければならない。試験委員に変更があつたときも，同様とする。

（不正行為の禁止）

第13条の5　試験委員は，試験の問題の作成及び採点について，厳正を保持し不正の行為のないようにしなければならない。

（指定試験機関が試験事務を行う場合の受験の停止等）

第13条の6　指定試験機関が試験事務を行う場合において，指定試験機関は，試験に関して不正の行為があつたときは，その不正行為に関係のある者について，その受験を停止させることができる。

2　前項に定めるもののほか，指定試験機関が試験事務を行う場合における第13条及び第13条の2第1項の規定の適用については，第13条第1項中「その受験を停止させ，又はその試験」とあるのは「その試験」と，同条第2項中「前項」とあるのは「前項又は第13条の6第1項」と，第13条の2第1項中「国」とあるのは「指定試験機関」とする。

3　前項の規定により読み替えて適用する第13条の2第1項の規定により指定試験機関に納められた受験手数料は，指定試験機関の収入とする。

（準用）

第13条の7　第8条の2第3項及び第4項，第8条の3から第8条の5まで，第8条の7から第8条の14まで並びに第8条の16から第8条の18までの規定は，指定試験機関について準用する。この場合において，これらの規定中「登録事務」とあるのは「試験事務」と，「登録事務規程」とあるのは「試験事務規程」と，第8条の2第3項中「前項」とあり，及び同条第4項各号列記以外の部分中「第2項」とあるのは「第13条の3第2項」と，第8条の3第2項中「役員」とあるのは「役員（試験委員を含む。）」と，第8条の7第1項中「職員」とあるのは「職員（試験委員を含む。次項において同じ。）」と，第8条の13第2項第三号中「又は前条」とあるのは「，前条又は第13条の4」と，第8条の14第1項及び第8条の18第一号中「第8条の2第1項」とあるのは「第13条の3第1項」と読み替えるものとする。

する。

（政令及び厚生労働省令への委任）

第14条　この章に規定するもののほか，学校又は柔道整復師養成施設の指定及びその取消しに関し必要な事項は政令で，試験科目，受験手続その他試験に関し必要な事項並びに指定試験機関及びその行う試験事務並びに試験事務の引継ぎに関し必要な事項は厚生労働省令で定める。

第4章　業務

（業務の禁止）

第15条　医師である場合を除き，柔道整復師でなければ，業として柔道整復を行なつてはならない。

（外科手術，薬品投与等の禁止）

第16条　柔道整復師は，外科手術を行ない，又は薬品を投与し，若しくはその指示をする等の行為をしてはならない。

（施術の制限）

第17条　柔道整復師は，医師の同意を得た場合のほか，脱臼又は骨折の患部に施術をしてはならない。ただし，応急手当をする場合は，この限りでない。

（秘密を守る義務）

第17条の2　柔道整復師は，正当な理由がなく，その業務上知り得た人の秘密を漏らしてはならない。柔道整復師でなくなつた後においても，同様とする。

（都道府県知事の指示）

第18条　都道府県知事（保健所を設置する市又は特別区にあつては，市長又は区長。以下同じ。）は，衛生上害を生ずるおそれがあると認めるときは，柔道整復師に対し，その業務に関して必要な指示をすることができる。

2　医師の団体は，前項の指示に関して，都道府県知事に意見を述べることができる。

第5章　施術所

（施術所の届出）

第19条　施術所を開設した者は，開設後10日以内に，開設の場所，業務に従事する柔道整復師の氏名その他厚生労働省令で定める事項を施術所の所在地の都道府県知事に届け出なければならない。その届出事項に変更を生じたときも，同様とする。

2　施術所の開設者は，その施術所を休止し，又は廃止したときは，その日から10日以内に，その旨を前項の都道府県知事に届け出なければならない。休止した施術所を再開したときも，同様とする。

（施術所の構造設備等）

第20条　施術所の構造設備は，厚生労働省令で定める基準に適合したものでなければならない。

2　施術所の開設者は，当該施術所につき，厚生労働省令で定める衛生上必要な措置を講じなければならない。

（報告及び検査）

第21条　都道府県知事は，必要があると認めるときは，施術所の開設者若しくは柔道整復師に対し，必要な報告を求め，又はその職員に，施術所に立ち入り，その構造設備若

しくは前条第2項の規定による衛生上の措置の実施状況を検査させることができる。

2　前項の規定によつて立入検査をする職員は、その身分を示す証明書を携帯し、関係人の請求があつたときは、これを提示しなければならない。

3　第1項の規定による立入検査の権限は、犯罪捜査のために認められたものと解してはならない。

（使用制限等）

第22条　都道府県知事は、施術所の構造設備が第20条第1項の基準に適合していないと認めるとき、又は施術所につき同条第2項の衛生上の措置が講じられていないと認めるときは、その開設者に対し、期間を定めて、当該施術所の全部若しくは一部の使用を制限し、若しくは禁止し、又は当該構造設備を改善し、若しくは当該衛生上の措置を講ずべき旨を命ずることができる。

第23条　削除

第6章　雑則

（広告の制限）

第24条　柔道整復の業務又は施術所に関しては、何人も、文書その他いかなる方法によるを問わず、次に掲げる事項を除くほか、広告をしてはならない。

　一　柔道整復師である旨並びにその氏名及び住所

　二　施術所の名称、電話番号及び所在の場所を表示する事項

　三　施術日又は施術時間

　四　その他厚生労働大臣が指定する事項

2　前項第一号及び第二号に掲げる事項について広告をする場合においても、その内容は、柔道整復師の技能、施術方法又は経歴に関する事項にわたつてはならない。

（緊急時における厚生労働大臣の事務執行）

第25条　第18条第1項の規定により都道府県知事の権限に属するものとされている事務は、緊急の必要があると厚生労働大臣が認める場合にあつては、厚生労働大臣又は都道府県知事が行うものとする。この場合においては、この法律の規定中都道府県知事に関する規定（当該事務に係るものに限る。）は、厚生労働大臣に関する規定として厚生労働大臣に適用があるものとする。

2　前項の場合において、厚生労働大臣又は都道府県知事が当該事務を行うときは、相互に密接な連携の下に行うものとする。

（権限の委任）

第25条の2　この法律に規定する厚生労働大臣の権限は、厚生労働省令で定めるところにより、地方厚生局長に委任することができる。

2　前項の規定により地方厚生局長に委任された権限は、厚生労働省令で定めるところにより、地方厚生支局長に委任することができる。

（経過措置）

第25条の3　この法律の規定に基づき命令を制定し、又は改廃する場合においては、その命令で、その制定又は改廃に伴い合理的に必要と判断される範囲内において、所要の経過措置（罰則に関する経過措置を含む。）を定めることができる。

第7章　罰則

第26条　第8条の7第1項（第13条の7において準用する場合を含む。）の規定に違反した者は、1年以下の懲役又は50万円以下の罰金に処する。

第27条　第8条の13第2項（第13条の7において準用する場合を含む。）の規定による登録事務又は試験事務の停止の命令に違反したときは、その違反行為をした指定登録機関又は指定試験機関の役員又は職員は、1年以下の懲役又は50万円以下の罰金に処する。

第28条　第11条第2項又は第13条の5の規定に違反して、不正の採点をした者は、1年以下の懲役又は50万円以下の罰金に処する。

第29条　次の各号のいずれかに該当する者は、50万円以下の罰金に処する。

　一　第15条の規定に違反した者

　二　第17条の2の規定に違反した者

　三　虚偽又は不正の事実に基づいて免許を受けた者

2　前項第二号の罪は、告訴がなければ公訴を提起することができない。

第30条　次の各号のいずれかに該当する者は、30万円以下の罰金に処する。

　一　第8条第1項の規定により業務の停止を命ぜられた者で、当該停止を命ぜられた期間中に、業務を行つたもの

　二　第17条の規定に違反した者

　三　第18条第1項の規定に基づく指示に違反した者

　四　第22条の規定に基づく処分又は命令に違反した者

　五　第24条の規定に違反した者

　六　第19条第1項又は第2項の規定による届出をせず、又は虚偽の届出をした者

　七　第21条第1項の規定による報告をせず、若しくは虚偽の報告をし、又は同項の規定による職員の検査を拒み、妨げ、若しくは忌避した者

第31条　次の各号のいずれかに該当するときは、その違反行為をした指定登録機関又は指定試験機関の役員又は職員は、30万円以下の罰金に処する。

　一　第8条の8（第13条の7において準用する場合を含む。）の規定に違反して帳簿を備えず、帳簿に記載せず、若しくは帳簿に虚偽の記載をし、又は帳簿を保存しなかつたとき。

　二　第8条の10（第13条の7において準用する場合を含む。）の規定による報告をせず、又は虚偽の報告をしたとき。

　三　第8条の11第1項（第13条の7において準用する場合を含む。）の規定による立入り若しくは検査を拒み、妨げ、若しくは忌避し、又は質問に対して陳述をせず、若しくは虚偽の陳述をしたとき。

　四　第8条の12（第13条の7において準用する場合を含

む。）の許可を受けないで登録事務又は試験事務の全部を廃止したとき。

第32条　法人の代表者又は法人若しくは人の代理人，使用人その他の従業者が，その法人又は人の業務に関して，第30条第四号から第七号までの違反行為をしたときは，行為者を罰するほか，その法人又は人に対しても，各本条の刑を科する。

　　　　　附　則　抄

* 以上の法令出所は「厚生労働省法令等データベースサービス」（令和2年2月4日更新）の法令データによる。

索　引

《著者紹介》

野﨑和義（のざき・かずよし）

1977年　中央大学法学部卒業
　　　　中央大学大学院法学研究科博士（後期）課程を経て
現　在　九州看護福祉大学看護福祉学部教授
主　著　『福祉のための法学（第3版）』ミネルヴァ書房，2009年
　　　　『福祉法学』ミネルヴァ書房，2013年
　　　　『医療・福祉のための法学入門』ミネルヴァ書房，2013年
　　　　『ソーシャルワーカーのための更生保護と刑事法』ミネルヴァ書房，2016年
　　　　『ソーシャルワーカーのための成年後見入門』ミネルヴァ書房，2019年
　　　　『人権論入門』（編著）日中出版，1997年
　　　　『刑法総論』（共著）ミネルヴァ書房，1998年
　　　　『看護のための法学』（共著）ミネルヴァ書房，1999年
　　　　『介護職と医療行為』（共著）ＮＣコミュニケーションズ，2004年
　　　　『刑法各論』（共著）ミネルヴァ書房，2006年
　　　　『消費者のための法学』（共著）ミネルヴァ書房，2006年
　　　　『ミネルヴァ社会福祉六法』（監修）ミネルヴァ書房，各年版
　　　　『オートポイエーシス・システムとしての法』（共訳）未来社，1994年
　　　　『ルーマン　社会システム理論』（共訳）新泉社，1995年
　　　　『法システム』（共訳）ミネルヴァ書房，1997年
　　　　『ドイツ刑法総論』（共訳）成文堂，1999年
　　　　『ロクシン　刑法総論』（共訳）信山社，2003年

コ・メディカルのための医事法学概論　第2版

2011年9月20日　初　版第1刷発行　　　　　〈検印省略〉
2018年4月10日　初　版第5刷発行
2020年5月10日　第2版第1刷発行
　　　　　　　　　　　　　　　　　　　定価はカバーに
　　　　　　　　　　　　　　　　　　　表示しています

　　　　　著　者　野　﨑　和　義

　　　　　発行者　杉　田　啓　三

　　　　　印刷者　坂　本　喜　杏

発行所　株式会社　ミネルヴァ書房
　　　　607-8494　京都市山科区日ノ岡堤谷町1
　　　　　　　　　電話代表　(075)581-5191番
　　　　　　　　　振替口座　01020-0-8076番

　　ⓒ 野﨑和義, 2020　　冨山房インターナショナル・新生製本

ISBN 978-4-623-08970-3

Printed in Japan

野﨑和義 監修　ミネルヴァ書房編集部 編

ミネルヴァ社会福祉六法〔各年版〕

──────────── 4-6判美装カバー　1472頁　本体 2500円

民法典・刑法典の全条文掲載。医療，年金，福祉行政，更生保護，消費者問題に関する法令を完備した最新版。

野﨑和義 著

福祉法学

──────────── A5判上製カバー　240頁　本体 2800円

福祉の根幹の理念といえる権利擁護を中心に，福祉の諸制度を裏づけている法の見方，考え方を詳細に解説。

野﨑和義 著

ソーシャルワーカーのための成年後見入門

──────────── A5判美装カバー　292頁　本体 2800円

●制度の仕組みが基礎からわかる　社会福祉専門職（ソーシャルワーカー）のために，成年後見制度の仕組みや法の知識を基礎からわかりやすく解説。

野﨑和義 著

ソーシャルワーカーのための更生保護と刑事法

──────────── A5判上製カバー　280頁　本体 3000円

初学者が更生保護制度を理解するために必要とされる刑事法を基礎から理解できるよう解説。

野﨑和義／柳井圭子 著

看護のための法学〔第4版〕

──────────── B5判美装カバー　208頁　本体 2400円

自律的・主体的な看護をめざして。職場のなかにある「法」を解説。最新の法改正を取り入れた第4版！

──────── ミネルヴァ書房 ────────

https://www.minervashobo.co.jp/